한 번에 합격,
자격증은 이기적

이렇게
기막힌
적중률

함께 공부하고 특별한 혜택까지!

이기적 스터디 카페   🔍

구독자 13만 명, 전강 무료!

이기적 유튜브   🔍

자격증 독학, 어렵지 않다!
수험생 합격 전담마크

이기적 스터디 카페

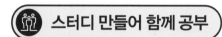 스터디 만들어 함께 공부

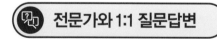 전문가와 1:1 질문답변

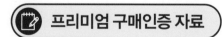 프리미엄 구매인증 자료

 365일 진행되는 이벤트

이기적 스터디 카페

인증만 하면, **고퀄리티 강의가 무료!**

100% 무료 강의

STEP 1
이기적
홈페이지
접속하기

STEP 2
무료동영상
게시판에서
과목 선택하기

STEP 3
ISBN 코드
입력 & 단어
인증하기

STEP 4
이기적이 준비한
명품 강의로
본격 학습하기

영진닷컴 이기적 🔍

1년 365일 이기적이 쏜다!

365일 진행되는 이벤트에 참여하고 다양한 혜택을 누리세요.

EVENT ❶
기출문제 복원

- 이기적 독자 수험생 대상
- 응시일로부터 7일 이내 시험만 가능
- 스터디 카페의 링크 클릭하여 제보

이벤트 자세히 보기 ▶

EVENT ❷
합격 후기 작성

- 이기적 스터디 카페의 가이드 준수
- 네이버 카페 또는 개인 SNS에 등록 후 이기적 스터디 카페에 인증

이벤트 자세히 보기 ▶

EVENT ❸
온라인 서점 리뷰

- 온라인 서점 구매자 대상
- 한줄평 또는 텍스트 & 포토리뷰 작성 후 이기적 스터디 카페에 인증

이벤트 자세히 보기 ▶

EVENT ❹
정오표 제보

- 이름, 연락처 필수 기재
- 도서명, 페이지, 수정사항 작성
- book2@youngjin.com으로 제보

이벤트 자세히 보기 ▶

N Pay
네이버페이
포인트 쿠폰
20,000원

영진닷컴 쇼핑몰
30,000원

- N페이 포인트 5,000~20,000원 지급
- 영진닷컴 쇼핑몰 30,000원 적립
- 30,000원 미만의 영진닷컴 도서 증정

※이벤트별 혜택은 변경될 수 있으므로 자세한 내용은 해당 QR을 참고하세요.

이기적 크루를 찾습니다!

WANTED

저자 · 강사 · 감수자 · 베타테스터 상시 모집

저자 · 강사

- **분야** 수험서 전 분야
  수험서 집필 혹은 동영상 강의 촬영
- **요건** 관련 강사, 유튜버, 블로거 우대
- **혜택** 이기적 수험서 저자 · 강사 자격
  집필 경력 증명서 발급

감수자

- **분야** 수험서 전 분야
- **요건** 관련 전문 지식 보유자
- **혜택** 소정의 감수료
  도서 내 감수자 이름 기재
  저자 모집 시 우대(우수 감수자)

베타테스터

- **분야** 수험서 전 분야
- **요건** 관련 수험생, 전공자, 교사/강사
- **혜택** 활동 인증서 & 참여 도서 1권
  영진닷컴 쇼핑몰 30,000원 적립
  스타벅스 기프티콘(우수 활동자)
  백화점 상품권 100,000원(우수 테스터)

◀ 모집 공고 자세히 보기

이메일 문의하기 ✉ book2@youngjin.com

기억나는 문제 제보하고 N페이 포인트 받자!

기출 복원 EVENT

성명	이기적	수험번호	2 0 2 4 1 1 1 3

Q. 응시한 시험 문제를 기억나는 대로 적어주세요!

① 365일 진행되는 이벤트   ② 참여자 100% 당첨   ③ 우수 참여자는 N페이 포인트까지

영진닷컴 쇼핑몰
30,000원

N Pay

네이버페이
포인트 쿠폰   **20,000원**

적중률 100% 도서를 만들어주신 여러분을 위한 감사의 선물을 준비했어요.

신청자격 이기적 수험서로 공부하고 시험에 응시한 모든 독자님

참여방법 이기적 스터디 카페의 이벤트 페이지를 통해 문제를 제보해 주세요.
※ 응시일로부터 7일 이내의 시험 복원만 인정됩니다.

유의사항 중복, 누락, 허위 문제를 제보한 경우 이벤트 대상에서 제외됩니다.

참여혜택 영진닷컴 쇼핑몰 30,000원 적립
정성껏 제보해 주신 분께 N페이 포인트 5,000~20,000원 차등 지급

이벤트 페이지 확인하기 ▶

이기적이 다 드립니다

여러분은 합격만 하세요! 이기적 합격 성공세트 BIG 4

학습 효율 극대화, 무료 동영상 강의

저자가 직접 강의하는 고퀄리티 동영상 강의를 100% 무료로 제공합니다.
핵심을 콕콕 짚어 주는 기출 강의로 빠른 합격이 가능합니다.

실무 학습에 필요한, 최신화 백데이터

이기적 홈페이지 자료실에서 실무 학습에 필요한 백데이터를 다운로드 받으
세요. 자세한 방법은 도서 16~19p를 참고하시기 바랍니다.

분개 완벽 정복, 빈출 분개문제 100선

분개를 쉽고 빠르게 학습할 수 있도록 '시험에 잘 나오는 분개문제 100개'를
엄선했습니다. 도서 63~84p에 수록되어 있습니다.

무엇이든 물어보세요, 1:1 질문답변

궁금한 점이 있으면 언제든지 이기적 스터디 카페에 질문해 보세요.
전문가 선생님께서 1:1로 맞춤 질문답변을 해드립니다.

※ 〈2025 이기적 전산회계 1급 기출문제집〉을 구매하고 인증한 독자에게만 드리는 혜택입니다.

이기적 홈페이지 바로가기 ▶

누적 판매부수 약 1400만 부,
누적 조회수 약 3400만 회를 달성한

이기적 명품 강사진

이기적 강의는
무조건 0원!

이기적 영진닷컴   🔍

강의를 듣다가
궁금한 사항은?

이기적 스터디 카페   🔍

이렇게
기막힌
적중률

전산회계
1급 기출문제집

"이" 한 권으로 합격의 "기적"을 경험하세요!

차례

▶ 표시된 부분은 동영상 강의가 제공됩니다.
이기적 홈페이지(license.youngjin.com)에 접속하여 시청하세요.

▶ 제공하는 동영상은 1판 1쇄 기준 2년간 유효합니다.
  단, 출제기준안에 따라 동영상 내용은 변경될 수 있습니다.

전산회계 1급 부록 자료

실무 백데이터
압축 파일

※ **부록 자료 다운로드 방법**
'이기적 홈페이지(license.youngjin.com)' 접속 → [자료실] – [기타] 클릭 → 도서 이름으로 게시물 찾기 → 첨부파일 다운로드 후 압축 해제

저자의 말

회계는 기업의 설립과 더불어 모든 장부를 기록하고 관리함으로써 기업의 흐름을 정확하게 분석 및 예측하는 데 사용하고 있습니다. 과거에 회계처리가 수기로 하는 장부 중심이었다면 현재는 전산화된 프로그램을 이용하여 빠르고 정확하게 회계데이터를 만들 수 있는 기술을 요구하고 있습니다.

회계는 쉽게 말해서 기업에서 하는 말(언어)인데 그 말을 계정과목이라는 단어를 사용하여 일정한 원리에 맞게 처리(분개)한 결과물(장부)을 만들고, 결산이라는 절차를 거쳐 재무제표(보고서)로 보고합니다. 따라서 관련 공부를 한다는 것만으로도 인내와 끈기를 요구하고 있습니다.

한국세무사회가 1999년부터 시행하고 있는 전산세무회계 자격시험은 현재 가장 많은 인원이 응시하고 있는 전산세무회계 자격시험으로, 2002년에 국가공인을 받아서 현재까지 시행하고 있습니다. 전산회계 1급 자격시험은 이론(30점)과 실무(70점)로 구성되어 시행하고 있으며 과락 없이 70점을 취득하면 합격하는 시험입니다.

또한 전산세무회계프로그램은 실제 실무에서 사용하는 실무용 프로그램으로서 회사 및 기장대리인(세무회계 사무소)들의 회계 관리를 간단하면서도 정교하게 처리 및 관리할 수 있고, 세무신고를 직접 할 수 있도록 되어 있어 관련 업종에서 반드시 갖추어야 할 프로그램입니다.

본 교재의 특성은 다음과 같이 되어 있습니다.

> 첫째, 기출문제를 분석하여 쉽게 학습할 수 있도록 관련 문제와 상세한 해설을 달았습니다. 또한 회계를 처음 접하는 분을 위해서 회계기초 부분을 실었고 일반기업회계기준과 최신 세법을 반영하였습니다.
> 둘째, 최신 기출문제를 수록하여 실제 시험 유형을 파악할 수 있도록 했으며 해당 문항의 모든 정답을 자세히 기술하여 본인의 수준을 측정하도록 하였습니다. 또한 학습이 완료된 후 시험 직전에 한눈에 볼 수 있는 핵심정리를 수록하였습니다.
> 셋째, 본 교재는 무료 동영상 서비스를 제공함으로써 혼자서 학습하기 어려운 부분이 있거나 회계 초보자들, 단기간에 마스터하기 원하시는 분에게 최적의 교재가 되도록 하였습니다.

본서가 단기간에 최소의 노력으로 전산회계 1급 자격 취득을 희망하는 여러분에게 좋은 책이 되기를 바라며 수험생 여러분의 합격의 영광과 회계 관련 업무에 큰 보탬이 되기를 기원합니다.

저자 정창화

이 책의 구성

STEP 01

핵심 이론만 빠르게 압축 정리

다년간 분석한 기출문제의 데이터를 바탕으로 시험에 출제될
가능성이 높은 핵심 이론을 엄선하여 담았습니다.

반복학습 ① ② ③

각 SECTION의 회독 학습을 위한 3회독 반복학습 체크 박
스를 수록했습니다.

출제기준에 따라 반드시 학습해야 하는 15가지 항목을
제시했습니다.

핵심 내용만 알기 쉽게 요약 · 정리하여 빠르고 확실하
게 이론 정리가 가능합니다.

꼭 알아야 할 중요 내용에는 형광펜을 표시하여 빠르게
체크할 수 있습니다.

⑮ 기적의 TIP

출제 경향이나 학습 노하우를 알려주는 전문가의 TIP을
제시했습니다.

기초 분개연습을 통해 분개에 빠르게 익숙해질 수 있습
니다.

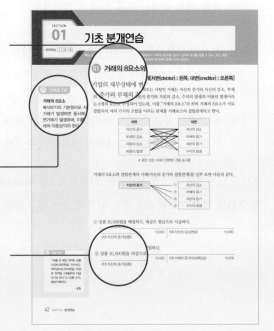

STEP 02

빈출 분개문제 100선

단기간에 분개를 확실하게 정복할 수 있도록 '시험에 잘 나오는 분개문제 100개'를 엄선하여 수록했습니다.

STEP 03

최신 기출문제

2022~2024년 최신 기출문제 15회분을 제공합니다. 실제 시험처럼 문제를 풀어보며 실전 감각을 키워보세요.

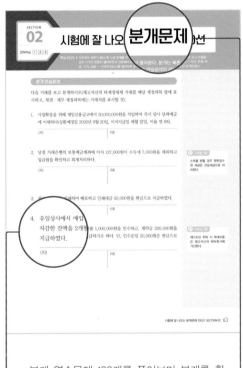

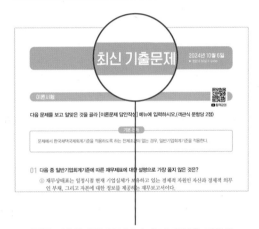

최신 기출문제를 풀어보며 출제 유형을 파악하고 문제 적응력을 키울 수 있습니다.

분개 연습문제 100개를 풀어보며 분개를 확실하게 학습하세요.

제시된 문제를 자주 반복해서 풀어보세요. '계정과목 → 자산, 부채, 자본, 수익, 비용 → 거래의 8요소'를 생각하며 분개합니다.

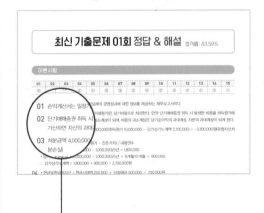

정답에 대한 명확한 해설과 오답에 대한 자세한 해설을 제공하여 문제의 핵심을 파악할 수 있습니다.

시험의 모든 것

01 시험 일정

회차	종목 및 등급	원서접수	시험일자	합격자 발표
제118회	전산세무 1, 2급 전산회계 1, 2급	01.02 ~ 01.08	02.09(일)	02.27(목)
제119회		03.06 ~ 03.12	04.05(토)	04.24(목)
제120회		05.02 ~ 05.08	06.07(토)	06.26(목)
제121회		07.03 ~ 07.09	08.02(토)	08.21(목)
제122회		08.28 ~ 09.03	09.28(일)	10.23(목)
제123회		10.30 ~ 11.05	12.06(토)	12.24(수)

02 시험 시간

등급	전산세무 1급	전산세무 2급	전산회계 1급	전산회계 2급
시험 시간	15:00 ~ 16:30	12:30 ~ 14:00	15:00 ~ 16:00	12:30 ~ 13:30
	90분	90분	60분	60분

03 시험 종목 및 평가 범위

종목	등급		평가 범위
전산회계	2급	이론	회계원리(30%)
		실무	기초정보 등록 · 수정(20%), 거래자료 입력(40%), 입력자료 및 제장부 조회(10%)

• 세부적인 평가 범위는 한국세무사회 자격시험 홈페이지 "시험안내"의 "시험개요"란을 참고하기 바람

04 시험 장소

서울, 부산, 대구, 광주, 대전, 인천, 울산, 강릉, 춘천, 원주, 안양, 안산, 수원, 평택, 성남, 고양, 의정부, 청주, 충주, 제천, 천안, 당진, 포항, 경주, 구미, 안동, 창원, 김해, 진주, 전주, 익산, 순천, 목포, 제주 등

• 상기 지역은 상설시험장이 설치된 지역이나 응시 인원이 일정 인원에 미달할 때는 인근 지역을 통합하여 실시함
• 상기 지역 내에서의 시험장 위치는 응시원서 접수 결과에 따라 시험 시행일 일주일 전부터 한국세무사회 홈페이지에 공고함

05 　시험 방법

이론(30%)은 객관식 4지 선다형 필기 시험으로, 실무(70%)는 PC에 설치된 전산세무회계프로그램(케이렙 : KcLep)을 이용한 실기 시험으로 함

06 　합격자 결정기준

100점 만점에 70점 이상

07 　응시 자격

제한 없음

08 　원서접수

- 접수기간 : 각 회별 원서접수 기간 내 접수
- 접수방법 : 한국세무사회 자격시험 사이트(license.kacpta.or.kr)로 접속하여 단체 및 개인별 접수(회원가입 및 사진등록)
- 접수수수료 납부방법 : 원서접수 시 금융기관을 통한 온라인 계좌이체 및 신용카드 결제

등급	전산세무 1급	전산세무 2급	전산회계 1급	전산회계 2급
접수수수료	30,000원	30,000원	30,000원	30,000원

09 　합격자 발표 및 자격증 신청

- 합격자 발표 : 해당 종목의 합격자 발표일에 한국세무사회 자격시험 홈페이지를 통해 확인할 수 있음
- 자격증 신청 : 자격증은 홈페이지의 [자격증발급] 메뉴에서 신청 가능하며, 취업희망자는 한국세무사회의 인력뱅크를 이용하시기 바람
- 모바일 자격증 : 모바일 홈페이지의 [자격증신청] - [자격조회] 메뉴에서 "모바일 자격증"을 선택하여 무료로 이용할 수 있음

10 　기타 사항

- 궁금한 사항은 한국세무사회 자격시험 홈페이지를 참고하거나 전화로 문의바람
- 문의 : TEL | 02-521-8398　FAX | 0508-118-1858

시험 출제 경향

이론편 · CHAPTER 01 　회계의 기초

01 회계의 개념 ─── 2%
빈출태그 　회계의 뜻, 복식부기, 회계단위, 회계연도

02 거래와 계정 ─── 5%
빈출태그 　거래, 계정, 재무상태표, 손익계산시, 거래의 8요소, 대차평균

03 기업의 재무상태와 재무상태표계정 ─── 15%
빈출태그 　재무상태, 재무상태표계정, 당좌자산, 유형자산, 유동부채

04 기업의 경영성과와 손익계산서계정 ─── 15%
빈출태그 　손익계산서의 뜻과 작성기준, 손익계산서 계정과목

05 분개와 전기 ─── 10%
빈출태그 　분개, 전기

06 회계의 순환과정과 재무제표 ─── 3%
빈출태그 　재무제표의 종류

07 기초 분개연습 ─── 25%
빈출태그 　자산, 부채, 자본, 수익, 비용의 계정과목, 거래의 8요소

08 시험에 잘 나오는 분개문제 100선 ─── 25%
빈출태그 　자산, 부채, 자본, 수익, 비용의 계정과목, 거래의 8요소

이론편 · CHAPTER 02 　재무회계

01 유동자산 ─── 25%
빈출태그 　현금및현금성자산, 단기투자자산, 매출채권, 대손충당금, 재고자산의 취득원가, 재고자산 수량, 원가결정방법

02 비유동자산 ─── 20%
빈출태그 　퇴직연금, 유형자산의 취득원가, 자본적 지출, 수익적 지출, 감가상각방법, 유형자산처분, 개발비

03 부채 ─── 22%
빈출태그 　매입채무, 미지급금, 예수금, 선수금, 단기차입금, 미지급비용, 선수수익, 장기차입금과 임대 보증금, 퇴직급여충당부채

04 자본 ─── 5%
빈출태그 　주식발행방법, 발행비, 자본잉여금, 이익잉여금

05 수익과 비용 ─── 20%
빈출태그 　순매출액, 매출원가, 판매비와일반관리비, 영업외수익, 영업외비용, 손익계산서 구조

06 결산 및 재무제표 ─── 8%
빈출태그 　시산표, 결산정리사항, 재무제표

이론편 · CHAPTER 03　　**부가가치세법**

01 부가가치세법 총론
하 ──────────────────────── 5%
빈출태그 부가가치세, 간주공급, 과세기간, 신고기간, 납세지

02 재화와 용역의 공급시기와 세금계산서
상 ──────────────────────── 20%
빈출태그 공급시기, 세금계산서 기재사항, 전자세금계산서

03 영세율과 면세
중 ──────────────────────── 10%
빈출태그 영세율제도, 면세제도, 면세되는 재화와 용역

04 과세표준과 세액
상 ──────────────────────── 35%
빈출태그 과세표준, 세액

05 매입세액공제와 납부세액의 계산
상 ──────────────────────── 30%
빈출태그 매입세액, 납부세액

이론편 · CHAPTER 04　　**원가회계**

01 원가의 개념
중 ──────────────────────── 20%
빈출태그 변동원가, 고정원가, 준변동원가, 매몰원가, 직접원가, 간접원가, 제조원가명세서

02 요소별 원가계산과 부문별 원가계산
상 ──────────────────────── 40%
빈출태그 원가계산, 배부기준, 노무원가

03 제조간접원가의 배부와 제품별 원가계산
상 ──────────────────────── 40%
빈출태그 실제배부법, 예정배부법, 개별원가계산, 선입선출법, 평균법

프로그램 설치 및 사용 방법

01 | **실무시험 관련 프로그램(케이렙) 설치 방법**

1. 한국세무사회 국가공인자격시험 홈페이지(license.kacpta.or.kr)에 접속하여 하단에 있는 「케이렙(수험용) 다운로드」를 클릭하여 저장한 후 해당 파일을 더블 클릭한다(「케이렙(수험용) 다운로드」를 클릭하여 바로 설치해도 됨).

2. KcLep 인스톨 마법사 화면에서 [다음]을 클릭하고 사용권 계약서 화면에서 "사용권 계약의 조항에 동의합니다"를 선택하고 [다음]을 클릭한다.

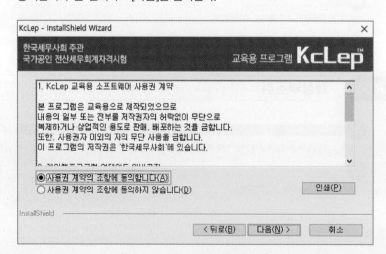

3. 설치 위치 선택 화면에서 [다음]을 클릭한다.

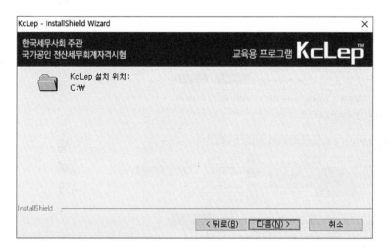

4. 설치 상태 화면이 나타나며 설치가 진행된다. 완료 화면이 나타난 후 [확인]을 클릭하면 바탕화면에 KcLep 교육용 아이콘이 생성된다.

데이터 다운로드, 프로그램 시작하는 방법

1. 영진닷컴 수험서 홈페이지(license.youngjin.com)에 접속한다.

2. [자료실] – [기타]에서 전산회계 1급 기출문제집 DATA를 다운로드 받은 후에 압축을 풀고 더블 클릭하면 [C:\KcLepDB\KcLep]에 자동으로 복사되면서 회사가 생성된다.

3. 바탕화면의 [KcLep교육용] 아이콘을 실행하고 [종목선택]란에서 '3.전산회계1급'을 선택하고, [드라이브]란에서 [C:\KcLepDB]를 확인한다.

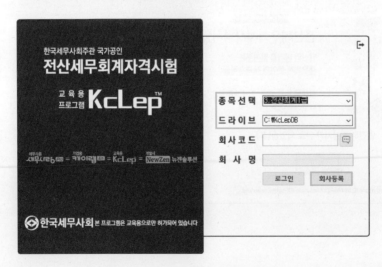

4. 우측 하단 회사등록을 눌러서 나타나는 [회사등록]창에서 상단 툴바의 F4 회사코드재생성 을 클릭한다.

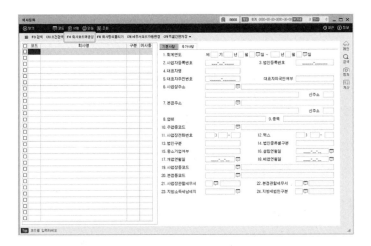

5. "회사 코드를 재생성 하시겠습니까?"라는 메시지가 뜨면 [예(Y)]를 클릭한다. "회사코드 재생성 작업
   이 완료되었습니다."라는 메시지가 뜨고 [확인]을 누르면 다운받은 회사가 나타난다. [회사등록]창을
   닫는다.

6. [회사코드]란에서 0301.영진상사를 선택하고 [확인]을 누른다.

7. 기출문제를 풀고자 하는 경우에는 메인화면으로 돌아와서 우측 상단의 [회사변경]을 클릭하여 나오
   는 [회사등록]창에서 기출문제의 회차에 맞는 회사코드번호 및 회사명을 선택하고 학습한다(데이터
   를 재설치하는 경우 기존 데이터를 덮어쓰므로 주의해야 함).

Q&A

Q ▶ 전산회계 자격시험은 어떻게 접수하나요?

A 한국세무사회 국가공인자격시험 홈페이지(license.kacpta.or.kr)에서 인터넷 접수가 가능합니다. 시험 일정을 확인한 후 응시를 원하는 회차의 원서접수 기간 내에 접수하여야 합니다.

Q ▶ 전산회계 자격시험은 필기 시험(1차)을 보고 실기 시험(2차)을 보나요?

A 한국세무사회 전산회계 자격시험은 1차, 2차의 응시 절차가 없으며, 이론(30%)과 실무(70%)를 정해진 시험시간 동안 동시에 평가합니다. 따라서 시험지에도 이론문제와 실무문제가 모두 인쇄되어 있으며, 답안은 시험장에서 나눠주는 수험용 USB메모리에 저장하여 제출하면 됩니다.

Q ▶ 전산회계 자격시험을 응시할 때 준비물은 무엇인가요?

A 준비물로는 신분증, 수험표, 필기도구(흑색 또는 청색 볼펜), 계산기가 있습니다. 계산기는 일반 사칙연산이 가능한 단순 기능의 계산기만 가능하며, 공학용·재무용 계산기 및 전자수첩, 핸드폰 사용은 절대 불가합니다.

Q ▶ 확정답안 발표 및 점수 확인기간은 어떻게 되나요?

A 통상 시험 당일 오후 8시경 한국세무사회 국가공인자격시험 홈페이지(license.kacpta.or.kr)에 1차적으로 (가)답안을 공개합니다. (가)답안 발표일로부터 3일간 [답안이의신청]을 접수받은 후, 접수된 이의신청 문항은 출제위원회에서 면밀히 검토·심사를 거치게 됩니다. 통상 2~3주 후에 최종확정답안을 발표하고 [기출문제] 메뉴란에 게시합니다. 채점은 (가)답안이 아닌 최종확정답안을 기초로 진행하며, 합격자 발표일로부터 30일간 [합격자발표] 메뉴에서 합격 여부와 점수를 확인할 수 있습니다.

Q ▶ 자격증 발급 방법과 비용은 어떻게 되나요?

A 자격증은 본인 필요에 따라 언제든 발급 신청이 가능하며, 자격증 발급에 따른 비용은 개당 5,000원(인터넷 신청 시 결제수수료 400원 별도)입니다. 인터넷 신청 시 한국세무사회 국가공인자격시험 홈페이지(license.kacpta.or.kr) 상단 메뉴 중 [자격증신청] – [발급신청] – [신청] 버튼을 클릭 후 수령인, 주소(건물 명칭 꼭 기입), 신청종목을 정확히 작성합니다. 신청 이후 진행 상황은 상단 메뉴의 [자격증신청] – [진행상황]에서 직접 확인 가능합니다. 자격증은 준등기로 발송되므로 따로 연락하지 않습니다. 직접 방문하여 신청 시 발급 비용과 신분증을 지참하여 한국세무사회(서울 서초동)로 근무시간 내 내방하면 현장에서 즉시 자격증 발급이 가능합니다.

※ 시험에 관한 내용은 시행처 사정에 따라 변경될 수 있으니 자세한 사항은 한국세무사회 국가공인자격시험 홈페이지(license.kacpta.or.kr)에서 확인하시기 바랍니다.

PART

01

핵심 이론

학습 방향

다년간 출제된 기출문제를 철저히 분석하여 시험에 출제되는 핵심 이론을 정리하였습니다. 기출문제를 풀기 전에 용어의 개념을 확실히 숙지하고, 전체적인 흐름을 파악하시길 바랍니다.

SECTION

01

핵심정리(이론+실무)

반복학습 1 2 3

핵심 포인트 ▶ 시험 나오는 필수 이론만 뽑아 알기 쉽게 요약 · 정리하였다. 시험 직전 치중적으로 한 번 더 확인하여 시험에 철저히 대비하도록 한다.

01 당좌자산

(1) 현금 : 통화, 타인(동점)발행당좌수표, 자기앞수표, 송금수표, 가계수표, 배당금지급통지표, 사채이자지급표, 우편환증서 등

(2) 당좌예금 : 대금 결제 수단으로 당좌수표 발행 시에는 당좌예금(대변)으로 처리하고 타인발행당좌수표 수취 시에는 현금(차변)으로 처리

(3) 보통예금 : 입출금이 자유로운 예금

(4) 현금성자산 : 금융상품으로서 취득당시 만기(또는 상환일)가 3개월 이내에 도래하는 것

　　※ 현금및현금성자산 : 현금(통화 및 통화대용증권), 예금(당좌예금, 보통예금, 저축예금), 현금성자산

(5) 정기예금(정기적금) : 정기예금 · 정기적금으로 보고기간종료일로부터 1년 이내에 만기가 도래하는 것

(6) 단기매매증권 : 단기간 매매차익을 얻을 목적으로 취득한 유가증권[지분증권(주식), 채무증권(사채 · 국채 · 공채)]

　　① 취득원가 : 매입가(공정가치)

　　　※ 취득과 관련되는 거래원가(수수료 등)는 당기비용(수수료비용 : 비금융업은 영업외비용)으로 처리함

　　② 결산평가 시 : 공정가치로 평가하며, 변동분(장부금액과 공정가치의 차액)은 단기매매증권평가이익(손실)(영업외수익(비용))으로 처리

　　③ 처분 시 : 처분금액과 장부금액을 비교하여 그 차액을 단기매매증권처분이익(손실)(영업외수익(비용))으로 처리

(7) 외상매출금 : 상품 · 제품을 외상으로 매출하고 회수하지 못한 대금으로 보고기간종료일로부터 1년 이내에 회수될 금액

(8) 받을어음 : 상품 · 제품을 매출하고 발생한 어음상의 권리로서 보고기간종료일로부터 1년 내에 도래하는 어음

　　① 어음할인 : 매출채권처분손실(영업외비용, 매각거래)

　　② 어음의 배서양도 : 차변에 있던 받을어음을 대변으로(거래처명에 어음발행사 입력)

　　　※ 매출채권 : 외상매출금, 받을어음

(9) 단기대여금 : 회수기한이 보고기간종료일로부터 1년 이내에 도래하는 대여금

   ※ 단기투자자산 : 단기대여금 + 단기금융상품(정기예적금) + 단기매매증권

(10)미수금 : 상품 · 제품이 아닌 것을 처분하고 보고기간종료일로부터 1년 이내에 받기로 한 금액(상품매출 · 제품매출이 아닌 경우이므로 수취한 어음도 미수금으로 처리함)

(11)선급금 : 상품 · 원재료 등을 매입하기 위해 착수금이나 계약금을 미리 지급한 금액

(12)가지급금 : 현금 지출은 있었으나 계정과목이나 금액을 확정할 수 없을 때 일시적으로 처리하는 자산으로 추후에 계정과목이나 금액이 확정되면 해당 계정으로 대체

(13)선납세금 : 기중에 원천징수된 법인세나 중간예납한 법인세 등이 처리되는 계정

(14)현금과부족 : 현금의 실제 잔액과 장부상 잔액이 일치하지 않을 경우에 사용. 원인이 판명되면 해당 계정으로 대체하고, 결산 시까지 원인이 판명되지 않으면 부족액은 잡손실로, 초과액은 잡이익으로 대체함

(15)외화채권 · 채무 : 외화환산이익(손실)(평가 시), 외환차익(차손)(완결거래 시)

(16)미수수익 : 보고기간종료일(결산일, 기말)까지 발생된 수익이나, 회수일이 다음 연도일 경우(수익의 발생)

(17)선급비용 : 보고기간종료일 현재 당기에 지급된 비용 중 다음 연도 비용이 있을 경우(기간미경과분)(비용의 이연)

(18)대손충당금 : 수취채권의 잔액 중 회수불능채권의 추정금액을 나타내며, 수취채권의 평가계정으로서 수취채권의 장부금액(또는 순실현가능금액)을 나타내기 위해 수취채권으로부터 차감하는 형식으로 표시하는 계정

   ※ 기말 대손충당금설정액 = 기말채권잔액 × 대손추정율(%) − 기말대손충당금잔액

   ※ 전기에 발생된 대손금을 당기에 회수 시 해당 채권의 대손충당금에 전입함

   ※ 대손충당금환입 : 전기에 설정한 대손충당금잔액이 당기 결산 시 설정할 대손충당금보다 많아 남은 차액을 환입하는 경우에 사용하는 계정으로 매출채권의 경우 판관비에서 부(−)로 표시하기 위하여 800번대 대손충당금환입을 사용하며, 기타채권은 900번대 대손충당금환입(영업외수익)을 사용함

(1) 상품 : 기업이 정상적인 영업활동을 통하여 판매할 목적으로 구입한 상품

(2) 제품 : 판매를 목적으로 제조한 생산품 · 부산물 등

(3) 원재료(부재료) : 제품의 생산에 소비할 목적으로 구입한 주원료 · 재료, 부원료 · 재료 등

(4) 재공품, 반제품, 저장품, 시송품, 적송품, 미착품

> ※ 재고자산의 취득원가 : 매입금액(공정가치) + 제비용(매입운임,하역료 및 보험료 등) − 매입환출및에누리
> − 매입할인

(5) 매입환출및에누리, 매입할인 : 재고자산에서 차감하므로 대변에 기입함

> ※ 타계정대체 : 재고자산이 본래의 목적이 아닌 다른 목적(**예** 광고선전, 연구용)으로 사용하는 경우(적요 8번)

(6) 재고자산감모손실 : 도난, 파손, 부패, 증발 등의 사유로 장부상 수량보다 실제수량이 부족한 경우의 손실액

> ① 정상적(경상적, 원가성이 있는 경우) 원인 : 매출원가에 가산. (차) 제품매출원가 ××× (대) 제품 ×××
>
> ② 비정상적(비경상적, 원가성이 없는 경우) 원인 : 재고자산감모손실(영업외비용)로 처리 후 타계정으로 대
> 체하여 매출원가에서 제외시킴
>
> > (차) 재고자산감모손실 ××× (대) 제품 ×××(적요 8. 타계정으로 대체액)
>
> ※ 재고자산 단가 결정(평가)방법 : 개별법, 선입선출법, 후입선출법, 가중평균법(이동평균법, 총평균법), 소
> 매재고법(유통업종에서 사용), 표준원가법
>
> ※ 재고자산 수량 결정방법 : 계속기록법, 실지재고조사법, 혼합법

(7) 재고자산평가손실(기말평가 : 저가법)

외부환경의 영향으로 재고자산의 시가가 장부금액보다 하락하여 발생된 손실(매출원가에 가산)

(차) 재고자산평가손실 ××× (대) 재고자산평가충당금 ×××

(8) 기말재고자산에 포함될 항목 결정

> ① 선적지 인도조건 : 선적 시 매입자 자산에 포함(미착(상)품)
>
> ② 목적지(도착지) 인도조건 : 도착 시 매입자 자산에 포함
>
> ③ 적송품 : 수탁자가 매출 시 위탁자는 자산에서 제외
>
> ④ 시송품 : 고객이 구매의사를 표시한 날 자산에서 제외
>
> ⑤ 할부판매 : 고객에게 인도한 날 자산에서 제외(인도일 기준)
>
> ⑥ 상품권 : 상품권 회수일에 자산에서 제외

03 투자자산

(1) 장기성예금 : 금융기관이 취급하는 정기예금적금 · 기타 정형화된 상품 등이 보고기간종료일로부터 1년 이후에 만기가 도래하는 것

(2) 특정현금과예금 : 사용이 제한되어 있는 예금으로 당좌거래를 개설한 은행에 예치한 당좌개설보증금 등

(3) 장기투자증권 : 만기보유증권(만기까지 보유할 적극적인 의도와 능력이 있는 경우), 매도가능증권(단기매매증권 · 만기보유증권이 아닌 것)

(4) 장기대여금 : 회수기한이 보고기간종료일로부터 1년 이후에 도래하는 대여금

(5) 투자부동산 : 고유 영업활동과는 직접 관련 없이 투자의 목적 또는 비영업용으로 소유하는 토지, 건물 및 기타의 부동산

(6) 퇴직연금 : 확정급여형(DB) 퇴직연금 불입 시 → 퇴직연금운용자산(투자자산)

※ 운용사로부터 이자를 받으면 : (차) 퇴직연금운용자산 ××× (대) 퇴직연금운용수익(이자수익) ×××
확정기여형(DC) 퇴직연금 불입 시 → 퇴직급여(비용)

04 유형자산

(1) 토지, 건물, 구축물, 기계장치, 건설중인자산, 차량운반구, 비품

(2) 취득원가 : 매입가(공정가치) + 제비용(취득세, 국공채차액(액면금액과 현재가치의 차액), 자본화대상차입원가(예 건물 신축 시 차입금에 대한 이자로 건설중인자산으로 처리))

① 무상취득 시 : 취득한 자산의 공정가치로 취득원가 처리(상대계정 자산수증이익)

② 현물출자 시 : 취득한 자산의 공정가치로 취득원가 처리(상대계정 자본금)

③ 구건물철거 시(즉, 구건물이 있는 토지 일괄 구입 시) 취득원가 : 토지 + 제비용(구건물철거비용, 토지정지비용, 취득세 등)

※ 기존건물철거 시에는 기존 건물과 철거비용을 비용(예 유형자산처분손실) 처리함

④ 이종자산 간의 교환 시 취득원가 : 당사가 제공한 자산의 공정가치
동종자산 간의 교환 시 취득원가 : 당사가 제공한 자산의 장부금액(가액)

(3) 취득 이후의 지출

    ① 자본적 지출 : 가장 최근에 평가된 성능수준을 초과하여 미래 경제적 효익을 증가시키는 경우 → 자산처리

    ② 수익적 지출 : 단순 능률회복, 원상복구 등의 지출 → 비용처리

(4) 감가상각

    ① 감가상각방법 : 정액법, 정률법, 생산량비례법, 연수합계법, 이중체감법

    ② 정액법 연감가상각비 = {(취득)원가 − 잔존가치} ÷ 내용연수

       정률법 연감가상각비 = 미상각잔액(취득원가 − 감가상각누계액) × 정률(상각률, %)

       연수합계법 연감가상각비 = {(취득)원가 − 잔존가치} × 연수의 역순 ÷ 내용연수의 합계

       ※ 감가상각비의 3요소 : 원가, 잔존가치, 내용연수

       ※ 토지와 건설중인자산은 감가상각을 하지 않음

(5) 유형자산 처분 분개

(차) 감가상각누계액	×××	(대) 유형자산	×××(취득원가)
받은(을)돈	×××	유형자산처분이익	××× ← 처분이익 발생 시
유형자산처분손실	×××		← 처분손실 발생 시

(6) 감가상각누계액 : 감가상각자산의 감가상각비 누적액(유형자산에서 차감하는 평가계정)

(7) 유형자산의 장부금액 : 취득원가 − 감가상각누계액

---

05   **무형자산**

(1) 영업권 : 일정한 거래관계, 종업원의 자질, 신용, 지리적 조건 및 법률적 · 경제적 우위조건 등에 의하여 발생된 정상적인 수익력을 초과하는 초과 수익력(매입영업권(기업결합 시)만 자산으로 계상)

(2) 산업재산권 : 일정기간 독점적 · 배타적으로 이용할 수 있는 권리로서 특허권, 실용신안권, 의장권 및 상표권

(3) 개발비 : 신제품 · 기술 등의 개발과 관련한 비용으로 개별적으로 식별가능하고 미래의 경제적 효익이 기업에 유입될 가능성이 매우 높은 경우

(4) 소프트웨어

(5) 감가상각회계처리(직접법) : (차) 무형자산상각비 ×××　(대) 무형자산 ×××

    ※ 무형자산의 잔존가치는 없는 것을 원칙으로 하며, 상각기간은 20년을 초과할 수 없음. 감가상각은 자산이 사용 가능한 때부터 시작하며, 합리적인 상각방법을 정할 수 없을 경우 정액법을 사용함

06 기타 비유동자산

(1) 임차보증금 : 타인의 부동산·동산을 월세 등의 조건으로 사용하기 위하여 지급하는 보증금(↔ 임대보증금)

(2) 부도어음과수표 : 정상적인 어음과 구분하기 위해 어음의 부도가 발생하면 임시계정인 부도어음과수표로 처리

07 유동부채

(1) 외상매입금 : 상품·원재료를 매입하고 대금은 보고기간종료일로부터 1년 이내 지급하기로 한 금액

(2) 지급어음 : 상품·원재료를 매입하고 발생한 어음상의 의무로서 보고기간종료일로부터 1년 이내에 도래하는 어음

※ 매입채무 : 외상매입금, 지급어음

(3) 단기차입금 : 금융기관 등으로부터 차입한 당좌차월액과 보고기간종료일로부터 1년 이내에 상환될 차입금

(4) 미지급금 : 상품·원재료가 아닌 것을 매입하고 보고기간종료일로부터 1년 이내에 상환하기로 한 금액(상품·원재료 매입이 아닌 경우이므로 발행한 어음도 미지급금으로 처리함)

(5) 선수금 : 상품, 제품 등을 주문 받고 미리 받은 착수금이나 계약금 등의 선수액

(6) 예수금 : 급여, 강사료, 이자 등의 소득지급 시 발생한 일시적 제 예수액(예 소득세예수금, 국민연금예수금 등)

(7) 유동성장기부채 : 비유동부채 중에서 보고기간종료일로부터 1년 이내에 상환될 것(예 장기차입금 중 보고기간 종료일 현재 1년 이내에 만기가 도래하는 유동성 장기차입금은 기말 결산 시 유동성장기부채로 대체함)

(8) 가수금 : 현금을 받았으나 계정과목이나 금액을 확정할 수 없을 때에 일시적으로 처리하는 부채로, 추후에 계정과목이나 금액이 확정되면 해당 계정으로 대체

(9) 미지급배당금 : 배당결의일 현재 미지급된 현금배당액

(10) 미지급세금 : 회사가 납부하여야 할 법인세부담액 중 아직 납부하지 못한 금액이나 미지급한 부가가치세

(11) 미지급비용 : 보고기간종료일까지 발생된 비용이나, 지급일이 다음 연도일 경우(비용의 발생)

(12) 선수수익 : 보고기간종료일 현재 이미 받은 수익 중 다음 연도의 수익이 있을 경우(수익의 이연)

(1) 사채 : 회사가 거액의 장기자금을 조달하기 위하여 발행하는 것으로 액면발행, 할인발행, 할증발행이 있음

　① 할인발행 시 차액은 사채할인발행차금(사채액면금액에서 차감)으로, 할증발행 시 차액은 사채할증발행 차금(사채액면금액에 부가)으로 처리

　② 사채발행비 : 액면, 할인발행의 경우 사채할인발행차금으로 처리하며, 할증발행의 경우 사채할증발행차 금에서 차감함

　③ 할인액(할증액) 상각방법 : 유효이자율법을 적용하여 할인액은 이자비용에 가산하고 할증액은 이자비용 에서 차감시킴(따라서 상각에 따른 이자비용은 매년 증가하고 환입에 따른 이자비용은 매년 감소함)

(2) 장기차입금 : 기업이 필요한 운용자금조달을 위하여 금융기관 등으로부터 금전 등을 1년 후에 상환할 조건 으로 차입한 경우

(3) 퇴직급여충당부채 : 장래에 종업원이 퇴직할 때 지급하게 될 퇴직금에 대비하여 설정한 준비액. 종업원이 노동력을 제공한 기간에 발생된 퇴직금이라는 비용을 인식함에 따라 발생한부채(기말 퇴직급여충당부채 전 입액 = 기말퇴직금추계액 − 기말퇴직급여충당부채잔액)

(4) 임대보증금 : 부동산, 동산을 월세 등의 조건으로 임대하고 받은 보증금

(1) 자본금 : 발행주식 총수 × 주당 액면금액(액면발행, 할인발행, 할증발행이 있음), 보통주자본금, 우선주자본금

　① 할인발행 시 차액은 주식할인발행차금(자본조정, 자본에서 차감)으로 처리하며, 할증발행 시 차액은 주 식발행초과금(자본잉여금, 자본전입 또는 결손보전 이외에는 처분하지 못함)으로 처리

　② 신주발행비 : 액면, 할인발행의 경우 주식할인발행차금으로 처리하며, 할증발행의 경우 주식발행초과금 에서 차감함

(2) 자본잉여금 : 주식발행초과금, 기타자본잉여금(감자차익, 자기주식처분이익)

(3) 자본조정 : 주식할인발행차금, 감자차손, 자기주식처분손실, 자기주식, 미교부주식배당금

　※ 주식발행초과금과 주식할인발행차금, 감자차익과 감자차손, 자기주식처분이익과 처분손실은 회계처리 시 해당 범위 내에서 상계함

(4) 기타 포괄손익누계액 : 매도가능증권평가이익(손실), 해외사업환산이익(손실) 등

(5) 이익잉여금 : 이익준비금(금전배당의 1/10 이상 적립), 임의적립금(사업확장적립금 등), 미처분이익잉여금

　※ 배당결의일 회계처리

(차) 미처분이익잉여금	×××	(대) 이익준비금	×××
(케이렙 : 이월이익잉여금)		미지급배당금	×××
		미교부주식배당금	×××

　※ 배당지급일 회계처리

(차) 미지급배당금	×××	(대) 현금	×××(금전배당)
(차) 미교부주식배당금	×××	(대) 자본금	×××(주식배당)

10　수익 · 비용

(1) 매출액 : 상품매출, 제품매출

총매출액 − 매출환입및에누리 − 매출할인 = 순매출액

(2) 매출원가 : 매출액에 대응하는 원가

상품매출원가, 제품매출원가 : [기초재고액 + 당기매입(제조)액(+ 제비용 − 매입환출및에누리 − 매입할인) − 기말재고액]

(3) 판매비와관리비 : 급여, 잡급, 퇴직급여, 복리후생비, 여비교통비, 기업업무추진비, 통신비, 수도광열비, 세금과공과, 감가상각비, 임차료, 수선비, 보험료, 차량유지비, 운반비, 교육훈련비, 도서인쇄비, 소모품비, 수수료비용, 광고선전비, 대손상각비

　※ 제조원가에서는 급여 → 임금, 수도광열비 → 가스수도료, 전력비 사용

(4) 영업외수익 : 이자수익, 배당금수익, 수수료수익, 단기매매증권평가이익, 단기매매증권처분이익, 외환차익, 외화환산이익, 유형자산처분이익, 무형자산처분이익, 투자자산처분이익, 자산수증이익, 채무면제이익, 보험금수익, 잡이익, 전기오류수정이익

(5) 영업외비용 : 이자비용, 외환차손, 외화환산손실, 기부금, 매출채권처분손실, 단기매매증권평가손실, 단기매매증권처분손실, 기타의대손상각비, 재해손실, 유형자산처분손실, 무형자산처분손실, 투자자산처분손실, 재고자산감모손실, 잡손실, 전기오류수정손실

(6) 손익계산서 구조

① 매출액 − 매출원가 = 매출총손익

② 매출총손익 − 판매비와관리비 = 영업손익

③ 영업손익 + 영업외수익 − 영업외비용 = 법인세차감전순손익

④ 법인세차감전순손익 − 법인세비용 = 당기순손익

11 | 결산정리분개

자동분개로 표시된 것은 [결산/재무제표]–[결산자료입력] 메뉴에 전부 입력한 후 상단 툴바의 F3 전표추가를 클릭하여 나타나는 메시지 창에서 「예」를 클릭해야 [일반전표입력] 메뉴에 4.결차, 5.결대로 하여 자동으로 입력된다.

(1) 기말재고자산(상품, 원재료, 재공품, 제품) 정리 분개(자동분개) : 결산자료입력 → 기말상품재고액, 기말원재료재고액, 기말재공품재고액, 기말제품재고액란에 입력

(2) 유형자산과 무형자산의 감가상각(자동분개) : 결산자료입력 → (일반)감가상각비, 무형자산상각비란에 입력

(3) 매출채권 등에 대한 대손충당금 설정(자동분개) : 결산자료입력 → 상단 F8 대손상각을 눌러 확인 → 대손율(%)을 지문과 확인하고 결산반영 클릭

　　※ 대손충당금환입(수동분개) : 일반전표입력 → 12/31일자 회계처리

　　　(차) 대손충당금　　　　　×××　　　(대) 대손충당금환입　　　×××

(4) 퇴직급여충당부채 설정(자동분개) : 결산자료입력 → 퇴직급여(전입액)란에 입력

(5) 단기매매증권평가(수동분개) : 일반전표입력 → 12/31일자 회계처리

　　① (차) 단기매매증권　　　　　×××　　　(대) 단기매매증권평가이익××× : 이익 시

　　② (차) 단기매매증권평가손실　×××　　　(대) 단기매매증권　　　　××× : 손실 시

　　　※ 시장성 있는 매도가능증권은 결산 시 공정가치로 평가함(매도가능증권평가이익(손실))

(6) 외화자산·부채의 평가(수동분개) : 일반전표입력 → 12/31일자 회계처리

　　① (차) 외화자산·부채　　　　×××　　　(대) 외화환산이익　　　　××× : 이익 시

　　② (차) 외화환산손실　　　　　×××　　　(대) 외화자산·부채　　　××× : 손실 시

(7) 수익·비용의 발생(수동분개) : 일반전표입력 → 12/31일자 회계처리

　　① (차) 미수수익　　　　　　　×××　　　(대) 이자수익　　　　　　××× : 수익의 발생

　　② (차) 이자비용　　　　　　　×××　　　(대) 미지급비용　　　　　××× : 비용의 발생

(8) 수익·비용의 이연(수동분개) : 일반전표입력 → 12/31일자 회계처리

　　① (차) 이자수익　　　　　　　×××　　　(대) 선수수익　　　　　　××× : 수익의 이연(차기분까지 받은 이자를 전부 수익처리한 경우)

　　② (차) 선급비용　　　　　　　×××　　　(대) 이자비용　　　　　　××× : 비용의 이연(차기분까지 지급한 이자를 전부 비용처리한 경우)

(9) 현금과부족의 정리(수동분개) : 일반전표입력 → 12/31일자 회계처리

    ① (차) 잡손실   ×××　　　(대) 현금과부족　　　×××： 부족 시

    ② (차) 현금과부족   ×××　　　(대) 잡이익　　　　×××： 과다 시

(10) 소모품의 정리(수동분개) : 일반전표입력 → 12/31일자 회계처리

    ① (차) 소모품   ×××　　　(대) 소모품비　　　×××： 구입 시 비용처리한 경우

    ② (차) 소모품비   ×××　　　(대) 소모품　　　　×××： 구입 시 자산처리한 경우

(11) 장기차입금 유동성 대체 분개 : 일반전표입력 → 12/31일자 회계처리

    (차) 장기차입금   ×××　　　(대) 유동성장기부채　×××

(12) 가지급금과 가수금의 정리(수동분개) : 일반전표입력 → 12/31일자 회계처리

    ① (차) 해당 계정과목   ×××　　　(대) 가지급금　　　×××

    ② (차) 가수금   ×××　　　(대) 해당 계정과목　×××

(13) 법인세비용(법인세등) 추산(자동분개) : 결산자료입력 → 법인세등 1).선납세금 2).추가계상액란에 입력

    (차) 법인세비용   ×××　　　(대) 선납세금　　　×××(선납세금란)

                                        (대) 미지급세금　　×××(추가계상액란)

12　재무회계의 개념체계, 재무제표의 기본가정

(1) 회계정보의 질적 특성 : 회계정보가 정보이용자의 의사결정에 유용한 정보를 제공하기 위하여 갖추어야 할 주요 속성

(2) 주요 질적 특성

    ① 목적 적합성 : 예측가치, 피드백가치, 적시성

    ② 신뢰성 : 표현의 충실성, 검증가능성, 중립성

(3) 기타의 질적 특성 : 비교가능성

(4) 재무제표의 기본가정(회계공준) : 기업실체, 계속기업, 기간별 보고

(1) 부가가치세법의 특징 : 국세, 일반소비세, 다단계거래세, 간접세, 물세, 전단계세액공제법(매출세액−매입세액), 소비지국과세원칙, 신고납세제도

(2) 과세대상 : 재화 또는 용역의 공급거래, 재화의 수입 거래

(3) 사업자의 요건 : 재화 또는 용역의 공급, 사업성, 사업상 독립성, 영리목적 유무와 무관

(4) 사업자의 분류 : 과세사업자만이 부가가치세법상의 사업자이며 과세사업자는 업종과 매출규모에 따라 일반과세자와 간이과세자로 구분함

사
업
자
- 과세 사업자
  - 일반 과세자 : 납세의무자(세금계산서, 영수증)
  - 간이 과세자 : 납세의무자(세금계산서, 영수증)
- 면세 사업자 : 납세의무 없음(계산서, 영수증)

(5) 간이과세자의 특징 : 직전 연도의 공급대가의 합계액이 1억 400만 원에 미달, 납부세액 = 공급대가 × 해당 업종의 부가차율 × 10%, 해당 과세기간(1년)에 대한 공급대가가 4,800만 원 미만인 경우 납부 의무 면제, 간이과세가 적용되지 않는 다른 사업장을 보유하고 있는 사업자는 간이과세적용배제, 세금계산서를 발급하는 간이과세자는 예정신고 의무

(6) 과세기간(단, 간이과세자는 1.1~12.31)

① 제1기 – 1월 1일부터 6월 30일까지

② 제2기 – 7월 1일부터 12월 31일까지

※ 신고기간

• 법인

– 제1기 예정신고(1~3) : 4.1~25

– 제1기 확정신고(4~6) : 7.1~25

– 제2기 예정신고(7~9) : 10.1~25

– 제2기 확정신고(10~12) : 차기 1.1~25

• 개인

– 제1기 과세신고 : 7.1~25

– 제2기 과세신고 : 차기 1.1~25

※ 개인사업자와 직전 과세기간 공급가액의 합계액이 1억 5천만 원 미만인 법인사업자에 대하여는 각 예정신고기간마다 직전 과세기간에 대한 납부세액에 50%를 곱한 금액을 결정하여 당해 예정신고 기한 내에 징수(예정고지)한다. 다만, 징수하여야 할 금액이 50만 원 미만, 간이과세자에서 일반과세자로 변경, 재난 등 경우 이를 징수하지 아니한다. 또한 휴업 또는 사업부진 등으로 인하여 각 예정신고기간의 공급가액(또는 납부세액)이 직전과세기간의 공급가액(또는 납부세액)의 3분의 1에 미달하는 자, 각 예정신고기간 분에 대하여 조기 환급을 받으려는 자는 예정신고 납부를 할 수 있다.

(7) 사업자등록의 신청 : 사업장마다 사업 개시일부터 20일 이내에 사업자등록신청서를 작성하고 등록함

(8) 재화공급의 특례(간주공급) : 자가공급(면세사업에의 전용, 비영업용(개별소비세과세대상) 소형승용자동차 또는 그 유지에의 비용, 판매목적 타사업장 반출), 개인적 공급, 사업상 증여, 폐업할 때 남아 있는 재화

(9) 재화의 공급으로 보지 않는 경우 : 담보의 제공, 사업의 양도, 법률에 의한 조세의 물납, 법에 따른 공매·경매, 신탁재산의 소유권 이전

(10) 재화의 공급시기 : 재화의 이동이 필요한 경우(재화가 인도되는 때), 재화의 이동이 필요하지 아니한 경우(재화가 이용가능하게 되는 때)

(11) 거래 형태별 재화의 공급시기

① 현금판매·외상판매·할부판매 : 재화가 인도되거나 이용가능하게 되는 때

② 장기할부판매·완성도기준지급·중간지급조건부공급 : 대가의 각 부분을 받기로 한 때

③ 자가공급(판매목적 타사업장 반출 제외) 개인적 공급 : 재화가 사용 또는 소비되는 때

④ 사업상증여 : 재화를 증여하는 때

⑤ 폐업 시 잔존재화 : 폐업하는 때

⑥ 무인판매기에 의한 재화공급 : 무인판매기에서 현금을 꺼내는 때

(12) 거래 형태별 용역의 공급시기

① 통상적인 공급 : 역무의 제공이 완료되는 때, 시설물·권리 등 재화가 사용되는 때

② 간주임대료(전세금·임대보증금에 대한 이자), 2과세기간에 걸친 부동산임대용역의 대가를 선불 또는 후불로 받을 경우 : 예정신고기간의 종료일 또는 과세기간의 종료일

(13) 면세제도(부분면세)(참고 : 영세 – 완전면세)

① 미가공식료품(식용에 공하는 농산물·축산물·수산물과 임산물을 포함), 식용에 공하지 아니하는 미가공 농산물·축산물·수산물과 임산물 ② 수돗물 ③ 연탄과 무연탄 ④ 여성용 생리처리 위생용품, 영유아용 기저귀와 분유 ⑤ 의료보건용역(수의사의 용역 포함, 미용목적 성형수술·피부관련시술 및 수의사 애완동물 진료용역은 과세)과 혈액 ⑥ 교육용역(무도학원·자동차운전학원 과세) ⑦ 여객운송용역(항공기·우등고속버스·전세버스·택시·특수자동차·특종선박 또는 고속철도에 의한 여객운송용역은 과세) ⑧ 우표·인지·증지·복권과 공중전화(수집용 우표는 과세) ⑨ 주택과 이에 부수되는 토지의 임대용역 ⑩ 예술창작품·예술행사·문화행사와 비직업운동경기 ⑪ 도서(실내도서열람 및 도서대여용역 포함)·신문·잡지·관보·뉴스통신 및 방송(광고는 과세) ⑫ 도서관·과학관·박물관·미술관·동물원, 식물원에의 입장 ⑬ 토지의 공급 ⑭ 금융·보험용역, 종교·자선·학술, 국가·지방자치단체 공급하는 재화 또는 용역

(14) 과세표준 : 납세의무자가 납부해야 할 세액 산출의 기준이 되는 과세대상(공급가액)

① 금전으로 대가를 받는 경우 : 그 대가

② 금전 이외의 대가를 받는 경우 : 자기가 공급한 재화 또는 용역의 시가

③ 자가공급(판매목적 타사업장반출의 경우는 취득가액) · 개인적 공급 · 사업상 증여 및 폐업할 때 남아 있는 재화의 경우 : 당해 재화의 시가

④ 재화의 공급에 대하여 부당하게 낮은 대가를 받거나 대가를 받지 아니하는 경우 : 자기가 공급한 재화의 시가

⑤ 용역의 공급에 대하여 부당하게 낮은 대가를 받는 경우 : 자기가 공급한 용역의 시가

⑥ 대가를 외국통화 기타 외국환으로 받는 때에는 다음과 같은 금액을 그 대가로 함

- 공급시기 도래 전에 원화로 환가한 경우 : 그 환가한 금액
- 공급시기 이후에 외국통화 기타 외국환 상태로 보유하거나 지급받은 경우 : 공급시기의 기준환율 또는 재정환율에 의하여 계산한 금액

⑦ 재화의 수입에 대한 과세표준 : 관세의 과세가격과 관세, 개별소비세, 주세, 교통 · 에너지 · 환경세, 교육세 · 농어촌특별세의 합계액

(15) 과세표준에 포함되지 않는 금액 : 에누리액, 환입, 할인액, 공급받는 자에게 도달하기 전에 파손 · 훼손 · 멸실된 재화의 가액, 재화 또는 용역의 공급과 직접 관련되지 아니하는 국고보조금, 계약 등에 의하여 확정된 대가의 지급지연으로 인하여 지급받는 연체이자

(16) 과세표준에 포함되는 금액 : 장기할부판매 또는 할부판매 경우의 이자상당액, 대가의 일부로 받는 운송비 · 포장비 · 하역비 · 운송보험료 등

(17) 과세표준에서 공제하지 않는 금액 : 대손금, (판매)장려금, 하자보증금

(18) 세금계산서

① 필요적 기재사항 : 공급하는 사업자의 등록번호와 성명 또는 명칭, 공급받는 자의 등록번호, 공급가액과 부가가치세액, 작성연월일

② 발급시기 특례 : 공급시기 전(공급 전 세금계산서 교부 후 7일 이내 대가를 받은 경우), 공급시기 후(1역월, 1역월 이내의 공급가액을 말일자, 1월 이내 기간의 종료일자로 하여 다음 달 10일까지 교부한 경우)

③ 전자세금계산서 : 법인사업자, 직전연도 사업장별 재화 및 용역의 과 · 면세 공급가액의 합계액이 8천 만 원 이상인 개인사업자는 전자세금계산서를 발급하여야 하며 그 다음 날까지 전자세금산서 발급명세를 국세청장에게 전송하여야 함

④ 매입자세금계산서 : 일반과세자가 세금계산서를 발급하지 않는 경우 공급받는자(매입자)가 거래 건당 5만 원 이상의 거래가 있을 경우 관할 세무서장의 확인을 받아 발행하는 세금계산서

(19) 공제불가능 매입세액 : 사업과 직접 관련이 없는 지출에 대한 매입세액, 개별소비세법에 따른 자동차(직접 영업으로 사용되는 것과 개별소비세가 과세되지 아니하는 1,000cc 이하의 차량은 제외)의 구입과 임차 및 유지에 관한 매입세액, 기업업무추진비 및 이와 유사한 비용의 지출에 관련된 매입세액, 면세사업에 관련된 매입세액과 토지관련 매입세액

(20) 매입매출전표 입력 시 유의사항

매출	입력내용	매입	입력내용
11:과세	일반세금계산서(10% 과세) 발급 시	51:과세	일반세금계산서(10% 과세) 수령 시
12:영세	영세율세금계산서(0% 과세) 발급(수출업자) 시	52:영세	영세율세금계산서(0% 과세) 수령 시
13:면세	계산서 발급 시	53:면세	면세품 매입하고 계산서 수령 시
14:건별	일반영수증 교부 및 무증빙(증빙 발행 안 할 경우) 시	54:불공	세금계산서를 수령했으나 공제받지 못할 때(불공사유)
16:수출	직수출 시	55:수입	수입세금계산서(10% 과세) 수령 시
17:카과	과세품 매출하고 카드매출전표 발급 시	57:카과	과세품 매입하고 카드전표 수령(일반과세자 발행) 시
18:카면	면세품 매출하고 카드매출전표 발급 시	58:카면	면세품 매입하고 카드전표 수령 시
19:카영	영세율 적용대상 카드매출전표 발급 시	59:카영	영세율 적용대상 카드전표 수령 시
22:현과	과세품 매출하고 현금영수증(10% 과세) 발급 시	60:면건	계산서가 아닌 일반 영수증을 수령하거나 무증빙 시
23:현면	면세품 매출하고 현금영수증 발급 시	61:현과	과세품 매입하고 현금영수증(10% 과세) 수령(일반과세자 발행) 시
24:현영	영세율 적용대상 현금영수증 발급 시	62:현면	면세품 매입하고 현금영수증 수령 시

※ 11.과세, 12.영세, 14.건별, 16.수출, 17.카과, 22.현과, 51.과세, 52.영세, 53.면세, 54.불공, 55.수입, 57.카과, 58.카면, 61.현과, 62.현면 관련 거래의 입력을 숙지할 것

(1) 현금 입출금에 관하여 자세히(일자, 적요까지) 알고자 하는 경우 : 현금출납장

(2) 현금이외의 계정과목에 관하여 자세히(일자, 적요까지) 알고자 하는 경우 : 계정별원장

(3) 계정과목에 관한 질문 중 월별로 가장 많고 적음에 관하여 알고자 하는 경우 : 총계정원장(월별)

(4) 계정과목과 거래처를 동시에 알고자 하는 경우 : 거래처원장, 거래처별계정과목별원장

(5) 계정과목이 아닌 통합명칭(예 판관비, 제조경비 등)에 관하여 묻거나 계정과목이나 통합명칭의 지출이 현금으로 지출한 금액 및 현금이 아닌(대체) 경우로 지출한 금액에 관하여 묻는 경우

    ① 한 달 이내(예 2.1~2.5)의 금액에 관하여 묻는 경우 : 일계표

    ② 한 달(예 2월, 3월) 또는 2월 이상(예 2월~3월)의 금액에 관하여 묻는 경우 : 월계표

    ③ 누계(6월까지) 금액에 관하여 묻는 경우 : 합계잔액시산표(대손충당금, 감가상각누계액 조회 시에도 사용하면 편리함)

(6) 재무제표와 관련하여 알고자 하는 경우(예 전기말대비 자산, 부채, 자본 변동액과 외상매출금 · 받을어음의 장부금액(채권잔액 – 대손충당금), 유형자산의 장부금액(취득원가 – 감가상각누계액) 등) : [결산/재무제표]의 재무상태표, 손익계산서 등

(7) 부가가치세에 관하여 과세유형별로 알고자 하는 경우(예 카드판매액, 현금영수증판매액 등) : 매입매출장

(8) 부가가치세의 신고와 관련하여 알고자 하는 경우(예 과세표준, 매출세액, 매입세액, 공제받지못할세액 등) : 부가가치세신고서

(9) 매출, 매입 세금계산서에 관하여 알고자 하는 경우(예 세금계산서 매수, 거래처에 발행한 매수와 금액 등) : 세금계산서합계표, 세금계산서(계산서)현황

15 원가회계정리

(1) 원가회계의 목적(▶ 제조원가명세서)

① 재무제표의 작성에 필요한 원가정보의 제공 : 당기제품제조원가는 손익계산서의 매출원가 계산에 필요하며 원재료와 재공품은 재무상태표를 작성하는 데 필요함

② 원가통제에 필요한 원가정보의 제공 : 원가가 과대 또는 과소하게 발생하거나 또는 불필요하게 낭비되는 것을 통제, 관리하는 데 필요한 정보를 제공함

③ 경영의사결정에 필요한 원가정보의 제공 : 경영자의 가격결정, 예산편성(계획) 등 경영의사결정을 하는 데 필요한 정보를 제공함

(2) 원가와 비용

① (제조)원가 : 제품을 만드는 데 소비하는 경제적 가치

② 비용(기간비용) : 제품의 수익을 내기 위하여 소비하는 경제적 가치

(3) 원가의 분류

① 원가의 3요소 : 재료원가, 노무원가, 제조경비

② 원가의 행태(변화정도)에 따른 분류 : 고정원가, 변동원가, 준변동원가(혼합원가), 준고정원가(계단원가)

③ 추적 가능성에 따른 분류 : 직접원가, 간접원가(공통원가)

④ 기초원가(기본원가, 직접원가), 가공원가

⑤ 관련원가, 비관련원가

⑥ 매몰원가 : 과거의 의사결정으로부터 이미 발생한 원가

⑦ 기회원가 : 둘 이상의 선택 가능한 방법 중에서 한 가지를 선택함으로써 포기한 것(최대의 경제적 효익)이 이에 해당함. 따라서 회계장부에는 기록되지 않지만 의사결정 시에는 고려해야 하는 원가임

(4) 제조원가와 가공원가

① 제조원가(당기총제조원가)

= 직접원가(추적가능) + 간접원가(추적불가능 → 인위적 배분)

= 직접재료원가 + 직접노무원가 + 직접제조경비 + 간접재료원가 + 간접노무원가 + 간접제조경비

= 직접재료원가 + 직접노무원가 + 제조간접원가

② 가공원가(전환원가, 직접재료원가를 뺀 나머지) : 직접노무원가 + (직접제조경비) + 제조간접원가

(5) 원가의 행태에 따른 분류

　　① 고정원가 : 임차료, 보험료, 감가상각원가, 세금과공과(재산세) 등

　　② 변동원가 : 직접재료원가, 직접노무원가, 변동제조간접원가

　　③ 준변동원가(혼합원가) : 전력원가, 통신원가 등

　　④ 준고정원가(계단원가) : 공장면적 증가에 따른 임차료 등

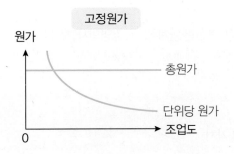

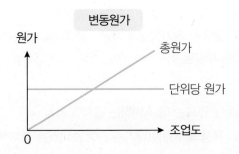

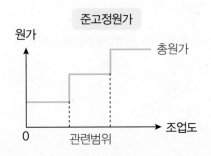

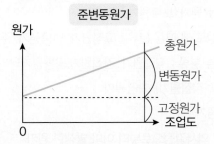

※ 고정원가 = 고정비
　변동원가 = 변동비
　가공원가 = 가공비

(6) 원가계산의 절차(요소별 원가계산 → 부문별 원가계산 → 제품별 원가계산)

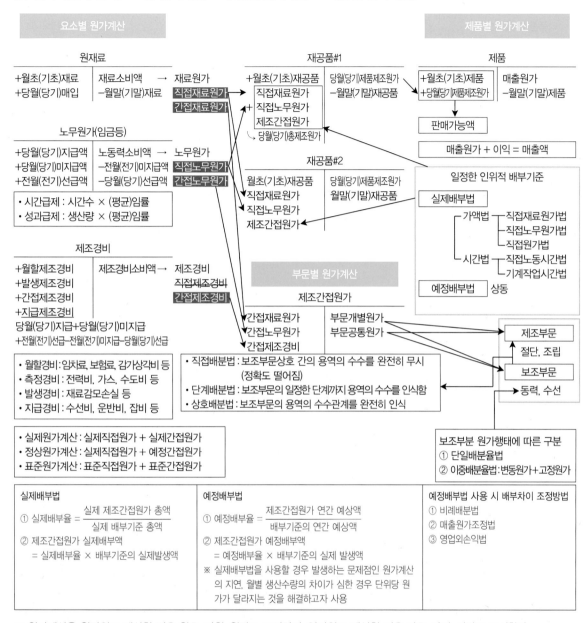

실제배부법	예정배부법	예정배부법 사용 시 배부차이 조정방법
① 실제배부율 = $\dfrac{\text{실제 제조간접가 총액}}{\text{실제 배부기준 총액}}$ ② 제조간접가 실제배부액 = 실제배부율 × 배부기준의 실제발생액	① 예정배부율 = $\dfrac{\text{제조간접가 연간 예상액}}{\text{배부기준의 연간 예상액}}$ ② 제조간접가 예정배부액 = 예정배부율 × 배부기준의 실제 발생액 ※ 실제배부법을 사용할 경우 발생하는 문제점인 원가계산의 지연, 월별 생산수량의 차이가 심한 경우 단위당 원가가 달라지는 것을 해결하고자 사용	① 비례배분법 ② 매출원가조정법 ③ 영업외손익법

※ 원가계산을 월단위로 계산할 경우 월초, 당월, 월말로 표시하며, 연단위로 계산할 경우 기초, 당기, 기말로 표시한다.

(7) 제품별 원가계산

다품종소량생산	항공기, 조선, 주문가구, 주문인쇄, 건설, 기계장치 등 직접원가 + 간접원가, 제조지시서 → 작업원가표, 각 제품별로 제조원가 산정	┐→ 개별원가계산
소품종대량생산	연속적으로 동일한 제품 대량생산 (직접)재료원가 + 가공원가, 전체총제조비용/전체총생산량(환산량포함) = 단위당 원가 ※ 환산량 = 완성도(%) × 미완성수량, 정확도 떨어짐, 제소원가보고서	┐→ 종합원가계산

(8) 종합원가 계산방법

선입선출법	평균법
① 완성품환산량 = 당월(당기)완성품수량 − 월초(기초)재공품환산량 + 월말 (기말)재공품환산량 ② 단위당 원가 = $\dfrac{당월(당기)제조원가}{완성품환산량}$ ③ 월말(기말)재공품원가 = 단위당 원가 × 월말(기말)재공품환산량	① 완성품환산량 = 당월(당기)완성품수량 + 월말(기말)재공품환산량 ② 단위당 원가 = $\dfrac{월초(기초)재공품제조원가 + 당월(당기)제조원가}{완성품환산량}$ ③ 월말(기말)재공품원가 = 단위당 원가 × 월말(기말)재공품환산량

※ 종합원가계산에서 재료원가와 가공원가로 구분하는 이유는 재료원가와 가공원가의 투입시점이 다르기 때문이다.

(9) 종합원가계산의 종류

① 단일종합원가계산 : 1종류 1공정(소금, 얼음 등)

② 공정별종합원가계산 : 1종류 2공정 이상(화학, 제지 등)

③ 조별종합원가계산 : 2종류 이상 2공정 이상(식료품, 통조림 등)

④ 등급별종합원가계산 : 동일공정에서 유사제품(등급품)(제분, 양조, 제화 등)

⑤ 연산품종합원가계산 : 동일공정에서 다른제품(낙농업, 정유업, 정육업 등)

(10) 공손품과 작업폐물

① 공손품 : 품질이나 규격이 회사에서 정한 일정수준에 미달하는 불합격품

  • 정상공손 : 제조과정에서 불가피하게 발생하는 공손으로 재공품 및 제품의 원가에 포함시킴

  • 비정상공손 : 영업외비용으로 처리함

② 작업폐물 : 제조과정에서 발생하는 부스러기로 발생하면 폐물의 평가액 만큼 제조원가를 감소시킴

PART

02

∨

분개연습

분개는 회계처리의 첫 절차이고 전기를 통해 장부에 옮겨 적으므로 분개에 문제가 생기면 모든 장부에 오류가 납니다. 이 정도로 분개는 회계에서 큰 부분을 차지합니다. 기초 분개연습과 시험에 잘 나오는 분개문제 100선을 통해 분개에 대해 완벽하게 학습하시길 바랍니다.

핵심 포인트 ▶ 자산, 부채, 자본, 수익, 비용의 계정과목과 거래의 8요소를 반드시 알아야 분개를 잘할 수 있다. 또한 계정과목은 각각 따로 기래의 8요소를 생각하며 분개해야 혼동이 되지 않는다.

01 거래의 8요소와 결합관계[차변(debtor) : 왼쪽, 대변(creditor) : 오른쪽]

기업의 재무상태에 변동을 가져오는 사항인 거래는 자산의 증가와 자산의 감소, 부채의 증가와 부채의 감소, 자본의 증가와 자본의 감소, 수익의 발생과 비용의 발생이라는 8개의 요소로 구성되어 있는데, 이를 "거래의 8요소"라 하며 서래의 8요소가 서로 결합되어 여러 가지의 조합을 이루는 관계를 거래요소의 결합관계라고 한다.

> **기적의 TIP**
>
> **거래의 8요소**
> 복식부기의 기본원리로 차변거래가 발생하면 동시에 대변거래가 발생하며, 이를 '거래의 이중성'이라 한다.

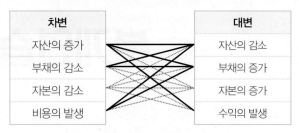

차변	대변
자산의 증가	자산의 감소
부채의 감소	부채의 증가
자본의 감소	자본의 증가
비용의 발생	수익의 발생

※ 굵은 선은 거래가 빈번한 것을 표시함

거래의 8요소와 결합관계의 사례(자산의 증가와 결합관계)를 일부 보면 다음과 같다.

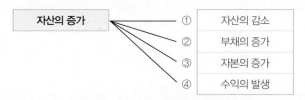

```
자산의 증가 ──────── ①  자산의 감소
              ②  부채의 증가
              ③  자본의 증가
              ④  수익의 발생
```

① 상품 10,000원을 매입하고, 대금은 현금으로 지급하다.

(차) 자산의 증가(상품)	10,000	(대) 자산의 감소(현금)	10,000

② 상품 10,000원을 외상으로 매입하다.

(차) 자산의 증가(상품)	10,000	(대) 부채의 증가(외상매입금)	10,000

> ✔ **개념 체크**
>
> 1 "1개월 전 매입 계약한 상품(1,000,000원)을 인수하고, 계약금(100,000원)을 차감한 잔액을 2개월 후에 지급하기로 하다."는 (교환, 손익, 혼합)거래이다.
>
> 1 교환

③ 현금 10,000원을 출자하여 영업을 개시하다.

| (차) 자산의 증가(현금) | 10,000 | (대) 자본의 증가(자본금) | 10,000 |

④ 대여금에 대한 이자 10,000원을 현금으로 받다.

| (차) 자산의 증가(현금) | 10,000 | (대) 수익의 발생(이자수익) | 10,000 |

02 계정의 기입방법

① 자산의 증가는 차변에, 자산의 감소는 대변에 기입한다.
② 부채의 증가는 대변에, 부채의 감소는 차변에 기입한다.
③ 자본의 증가는 대변에, 자본의 감소는 차변에 기입한다.
④ 비용의 발생은 차변에, 비용의 소멸은 대변에 기입한다.
⑤ 수익의 발생은 대변에, 수익의 소멸은 차변에 기입한다.

차변요소		자산계정			대변요소	잔액
자산의 증가	⇨	증가(+) 잔액	감소(−)	⇦	자산의 감소	차변
		부채계정				
부채의 감소	⇨	감소(−)	증가(+) 잔액	⇦	부채의 증가	대변
		자본계정				
자본의 감소	⇨	감소(−)	증가(+) 잔액	⇦	자본의 증가	대변
		비용계정				
비용의 발생	⇨	발생(+) 잔액	소멸(−)	⇦	비용의 소멸	차변
		수익계정				
수익의 소멸	⇨	소멸(−)	발생(+) 잔액	⇦	수익의 발생	대변

자산은 차변에서 생겨서 대변에서 감소(차변 − 대변)하므로 잔액은 차변에 남으며, 부채ㆍ자본은 대변에서 생겨서 차변에서 감소(대변 − 차변)하므로 잔액은 대변에 남는다. 수익과 비용은 각각 대변, 차변에서 발생하여 잔액으로 존재하다가 결산 시 손익계정으로 대체되어 소멸한다.

기적의 TIP

손익계정
결산 시 수익과 비용을 소멸(마감)하고 그 차액을 자본으로 대체하기 위하여 사용하는 임시계정이다.

03 분개

기적의 TIP

결국, 분개를 잘 하기 위해서는 계정과목과 거래의 8요소를 정확히 알아야 한다.

기적의 TIP

차변과 대변으로 나누어 끼워 넣는다고 해서 분개라고 한다.

분개란 회계상의 거래가 발생하면 차변과 대변으로 구분하고 해당 계정과목과 금액을 기입하는 절차를 말한다. 분개를 잘 하려면 거래 관련 계정을 파악하고 거래의 8요소와 결합관계를 충분히 숙지해야 한다. 분개는 회계처리의 첫 절차이고 전기를 통해 장부에 옮겨 적으므로 분개에 오류가 생길 경우 모든 장부의 오류가 발생하므로 분개는 매우 중요하다. 전산세무회계프로그램이 보편화된 현재에도 프로그램이 분개를 스스로 하지 못하므로 분개가 얼마나 중요한지 알 수 있다.

다음은 분개 순서이다.

① 발생한 거래가 회계상의 거래인가를 확인한다.

② 거래에 대한 구체적인 계정과목을 정한다. ⇨ **계정과목 암기**

③ 거래내용을 분석하여 차변요소와 대변요소로 나눈다. ⇨ **거래의 8요소 암기**

④ 각 계정에 기입될 금액을 결정한다.

1. 현금 ₩500,000을 출자하여 상품매매업을 시작하다.

(차)	(대)

※ 현금, 자본금 → 현금(자산), 자본금(자본) → 현금(자산의 증가), 자본금(자본의 증가) → 현금(자산의 증가 : 차변), 자본금(자본의 증가 : 대변) ▶ 교환거래
※ 현금 500,000원을 회사 금고에 넣고 사업을 시작했다는 내용이다.

2. 현금 ₩200,000을 1년 이내 갚기로 하고 나홀로 금융에서 차입하다.

(차)	(대)

※ 현금, 단기차입금 → 현금(자산), 단기차입금(부채) → 현금(자산의 증가), 단기차입금(부채의 증가) → 현금(자산의 증가 : 차변), 단기차입금(부채의 증가 : 대변) ▶ 교환거래

3. 수나라에서 상품 ₩400,000을 구입하고 대금은 9개월 후에 지급하기로 하다.

(차)	(대)

※ 상품, 외상매입금 → 상품(자산), 외상매입금(부채) → 상품(자산의 증가), 외상매입금(부채의 증가) → 상품(자산의 증가 : 차변), 외상매입금(부채의 증가 : 대변) ▶ 교환거래

4. 상품 ₩550,000을 매입하고 대금 중 ₩300,000은 현금으로 지급하고 잔액은 외상으로 하다.

(차)	(대)

※ 상품, 현금, 외상매입금 → 상품(자산), 현금(자산), 외상매입금(부채) → 상품(자산의 증가), 현금(자산의 감소), 외상매입금(부채의 증가) → 상품(자산의 증가 : 차변), 현금(자산의 감소 : 대변), 외상매입금(부채의 증가 : 대변) ▶ 교환거래

5. 영택스에서 원재료 ₩6,000,000을 매입하기로 약정하고 대금 중 ₩2,000,000을 현금으로 미리 지급하였다.

(차)	(대)

※ 선급금, 현금 → 선급금(자산), 현금(자산) → 선급금(자산의 증가), 현금(자산의 감소) → 선급금(자산의 증가 : 차변), 현금(자산의 감소 : 대변) ▶ 교환거래
※ 원재료는 받지 않고 계약금만 지급한 것이므로 미리 지급한 계약금만 회계처리를 한다. 선급금은 미리 지급한 돈으로 나중에 물건을 받을 권리가 생기는 것이므로 자산 중 채권에 해당된다.

6. (주)즐거운날로부터 외상매출금 ₩2,500,000을 현금으로 회수하다.

(차)	(대)

※ 외상매출금, 현금 → 외상매출금(자산), 현금(자산) → 외상매출금(자산의 감소), 현금(자산의 증가) → 외상매출금(자산의 감소 : 대변), 현금(자산의 증가 : 차변) ▶ 교환거래
※ 이전에 외상으로 매출을 했다는 것이므로 현금으로 회수 시 외상매출금을 감소시켜야 한다.

7. 정도컴퓨터에서 영업용 컴퓨터 1대 ₩1,500,000을 구입하고, 대금은 익월에 지급하기로 하다.

(차)	(대)

※ 비품, 미지급금 → 비품(자산), 미지급금(부채) → 비품(자산의 증가), 미지급금(부채의 증가) → 비품(자산의 증가 : 차변), 미지급금(부채의 증가 : 대변) ▶ 교환거래

8. 현금 ₩500,000, 자기앞수표 ₩1,000,000을 부자은행에 당좌예입하다.

(차)	(대)

※ 현금, 당좌예금 → 현금(자산), 당좌예금(자산) → 현금(자산의 감소), 당좌예금(자산의 증가) → 현금(자산의 감소 : 대변), 당좌예금(자산의 증가 : 차변) ▶ 교환거래
※ 자기앞수표는 주고받을 때 현금으로 처리한다. 학습 시 현금이라는 단어는 한국은행이 발행한 통화(지폐와 주화)를 말한다.

9. 유달상사에서 외상매출금 ₩300,000을 현금으로 회수하여 즉시 보통예금통장에 예입하다.

(차)	(대)

※ 외상매출금, 보통예금 → 외상매출금(자산), 보통예금(자산) → 외상매출금(자산의 감소), 보통예금(자산의 증가) → 외상매출금(자산의 감소 : 대변), 보통예금(자산의 증가 : 차변) ▶ 교환거래
※ 회계 처리의 단위는 하루이므로 현금으로 회수하여 보통예금통장에 입금한 것은 보통예금으로 처리한다.

10. 본사건물 전기요금 ₩30,000과 수도요금 ₩20,000을 현금으로 지급하다.

(차)	(대)

※ 수도광열비, 현금 → 수도광열비(비용), 현금(자산) → 수도광열비(비용의 발생), 현금(자산의 감소) → 수도광열비(비용의 발생 : 차변), 현금(자산의 감소 : 대변) ▶ 손익거래

11. 무서운공장에 대여한 단기대여금 ₩500,000과 이에 대한 이자 ₩50,000 중 원천징수세액 ₩5,000을 차감한 잔액을 보통예금 통장으로 받다.

(차)	(대)

※ 단기대여금, 이자수익, 선납세금, 보통예금 → 단기대여금(자산), 이자수익(수익), 선납세금(자산), 보통예금(자산) , 단기대여금(자산의 감소), 이자수익(수익의 발생), 선납세금(자산의 증가), 보통예금(자산의 증가) → 단기대여금(자산의 감소 : 대변), 이자수익(수익의 발생 : 대변), 선납세금(자산의 증가 : 차변), 보통예금(자산의 증가 : 차변) ▶ 혼합거래
※ 원천징수세액은 이자소득을 받으면서 떼인 세금으로 다음 연도 소득 신고 시 차감되므로 선납세금으로 처리한다.

12. 진짜신문의 구독료 ₩9,000을 현금으로 지급하다.

(차)	(대)

※ 도서인쇄비, 현금 → 도서인쇄비(비용), 현금(자산) → 도서인쇄비(비용의 발생), 현금(자산의 감소) → 도서인쇄비(비용의 발생 : 차변), 현금(자산의 감소 : 대변) ▶ 손익거래

13. 조은문구점에서 문방구용품 ₩30,000을 구입하고 대금은 외상으로 하다(비용처리).

(차)	(대)

※ 사무용품비, 미지급금 → 사무용품비(비용), 미지급금(부채) → 사무용품비(비용의 발생), 미지급금(부채의 증가) → 사무용품비(비용의 발생 : 차변), 미지급금(부채의 증가 : 대변) ▶ 손익거래
※ 사무용품비를 소모품비로 처리해도 된다. 소모품비 중 문구 관련하여 지출이 클 경우 사무용품비로 처리하면 관리하기 편하다.

14. 나나가구에서 영업용 책상, 의자 1조 ₩80,000을 구입하고 대금은 법인카드인 국민카드(신용카드)로 결제하다.

(차)	(대)

※ 비품, 미지급금 → 비품(자산), 미지급금(부채) → 비품(자산의 증가), 미지급금(부채의 증가) → 비품(자산의 증가 : 차변), 미지급금(부채의 증가 : 대변) ▶ 교환거래
※ 카드결제 시 거래처는 카드사가 된다.

15. 배달용 화물트럭의 유류대금 ₩500,000을 당좌수표를 발행하여 지급하다.

(차)	(대)

※ 차량유지비, 당좌예금 → 차량유지비(비용), 당좌예금(자산) → 차량유지비(비용의 발생), 당좌예금(자산의 감소) → 차량유지비(비용의 발생 : 차변), 당좌예금(자산의 감소 : 대변) ▶ 손익거래

16. 개영에서 상품 500개 @₩600을 매입하고, 대금 중 반액은 외상으로 하고 나머지는 현금으로 지급하다.

(차)	(대)

    ※ 상품, 외상매입금, 현금 → 상품(자산), 외상매입금(부채), 현금(자산의 감소) → 상품(자산의 증가), 외상매입금(부채의 증가), 현금(자산의 감소) → 상품(자산의 증가 : 차변), 외상매입금(부채의 증가 : 대변), 현금(자산의 감소 : 대변) ▶ 교환거래

17. 영업사원 김혜수를 월급 ₩1,000,000을 지급하기로 하고 채용하다.

(차)	(대)

    ※ 근로계약서를 작성하고 채용한 것은 회계상 거래에 해당하지 않는다(∵ 자산, 부채, 자본, 수익, 비용에 변화가 없음).

18. 우표 및 엽서 구입대금 ₩30,000을 현금으로 지급하다.

(차)	(대)

    ※ 통신비, 현금 → 통신비(비용), 현금(자산) → 통신비(비용의 발생), 현금(자산의 감소) → 통신비(비용의 발생 : 차변), 현금(자산의 감소 : 대변) ▶ 손익거래

19. 태풍 "제비"로 인한 수재민 돕기 성금으로 현금 ₩900,000을 문화방송에 기탁하다.

(차)	(대)

    ※ 기부금, 현금 → 기부금(비용), 현금(자산) → 기부금(비용의 발생), 현금(자산의 감소) → 기부금(비용의 발생 : 차변), 현금(자산의 감소 : 대변) ▶ 손익거래

20. 생각보다 맛있는 집에서 직원회식을 하고 회식대 ₩550,000을 법인카드인 BC카드(신용카드)로 결제하다.

(차)	(대)

    ※ 복리후생비, 미지급금 → 복리후생비(비용), 미지급금(부채) → 복리후생비(비용의 발생), 미지급금(부채의 증가) → 복리후생비(비용의 발생 : 차변), 미지급금(부채의 증가 : 대변) ▶ 손익거래

21. 금나라에서 빌린 단기차입금 ₩400,000과 그 이자 ₩15,000을 현금으로 지급하다.

(차)	(대)

    ※ 단기차입금, 이자비용, 현금 → 단기차입금(부채), 이자비용(비용), 현금(자산) → 단기차입금(부채의 감소), 이자비용(비용의 발생), 현금(자산의 감소) → 단기차입금(부채의 감소 : 차변), 이자비용(비용의 발생 : 차변), 현금(자산의 감소 : 대변) ▶ 혼합거래

22. 당사 이달분 불뿜는 건물의 사무실 집세 ₩300,000을 당좌예금통장에서 계좌이체하다.

(차)	(대)

※ 임차료, 당좌예금 → 임차료(비용), 당좌예금(자산) → 임차료(비용의 발생), 당좌예금(자산의 감소) → 임차료(비용의 발생 : 차변), 당좌예금(자산의 감소 : 대변) ▶ 손익거래

23. 사용 중이던 영업용 승용차 ₩240,000을 ₩200,000에 중고좋아에 매각처분하고 대금은 월말에 받기로 하다.

(차)	(대)

※ 차량운반구, 미수금, 유형자산처분손실 → 차량운반구(자산의 감소), 미수금(자산의 증가), 유형자산처분손실(비용의 발생) → 차량운반구(자산의 감소 : 대변), 미수금(자산의 증가 : 차변), 유형자산처분손실(비용의 발생 : 차변) ▶ 혼합거래

24. 판매원 거치러의 이달분 급여 ₩1,000,000을 현금으로 지급하다.

(차)	(대)

※ 급여, 현금 → 급여(비용), 현금(자산) → 급여(비용의 발생), 현금(자산의 감소) → 급여(비용의 발생 : 차변), 현금(자산의 감소 : 대변) ▶ 손익거래

25. 거래처 삼공에 전달할 선물용 홍삼셋트를 L백화점에서 구입하고 대금 ₩500,000은 외상으로 하다.

(차)	(대)

※ 기업업무추진비, 미지급금 → 기업업무추진비(비용), 미지급금(부채) → 기업업무추진비(비용의 발생), 미지급금(부채의 증가) → 기업업무추진비(비용의 발생 : 차변), 미지급금(부채의 증가 : 대변) ▶ 손익거래

26. 거래처 아부(주)에 줄 게임기 ₩480,000을 H백화점에서 구입하고 법인카드인 국민카드(신용카드)로 결제하다.

(차)	(대)

※ 기업업무추진비, 미지급금 → 기업업무추진비(비용), 미지급금(부채) → 기업업무추진비(비용의 발생), 미지급금(부채의 증가) → 기업업무추진비(비용의 발생 : 차변), 미지급금(부채의 증가 : 대변) ▶ 손익거래

27. 경리사원 우울해는 장부상 현금잔액보다 현금시재액이 ₩500,000이 부족하다는 것을 발견하였으나 원인을 알 수가 없었다.

(차)	(대)

※ 현금, 현금과부족 · 현금(자산의 감소), 현금과부족(자산의 증가) → 현금(자산의 감소 : 대변), 현금과부족(자산의 증가 : 차변) ▶ 교환거래
※ 현금부족 시 현금과부족 계정과목은 차변에 기입하며 현금과잉 시 대변에 기입한다.

28. 단기간 내의 매매차익을 목적으로 매입하였던 (주)더조은의 주식 10주(장부금액 @₩31,000)를 한국증권에 1주당 ₩40,000에 처분하고 대금은 전액 동사의 당좌수표로 받다.

(차)	(대)

※ 단기매매증권, 현금, 단기매매증권처분이익 → 단기매매증권(자산), 현금(자산), 단기매매증권처분이익(수익) → 단기매매증권(자산의 감소), 현금(자산의 증가), 단기매매증권처분이익(수익의 발생) → 단기매매증권(자산의 감소 : 대변), 현금(자산의 증가 : 차변), 단기매매증권처분이익(수익의 발생 : 대변) ▶ 혼합거래
※ 동사의 당좌수표는 타인발행 당좌수표이므로 은행에 요구 시 즉시 현금으로 전환되므로 현금으로 처리한다.

29. (주)토이에게 제품 ₩2,000,000을 판매하기로 계약하고 10%의 계약금을 당좌예금계좌로 이체받다.

(차)	(대)

※ 선수금, 당좌예금 → 선수금(부채), 당좌예금(자산) → 선수금(부채의 증가), 당좌예금(자산의 증가) → 선수금(부채의 증가 : 대변), 당좌예금(자산의 증가 : 차변) ▶ 교환거래
※ 제품은 아직 주지 않았으므로 거래가 아니고 계약금 받은 것만 거래이다.

30. 기동찬세무사 사무소에 장부기장을 의뢰하고 기장대행수수료 ₩150,000을 현금으로 지급하다.

(차)	(대)

※ 수수료비용, 현금 → 수수료비용(비용), 현금(자산) → 수수료비용(비용의 발생 : 차변), 현금(자산의 감소 : 대변) ▶ 손익거래

31. 본사 제품을 홍보하기 위하여 생활정보지에 광고를 게재하고 대금 ₩100,000은 2개월 후에 지급하기로 하다.

(차)	(대)

※ 광고선전비, 미지급금 → 광고선전비(비용), 미지급금(부채) → 광고선전비(비용의 발생), 미지급금(부채의 증가) → 광고선전비(비용의 발생 : 차변), 미지급금(부채의 증가 : 대변) ▶ 손익거래

32. 당사 대주주 돈만하로부터 영업에 사용할 목적으로 시가 ₩1,000,000의 건물(원가 ₩500,000)을 증여 받다.

(차)	(대)

※ 건물, 자산수증이익 → 건물(자산), 자산수증이익(수익) → 건물(자산의 증가), 자산수증이익(수익의 발생) → 건물(자산의 증가 : 차변), 자산수증이익(수익의 발생 : 대변) ▶ 손익거래
※ 건물을 무상으로 취득 시 시가를 취득원가로 한다.

33. 회사 운영자금에 사용할 목적으로 IBK에서 2027년 9월 10일에 상환하기로 하고 ₩15,000,000을 당사 보통예금계좌로 입금받다.

(차)	(대)

※ 장기차입금, 보통예금 → 장기차입금(부채), 보통예금(자산) → 장기차입금(부채의 증가), 보통예금(자산의 증가) → 장기차입금(부채의 증가 : 대변), 보통예금(자산의 증가 : 차변) ▶ 교환거래
※ 상환일이 1년 이후이므로 장기차입금으로 처리한다.

34. 대주주 이태백에 대한 단기차입금(₩50,000,000)을 전액 면제받았다.

(차)	(대)

※ 단기차입금, 채무면제이익 → 단기차입금(부채), 채무면제이익(수익) → 단기차입금(부채의 감소), 채무면제이익(수익의 발생) → 단기차입금(부채의 감소 : 차변), 채무면제이익(수익의 발생 : 대변) ▶ 손익거래

35. 종업원 2월분 급여를 다음과 같이 현금으로 지급하였다.

구분	사원명	급여	소득세	지방소득세	국민연금	건강보험료	고용보험료	차가감지급액
생산직	이몽룡	2,500,000	30,000	3,000	9,000	5,000	1,000	2,452,000
사무직	성춘향	1,500,000	20,000	2,000	9,000	5,000	1,000	1,463,000
계		4,000,000	50,000	5,000	18,000	10,000	2,000	3,915,000

(차)	(대)

※ 임금, 급여, 예수금, 현금 → 임금(비용), 급여(비용), 예수금(부채), 현금(자산) → 임금(비용의 발생), 급여(비용의 발생), 예수금(부채의 증가), 현금(자산의 감소) → 임금(비용의 발생 : 차변), 급여(비용의 발생 : 차변), 예수금(부채의 증가 : 대변), 현금(자산의 감소 : 대변) ▶ 손익거래

36. 회사의 건물 취득 시 취득원가 ₩30,000,000과 취득세 ₩900,000을 전액 현금으로 지급하다.

(차)	(대)

※ 건물, 현금 → 건물(자산), 현금(자산) → 건물(자산의 증가), 현금(자산의 감소) → 건물(자산의 증가 : 차변), 현금(자산의 감소 : 대변)
　　▶ 교환거래
※ 건불 취득 시 발생되는 취득세는 건물의 취득원가에 가산한다.

- 위와 같은 방법으로 여러 번 반복하면 자연스럽게 계정과목이 생각나고 해당 위치(차변, 대변)가 쉽게 파악되어 갈수록 분개를 잘 할 수 있다.
- 분개는 회계에서 아주 중요하므로 반드시 할 수 있어야 한다는 것을 잊어서는 안 된다.

번호	차변	금액	대변	금액
1	현금	500,000	자본금	500,000
2	현금	200,000	단기차입금	200,000
3	상품	400,000	외상매입금	400,000
※ 케이렙은 상품계정을 2분법으로 처리함(상품, 상품매출) [참고] 3분법(매입, 매출, 이월상품)				
4	상품	550,000	현금	300,000
			외상매입금	250,000
5	선급금	2,000,000	현금	2,000,000
6	현금	2,500,000	외상매출금	2,500,000
7	비품	1,500,000	미지급금	1,500,000
8	당좌예금	1,500,000	현금	1,500,000
9	보통예금	300,000	외상매출금	300,000
10	수도광열비	50,000	현금	50,000
11	보통예금	545,000	단기대여금	500,000
	선납세금	5,000	이자수익	50,000
12	도서인쇄비	9,000	현금	9,000
13	사무용품비(소모품비)	30,000	미지급금	30,000
14	비품	80,000	미지급금	80,000
15	차량유지비	500,000	당좌예금	500,000
16	상품	300,000	외상매입금	150,000
			현금	150,000
17	거래 아님(회계처리 없음)			
18	통신비	30,000	현금	30,000
19	기부금	900,000	현금	900,000
20	복리후생비	550,000	미지급금	550,000
21	단기차입금	400,000	현금	415,000
	이자비용	15,000		
22	임차료	300,000	당좌예금	300,000
23	미수금	200,000	차량운반구	240,000
	유형자산처분손실	40,000		
24	급여	1,000,000	현금	1,000,000
25	기업업무추진비	500,000	미지급금	500,000
26	기업업무추진비	480,000	미지급금	480,000
27	현금과부족	500,000	현금	500,000

28	현금	400,000	단기매매증권	310,000
			단기매매증권처분이익	90,000
29	당좌예금	200,000	선수금	200,000
30	수수료비용	150,000	현금	150,000
31	광고선전비	100,000	미지급금	100,000
32	건물	1,000,000	자산수증이익	1,000,000
33	보통예금	15,000,000	장기차입금	15,000,000
34	단기차입금	50,000,000	채무면제이익	50,000,000
35	임금	2,500,000	예수금	85,000
	급여	1,500,000	현금	3,915,000
36	건물	30,900,000	현금	30,900,000

※ 답안은 KcLep 시험용 프로그램에 등록된 계정과목을 기준으로 하였다.

도소매업을 하는 한국상사(주)의 다음 거래를 분개하고 총계정원장에 기입한 후, 마감분개를 하고 손익계산서, 재무상태표를 작성하시오(본 내용은 회계 기초 학습자를 위한 문제로 거래를 분개하고 해당 장부에 전기한 후 결산까지 하는 과정을 다룬 문제이므로, 회계 기초가 된 사용자는 다음 단원으로 넘어가도 됨).

1. 1월 1일 현금 1,000,000원을 출자하여 영업을 개시하다.

(차)	(대)

2. 3월 12일 상품 200,000원을 매입하고 현금을 지급하다.

(차)	(대)

3. 3월 13일 책상 및 집기일체를 150,000원에 구입하고 대금은 현금으로 지급하다.

(차)	(대)

4. 5월 14일 기업은행으로부터 현금 500,000원을 단기차입하다.

(차)	(대)

5. 6월 6일 대한에서 상품 150,000원을 외상으로 매입하다.

(차)	(대)

6. 7월 20일 한국에 상품을 300,000원에 외상으로 매출하다.

(차)	(대)

7. 8월 30일 정도에 현금 80,000원을 3개월간 대여하다.

(차)	(대)

8. 9월 5일 상품을 350,000원에 매입하고 대금 중 200,000원은 현금으로 지급하고 잔액은 외상으로 하다.

(차)	(대)

9. 10월 9일 외상매입금 100,000원을 현금으로 지급하다.

(차)	(대)

10. 10월 12일 현금 250,000원을 기업은행에 당좌예입하다.

(차)	(대)

11. 10월 19일 사무직 월급 100,000원을 현금으로 지급하다.

(차)	(대)

12. 11월 1일 외상매출금 120,000원을 현금으로 회수하다.

(차)	(대)

13. 11월 12일 단기차입금의 일부인 300,000원과 그 이자 5,000원을 현금으로 지급하다.

(차)	(대)

14. 12월 31일 기말 재고를 조사한 바 상품은 550,000원 남아 있어 재고정리 분개를 하였다.

(차)	(대)

15. 총계정원장 작성

현금

날짜	금액	날짜	금액
1/1	( )	3/12	( )
5/14	( )	3/13	( )
11/1	( )	8/30	( )
		9/5	( )
		10/9	( )
		10/12	( )
		10/19	( )
		11/12	( )
		12/31 차기이월	( )
	( )		( )

당좌예금

날짜	금액	날짜	금액
10/12	( )	12/31 차기이월	( )

외상매출금

날짜	금액	날짜	금액
7/20	( )	11/1	( )
		12/31 차기이월	( )
	( )		( )

상품

날짜	금액	날짜	금액
3/12	( )	12/31	( )
6/6	( )	12/31 차기이월	( )
9/5	( )		
	( )		( )

비품

날짜	금액	날짜	금액
3/13	( )	12/31 차기이월	( )

단기대여금

날짜	금액	날짜	금액
8/30	( )	12/31 차기이월	( )

외상매입금

날짜	금액	날짜	금액
10/9	( )	6/6	( )
12/31 차기이월	( )	9/5	( )
	( )		( )

단기차입금

11/12	( )	5/14	( )	
12/31 차기이월	( )			
	( )		( )	

자본금

12/31 차기이월	( )	1/1	( )	
		12/31 손익	( )	
	( )		( )	

상품매출

12/31 ( )	( )	7/20	( )	

상품매출원가

12/31	( )	12/31 손익	( )	

급여

10/19	( )	12/31 손익	( )	

이자비용

11/12	( )	12/31 손익	( )	

(집합)손익

12/31 상품매출원가	( )	12/31 상품매출	( )	
( )	( )			
( )	( )			
12/31 자본금	( )			
	( )		( )	

16. 손익계정 대체 분개

　　(1) 수익계정대체분개

(차)	(대)

　　(2) 비용계정대체분개

(차)	(대)

　　(3) 당기순이익대체분개

(차)	(대)

17. 손익계산서 작성과 재무상태표 작성

손익계산서

한국상사(주)   20××.1.1.~20××.12.31.   단위 : 원

계정과목	금액
Ⅰ.매출액	( )
상품매출	300,000
Ⅱ.(−)매출원가	( )
상품매출원가	( )
기초상품	0
(+)당기상품매입액	700,000
(−)기말상품	( )
Ⅲ.매출총이익	( )
Ⅳ.(−)판매비와관리비	( )
급여	( )
Ⅴ.영업이익	( )
Ⅵ.(+)영업외수익	( )
Ⅶ.(−)영업외비용	( )
이자비용	( )
Ⅷ.법인세차감전순이익	( )
Ⅸ.(−)법인세비용	0
Ⅹ.( )	( )

재무상태표

한국상사(주)   20××년 12월 31일 현재   단위 : 원

계정과목	금액
자산	
Ⅰ.유동자산	( )
1.당좌자산	745,000
현금	( )
당좌예금	( )
외상매출금	( )
단기대여금	( )
2.재고자산	550,000
상품	( )
Ⅱ.비유동자산	( )
1.투자자산	0
2.유형자산	( )
비품	( )
3.무형자산	0
4.기타비유동자산	0
자산총계	( )
부채	
Ⅰ.유동부채	( )
외상매입금	( )
단기차입금	( )
Ⅱ.비유동부채	0
부채총계	( )
자본	
Ⅰ.자본금	( )
(당기순이익( ))	
자본총계	( )
부채·자본총계	( )

번호	차변	금액	대변	금액
1	현금	1,000,000	자본금	1,000,000
2	상품	200,000	현금	200,000
3	비품	150,000	현금	150,000
4	현금	500,000	단기차입금	500,000
5	상품	150,000	외상매입금	150,000
6	외상매출금	300,000	상품매출	300,000
7	단기대여금	80,000	현금	80,000
8	상품	350,000	현금	200,000
			외상매입금	150,000
9	외상매입금	100,000	현금	100,000
10	당좌예금	250,000	현금	250,000
11	급여	100,000	현금	100,000
12	현금	120,000	외상매출금	120,000
13	단기차입금	300,000	현금	305,000
	이자비용	5,000		
14	상품매출원가	150,000	상품	150,000

※ 기말에 재고조사를 하여 재고장을 정리하는 방법을 실지재고조사법(실사법)이라 한다.

※ 답안은 KcLep 시험용 프로그램에 등록된 계정과목을 기준으로 하였다.

15. 총계정원장 작성

현금

1/1	1,000,000	3/12	200,000
5/14	500,000	3/13	150,000
11/1	120,000	8/30	80,000
		9/5	200,000
		10/9	100,000
		10/12	250,000
		10/19	100,000
		11/12	305,000
		12/31 차기이월	235,000
	1,620,000		1,620,000

당좌예금

10/12	250,000	12/31 차기이월	250,000

외상매출금

7/20	300,000	11/1	120,000
		12/31 차기이월	180,000
	300,000		300,000

상품

3/12	200,000	12/31	150,000
6/6	150,000	12/31 차기이월	550,000
9/5	350,000		
	700,000		700,000

비품			
3/13	150,000	12/31 차기이월	150,000

단기대여금			
8/30	80,000	12/31 차기이월	80,000

외상매입금			
10/9	100,000	6/6	150,000
12/31 차기이월	200,000	9/5	150,000
	300,000		300,000

단기차입금			
11/12	300,000	5/14	500,000
12/31 차기이월	200,000		
	500,000		500,000

자본금			
12/31 차기이월	1,045,000	1/1	1,000,000
		12/31 손익	45,000
	1,045,000		1,045,000

상품매출			
12/31 손익	300,000	7/20	300,000

상품매출원가			
12/31	150,000	12/31 손익	150,000

급여			
10/19	100,000	12/31 손익	100,000

이자비용			
11/12	5,000	12/31 손익	5,000

(집합)손익			
12/31 상품매출원가	150,000	12/31 상품매출	300,000
급여	100,000		
이자비용	5,000		
12/31 자본금	45,000		
(당기순이익)			
	300,000		300,000

※ (집합)손익계정의 차액 45,000원을 자본금계정에 대체한다.

16. 손익계정대체분개

(1) 수익계정대체분개

(차) 상품매출	300,000	(대) 손익	300,000

(2) 비용계정대체분개

(차) 손익	255,000	(대) 상품매출원가	150,000
		급여	100,000
		이자비용	5,000

(3) 당기순이익대체분개

(차) 손익	45,000	(대) 자본금	45,000

17. 손익계산서와 재무상태표 작성

손익계산서

한국상사(주)　　20××.1.1.~20××.12.31.　　단위 : 원

계정과목	금액
Ⅰ.매출액	300,000
상품매출	300,000
Ⅱ.(−)매출원가	150,000
상품매출원가	150,000
기초상품	0
(+)당기상품매입액	700,000
(−)기말상품	550,000
Ⅲ.매출총이익	150,000
Ⅳ.(−)판매비와관리비	100,000
급여	100,000
Ⅴ.영업이익	50,000
Ⅵ.(+)영업외수익	0
Ⅶ.(−)영업외비용	5,000
이자비용	5,000
Ⅷ.법인세차감전순이익	45,000
Ⅸ.(−)법인세비용	0
Ⅹ.(당기순이익)	45,000

재무상태표

한국상사(주)　　20××년 12월 31일 현재　　단위 : 원

계정과목	금액
자산	
Ⅰ.유동자산	1,295,000
1.당좌자산	745,000
현금	235,000
당좌예금	250,000
외상매출금	180,000
단기대여금	80,000
2.재고자산	550,000
상품	550,000
Ⅱ.비유동자산	150,000
1.투자자산	0
2.유형자산	150,000
비품	150,000
3.무형자산	0
4.기타비유동자산	0
자산총계	1,445,000
부채	
Ⅰ.유동부채	400,000
외상매입금	200,000
단기차입금	200,000
Ⅱ.비유동부채	0
부채총계	400,000
자본	
Ⅰ.자본금	1,045,000
(당기순이익(45,000))	
자본총계	1,045,000
부채 · 자본총계	1,445,000

시험에 잘 나오는 분개문제 100선

핵심 포인트 ▶ 빈출 분개 문제를 자주 반복해서 풀어본다. 분개는 빠른 시간 안에 잘 안 되니 마음을 편히 가지고 천천히 생각하면서 반복해야 하며, 기초 분개 연습문제의 해설대로 [계정과목 → 자산, 부채, 자본, 수익, 비용 → 거래의 8요소]를 생각하며 분개한다.

분개 연습문제

다음 거래를 보고 분개하시오(재고자산의 타계정대체 거래를 해당 계정과목 옆에 표시하고, 채권 · 채무 계정과목에는 거래처를 표시할 것).

1. 사업확장을 위해 제일신용금고에서 50,000,000원을 차입하여 즉시 당사 당좌예금에 이체하다(상환예정일 2029년 8월 20일, 이자지급일 매월 말일, 이율 연 6%).

(차)	(대)

2. 당점 거래은행의 보통예금계좌에 이자 127,000원이 소득세 7,000원을 제외하고 입금됨을 확인하고 회계처리하다.

(차)	(대)

   > **기적의 TIP**
   >
   > 소득을 받을 경우 원천징수된 세금은 선납세금으로 처리한다.

3. 광고용 전단을 인쇄하여 배포하고 인쇄대금 50,000원을 현금으로 지급하였다.

(차)	(대)

4. 유일상사에서 매입 계약한 상품 1,000,000원을 인수하고, 계약금 200,000원을 차감한 잔액을 2개월 후에 지급하기로 하다. 단, 인수운임 20,000원은 현금으로 지급하였다.

(차)	(대)

   > **기적의 TIP**
   >
   > 재고자산 취득 시 부대비용은 재고자산의 취득원가에 가산한다.

5. 3개월 전에 상품 700,000원 매입대금으로 거래처 강남에 발행하였던 약속어음이 만기가 되어 당좌수표를 발행하여 지급하였다.

(차)	(대)

6. 당월분 인터넷 통신요금 50,000원이 당사 보통예금계좌에서 자동이체됨을 확인하고 회계처리하다.

(차)	(대)

기적의 TIP

유형자산 취득 시 부대비용은 유형자산의 취득원가에 가산한다.

7. 매장을 신축하기 위해 토지를 한국부동산(주)로부터 10,000,000원에 구입하고, 대금 중 2,000,000원은 현금으로 지급하고 잔액은 2개월 후에 지급하기로 하다. 또한 토지에 대한 취득세 200,000원을 현금으로 지급하였다.

(차)	(대)

8. 외환카드사의 청구에 의해 전월 회사의 외환카드 사용금액 300,000원을 현금으로 지급하다(단, 전월 신용카드 사용 시 미지급금으로 회계처리하였음).

(차)	(대)

기적의 TIP

재고자산을 다른 목적으로 사용할 경우 원가로 처리한다.

9. 당사에서 생산한 제품(원가 5,000,000원, 시가 6,500,000원)을 관할 구청에 불우이웃돕기 목적으로 기탁하였다.

(차)	(대)

기적의 TIP

재고자산 매입 시 할인은 매입할인, 매출 시 할인은 매출할인으로 처리한다.

10. 매출거래처 호수산업의 상품 외상대금 6,400,000원을 회수하면서 약정기일보다 10일 빠르게 회수되어 2%를 할인해 주고, 대금은 당좌예금계좌로 입금되었다.

(차)	(대)

11. 만기가 2028년 6월 30일인 정기적금에 이달분 1,000,000원을 예금하기 위해 보통예금통장에서 이체하다.

(차)	(대)

12. 장기투자목적으로 토지를 38,000,000원에 취득하고 대금은 당좌수표를 발행하여 지급하였다.

(차)	(대)

13. 8월분 건강보험료를 현금으로 납부하였다(종업원부담분 : 126,000원, 회사부담분 : 126,000원, 종업원은 모두 영업사원으로 급여지급 시 건강보험료는 정확하게 공제 후 지급하였음).

(차)	(대)

14. 사무실을 임차하고 임차보증금 20,000,000원을 당좌수표 발행하여 지급하다.

(차)	(대)

🅑 기적의 TIP

임대차 계약 시 보증금은 임차인은 임차보증금, 임대인은 임대보증금으로 처리한다.

15. 남문상사의 외상매입금 500,000원을 지급하기 위하여, 동문전기로부터 매출대금으로 받은 약속어음을 배서양도하였다.

(차)	(대)

16. 기중 현금의 실제잔액이 장부잔액보다 200,000원이 많은 것을 발견하였는데, 현재로서 그 차이의 원인을 알 수 없다.

(차)	(대)

🅑 기적의 TIP

기중에 현금 부족 시에는 현금과부족계정 차변에 기입하고 과잉 시에는 대변에 기입한다.

17. (주)성일에 대한 외상매출금 2,700,000원과 외상매입금 3,800,000원을 상계처리하고 나머지 잔액은 당좌수표를 발행하여 (주)성일에 지급하였다.

(차)	(대)

18. 동문전기에 제품 1,000,000원을 판매하고 선수금 100,000원을 제외한 900,000원을 현금으로 받다.

(차)	(대)

19. 영업부 사원에 대하여 새로이 명함을 인쇄하여 배부하고 그 대금 30,000원을 현금으로 지급하였다.

(차)	(대)

기적의 TIP

소득을 지급할 경우 원천징수한 세금 등은 예수금으로 처리한다.

20. 1월의 종업원 급여 1,200,000원 중에서 소득세 70,000원, 건강보험료 30,000원을 제외한 1,100,000원을 현금으로 지급하다.

(차)	(대)

21. (주)대한부품에 대한 외상매입금과 (주)대한상사에 대한 받을어음이 각각 1,000,000원이 있었는데, (주)대한부품의 외상매입금을 (주)대한상사의 받을어음으로 배서양도하였다.

(차)	(대)

22. 거래처 대박상사에 당사의 상품인 컴퓨터 2,500,000원을 외상으로 판매하다.

(차)	(대)

23. 거래처 직원의 방문으로 식사를 대접하고, 식대 30,000원을 현금으로 지급하다.

(차)	(대)

24. 영백빌딩의 8월분 임차료 1,000,000원 중 700,000원은 현금으로 지급하고 나머지는 다음 달에 주기로 하다.

(차)	(대)

25. (주)상주에 대한 지급어음 10,000,000원을 결제하기 위하여 당사가 제품매출 대가로 받아 보유하고 있던 (주)영주의 약속어음(만기 : 1년 이내) 10,000,000원을 배서하여 지급하였다.

(차)	(대)

26. 현대자동차에서 업무용승용차 1대(20,000,000원)를 구입하고, 15,000,000원은 현대캐피탈의 할부금융에서 10개월 상환약정을 하고 차입하여 지급하고 5,000,000원은 현금으로 지급하다. 그리고 차량구입에 따른 취득세 1,100,000원도 현금으로 지급하다.

(차)	(대)

27. 영업용화물차의 타이어와 엔진오일을 스피드 카센타에서 교체하고 250,000원을 현금으로 지급하다.

(차)	(대)

28. 직원 김수철씨의 제주도 출장경비(3박 4일)로 500,000원을 개산하여 현금으로 선지급하다.

(차)	(대)

기적의 TIP

현금 지출은 있었으나 계정과목이나 금액이 확정되지 않을 경우 가지급금으로 처리한다.

주식발행 시 액면금액으로
자본금 처리하고 발행비는
발행금액에서 차감한다.

29. 당사는 이사회의 결의로 신주 1,000주(액면금액 5,000원)를 주당 6,000원에 발행
하고 대금은 주식발행비 100,000원을 차감한 잔액을 보통예금계좌로 입금받다.

(차)	(대)

30. 본사의 영업부 직원들의 영업능력 향상을 위하여 외부 전문강사를 초빙하여 마케
팅 교육을 실시하고 강의료 300,000원 중 원천징수세액 9,900원을 차감한 잔액
은 현금으로 지급하다.

(차)	(대)

31. 매입처 동국상사(주)로부터 매입하였던 원재료에 대한 외상매입대금 8,200,000원
중 품질불량으로 인하여 에누리 받은 700,000원을 제외한 잔액을 당좌수표 발
행하여 지급하다.

(차)	(대)

외화 평가 시에는 외화환산
이익(손실)으로 처리하고 종
결 시에는 외환차익(차손)으
로 처리한다.

32. ABC사로부터 차입한 장기차입금 $40,000(48,000,000원) 중 일부인 $20,000
를 현금으로 상환하였다(현재의 환율은 1$당 1,100원임).

(차)	(대)

신축하기 위하여 구건물 매
입 후 철거할 경우 매입비와
부대비용은 토지로 처리한다.

33. 새로운 공장을 짓기 위하여 건물이 있는 부지를 구입하고 동시에 건물을 철거하
였다. 건물이 있는 부지의 구입비로 100,000,000원을 보통예금계좌에서 이체하
고, 철거비용 5,000,000원은 당좌수표로 지불하였다.

(차)	(대)

34. 신입사원 채용을 위하여 생활정보지 「가로등」에 신입사원 채용광고를 게재하고 대금 100,000원은 당점 발행 당좌수표로 지급하였다.

(차)	(대)

35. (주)덕산과 사무실 임대차계약을 맺고 임대보증금 15,000,000원 중 5,000,000원은 (주)덕산 발행 당좌수표로 받고 나머지는 월말에 지급받기로 하였다.

(차)	(대)

36. 3월 1일에 구입하여 소모품비계정으로 회계 처리한 1,000,000원 중 결산일(12/31) 현재 미사용된 소모품금액은 300,000원이다.

(차)	(대)

기적의 TIP

소모품비로 처리한 경우 결산 시 미사용분은 소모품비에서 차감하고 소모품으로 대체한다.

37. 8월 31일에 당해 사업연도 법인세의 중간예납세액 24,000,000원을 현금으로 납부하였다(단, 법인세납부액은 자산계정으로 처리할 것).

(차)	(대)

38. 1년분 보험료 120,000원을 9월 1일에 현금으로 지급하고 전부 비용(보험료) 처리했으나 결산일 현재 기간이 경과되지 않는 것에 대한 것을 확인하고 이연시키는 회계처리를 하다(기간 2025.9.1~2026.8.31, 월할 계산할 것).

(차)	(대)

기적의 TIP

보험료 지급 시 전부 보험료(비용)로 처리한 경우 결산 시 미경과분은 보험료에서 차감하고 선급비용으로 대체한다.

39. 장부상 현금보다 실제 현금이 부족하여 현금과부족으로 계상하였던 금액 50,000원에 대하여 결산일 현재에도 그 원인을 알 수 없어 당기비용(영업외비용)으로 처리하다.

(차)	(대)

40. 기말 당기분 비품 감가상각비는 500,000원이고, 건물 감가상각비는 2,500,000원이다.

(차)	(대)

41. 출장갔던 생산직 사원 이익동이 복귀하여 3일 전에 가지급금으로 처리하였던 출장비 150,000원을 정산하고, 초과지출분 16,000원을 추가로 현금지급하였다.

(차)	(대)

42. 당사 영업부 신상용 대리(6년 근속)의 퇴직으로 퇴직금 9,000,000원 중 소득세 및 지방소득세로 230,000원을 원천징수한 후 차인지급액을 전액 믿음은행 보통예금계좌에서 이체하였다. 장부상 퇴직급여충당부채 잔액은 3,000,000원이다.

(차)	(대)

43. 대표이사로부터 토지 300,000,000원을 무상으로 수증받았다.

(차)	(대)

44. 보통예금계좌에서 300,000원의 이자수익이 발생하였으며, 원천징수세를 제외한 나머지 금액이 보통예금계좌로 입금되었다(원천징수법인세율은 14%로 가정하여 계산함).

(차)	(대)

45. 당사의 신제품 개발을 위해 보통예금에서 인출된 개발비 2,000,000원에 대하여 자산계정을 사용하여 회계처리하시오.

(차)	(대)

46. 공장근로자 급여와 관련된 원천징수금액 중 국민연금(회사부담분 포함)과 근로소득세, 지방소득세를 현금으로 납부하였다.

- **국민연금** : 324,000원 납부(회사부담분 : 162,000원, 근로자부담분 : 162,000원)
- **근로소득세** : 200,000원 납부, 지방소득세 : 20,000원 납부

(차)	(대)

47. 건물에 대한 재산세 2,500,000원을 현금납부하였다.

(차)	(대)

48. 파손된 본사 영업팀 건물의 유리를 교체하고, 대금 1,500,000원을 당좌수표로 발행하여 지급하였다.

(차)	(대)

49. 지난달 도시가스공사에 대한 가스수도료 54,000원(미지급금)을 보통예금에서 이체지급하였다.

(차)	(대)

50. 거래처인 (주)인성상사에 1년 이내 회수 목적으로 100,000,000원을 대여하기로 하여 80,000,000원은 보통예금에서 지급하였고, 나머지 20,000,000원은 (주)인성상사에 대한 외상매출금을 대여금으로 전환하기로 약정하였다.

(차)	(대)

51. 단기매매차익을 목적으로 상장회사인 (주)삼한의 주식 1,000주를 주당 6,000원(액면금액 5,000원)에 구입하고 대금은 매입수수료 8,000원을 포함하여 총 6,008,000원을 보통예금계좌에서 이체하였다.

(차)	(대)

🄵 기적의 TIP

단기매매증권 취득 시 부대비용은 비용으로 처리한다.

52. 개인 김돈아씨로부터 차입한 자금에 대한 이자비용 1,500,000원이 발생하여 원천징수세액 412,500원을 차감한 나머지 금액 1,087,500원을 자기앞수표로 지급하였다.

(차)	(대)

기적의 TIP

대손발생 시 해당 채권의 대손충당금으로 처리한 후 부족분은 대손상각비(매출채권)로 처리한다.

53. 매출처인 (주)홍국제조로부터 수취한 약속어음(만기 : 1년 이내) 5,000,000원이 거래처 파산으로 회수불능하게 되어 대손처리하였다. 장부상 대손충당금 잔액은 3,000,000원이다.

(차)	(대)

54. 업무용 승용차를 1,000,000원에 구입하면서 공채를 200,000원(액면금액)에 강제매입하였다. 대금은 전액 현금으로 지급하였으며(공채의 현재가치는 160,000원이다) 회사는 공채를 단기매매증권으로 처리하고 있다.

(차)	(대)

기적의 TIP

확정급여형 퇴직연금은 퇴직연금운용자산으로, 확정기여형 퇴직연금은 퇴직급여로 처리한다.

55. 확정급여형(DB) 퇴직연금제도를 설정하고 있는 (주)대한은 퇴직연금부담금 1,500,000원을 은행에 현금으로 불입하다.

(차)	(대)

56. 미국기업인 벤카에 수출(3월 5일)하였던 상품에 대한 외상매출금(20,000달러, 환율 1,500/달러)이 4월 5일(환율 1,600원/달러)인 당일 보통예금계좌에 입금되었다.

(차)	(대)

57. 이공일에 제품 5,000,000원을 판매하고 대금 중 3,000,000원은 이공일에 대한 외상매입금과 상계하고 나머지는 외상으로 하다.

(차)	(대)

58. 거래처인 저스트에 미지급금 25,000,000원 중 23,000,000원은 당좌수표로 지급하고 나머지는 면제받았다.

(차)	(대)

59. 당기 10월 1일자로 회계처리한 이자비용(10,000,000원) 중 결산일 현재 당기에 속하는 이자분은 4,000,000원이며 나머지는 다음 연도분이다. 결산일자로 회계처리하시오.

(차)	(대)

60. 결산일 현재 2020년 우리은행으로부터 차입한 장기차입금(100,000,000원, 만기 2026년 4월 30일)이 있다. 동 차입금은 만기에 상환할 예정이다.

(차)	(대)

61. 12월 31일까지 발생된 정기예금(만기 2026.6.30.)에 대한 이자는 300,000원이다 (이자는 당기분(30만 원)과 차기분을 2026년 6월 30일 정기예금 만기일에 원금과 같이 받을 예정임). 결산일자로 회계처리하시오.

(차)	(대)

기적의 TIP

결산 시까지 발생된 수익은 회수일이 아닐 경우라도 수익처리하고 상대계정에 미수수익으로 처리한다.

62. 단기차입금 중에는 외화단기차입금 9,900,000원(미화 $9,000)이 포함되어 있다 (12/31일 현재 적용환율 : 미화 $1당 1,200원). 결산일자로 회계처리하시오.

(차)	(대)

63. 기말 현재 당사가 단기매매차익을 목적으로 보유하고 있는 주식현황과 기말 현재 공정가치는 다음과 같다.

주식명	보유주식 수	주당 취득원가	기말 공정가치
㈜한국보통주	1,000주	15,000원	주당 16,000원

(차)   (대)

64. 가수금 500,000원의 내역이 유진산업에 대한 제품매출 계약금 300,000원과 외상매출금 회수액 200,000원으로 확인되었다.

(차)   (대)

65. 금일 전기분에 대해 처분 확정된 미지급 금전배당금(10,000,000원)을 현금으로 지급하였다.

(차)   (대)

66. 본사에서는 한국대학교 소비자학과 주관으로 열린 전시회에 방문객 선물을 후원하기로 하고 현금 300,000원을 지급하였다. 회사를 홍보하기 위해 선물에는 회사마크를 표시하였다.

(차)   (대)

67. 김부자씨로부터 토지를 구입하고, 토지대금 300,000,000원 중 100,000,000원은 보통예금에서 이체하고 나머지는 신한은행으로부터 대출(대출기간 10년)을 받아 지불하였다.

(차)   (대)

68. 한사람으로부터 받은 받을어음(만기 : 1년 이내) 중 30,000,000원을 만기일에 발행인의 거래은행에 지급제시를 하였으나 부도로 확인되었다.

(차)	(대)

69. 업무에 사용할 오토바이 3대를 15,000,000원에 기린상회에서 구입하고 미리 지급한 계약금 1,000,000원을 제외한 나머지 금액은 6개월 후 지급하기로 하였다.

(차)	(대)

70. 사용 중이던 업무용화물차(취득가액 6,000,000원, 감가상각누계액 4,200,000원)를 종로에 1,500,000원에 매각하고 대금은 월말에 받기로 하다.

(차)	(대)

71. 결산일 현재 원재료의 장부상 재고는 42,000,000원이나 실제 창고에는 30,000,000원만 남은 것으로 확인되었다. 차액은 운반 중 파손된 금액으로 원가성이 없는 것(비정상적)으로 파악되었다. 결산일자로 감모손실분에 대한 회계처리를 하시오.

(차)	(대)

72. 투자 목적으로 보유 중인 건물(취득금액 50,000,000원) 1동을 광동상사에 51,000,000원에 매각하고 대금은 약속어음(만기 : 1년 이내)으로 받았다.

(차)	(대)

73. 단기간 매매차익 목적으로 구입하였던 상장회사 (주)한솔기구의 주식 800주를 다음과 같이 처분하고 거래수수료 100,000원을 제외한 대금은 모두 현금으로 받았다(장부금액 : @30,000원, 처분금액 : @32,000원).

(차)	(대)

기적의 TIP

단기매매증권 처분 시 거래수수료는 처분금액에서 차감한다. 즉, 장부금액 이하로 처분할 경우 단기매매증권처분손실로, 장부금액 초과하여 처분할 경우 단기매매증권처분이익에서 차감한다.

74. 미정가구의 단기대여금 1,500,000원과 이자 86,000원(원천징수 14,000원 제외 금액)을 당좌예금계좌로 입금받았다.

(차)	(대)

75. 전기에 대손처리하였던 외상매출금 500,000원을 전액 회수하여 당사 보통예금계좌에 입금하였다.

(차)	(대)

76. 상품보관을 위해 임차하고 있던 창고를 임대인에게 돌려주고 임차보증금 1,000,000원을 보통예금으로 돌려받다.

(차)	(대)

기적의 TIP

건물 신축 시 발생되는 이자를 자본화할 경우 자산으로 처리하므로 건설중인자산계정을 사용한다.

77. 산업은행에 공장건물 신축에 직접 사용된 대출금에 대한 이자 1,000,000원이 보통예금계좌에서 이체되었다. 현재 공장건물의 착공일은 금년 1월 1일이며 준공일은 내년 5월 31일이다. 대출금에 대한 이자는 자산(자본화)처리하시오.

(차)	(대)

78. 장부상 현금보다 실제 현금이 부족하여 현금과부족계정으로 처리해 두었던 금액 40,000원 중 32,000원은 판매직원의 시내교통비 누락분으로 밝혀졌으며, 잔액은 업무상 사용되었으나 결산일까지 그 내역을 알 수 없는 상황이다. 결산일자로 회계처리하시오.

(차)	(대)

79. 이자수익으로 계상한 금액 중에는 차기에 속하는 금액이 30,000원이 포함되어 있다. 결산일자로 회계처리하시오.

(차)	(대)

80. 결산일 현재 당기분 법인세비용은 10,000,000원이며 선납세금은 3,000,000원이 있다. 나머지 법인세는 다음 연도 3월에 법인세 신고 시 납부할 것이다(법인세 비용은 법인세등으로 처리하며 다음 연도에 납부할 세금은 미지급세금으로 처리함).

(차)	(대)

81. 거래처 인계에 대한 받을어음 30,000,000원이 만기가 도래하여 추심수수료 60,000원을 차감하고 당좌예금계좌에 입금되었다.

(차)	(대)

82. 영업부에서 사용하는 차량(취득원가 30,000,000원, 감가상각누계액 18,000,000원)이 사고로 완파되어 동일자로 보험사에 보험금을 청구하여 20,000,000원을 보통예금계좌로 송금받았다(차량사고에 대하여 유형자산처분손실로 처리할 것).

(차)	(대)

83. 당사의 최대주주인 정유담씨로부터 제품 창고를 건설할 토지를 기증받았다. 본 토지에 대한 이전비용 5,000,000원은 당좌수표를 발행하여 지급하였으며 기증받을 시 토지의 공정가치는 150,000,000원이었다.

(차)	(대)

84. 전기에 대손이 확정되어 대손충당금과 상계 처리한 외상매출금 500,000원이 당사의 보통예금계좌에 입금된 것을 확인하다.

(차)	(대)

85. 균등분 주민세 55,000원이 구청으로부터 부과되었으며 법인카드인 국민카드(신용카드)로 납부하였다.

(차)	(대)

86. 전기요금 800,000원(본사 400,000원, 공장 400,000원)이 보통예금통장에서 자동으로 인출되었다.

(차)	(대)

87. 창고에 보관 중인 제품(원가 3,000,000원, 시가 5,000,000원)이 화재로 소실되었다. 당사는 화재보험에 가입되어 있지 않다.

(차)	(대)

88. 회사는 사채(액면금액 50,000,000원, 만기 3년)를 현재가치(48,000,000원)로 발행하였으며 대금은 보통예금계좌로 입금받았다.

(차)	(대)

89. 지난 달에 미지급비용으로 회계처리한 직원급여 18,000,000원을 지급하면서 근로소득세 등 1,200,000원을 원천징수하고 보통예금계좌에서 이체하다.

(차)	(대)

🅕 기적의 TIP

부가가치세 정산 시 부가세예수금과 부가세대급금을 상계하여 처리하고 부가세예수금이 클 경우 그 차액은 미지급세금으로, 부가세대급금이 클 경우 그 차액은 미수금으로 처리한다.

90. 제2기 부가가치세 예정신고분에 대한 부가가치세 예수금 37,000,000원과 부가가치세 대급금 20,000,000원을 상계처리하고 잔액을 10월 25일 납부할 예정이다. 9월 30일 기준으로 적절한 회계처리를 하시오(미지급세금계정을 사용할 것).

(차)	(대)

91. 12월 31일 하나은행의 보통예금계좌는 마이너스통장(−82,000,000원)이며 기말 현재 잔액은 단기차입금으로 대체하였다.

(차)	(대)

92. 당사는 원재료 매입처인 (주)영진전자로부터 전월 원재료 매입 시 발생하였던 외상매입금을 보유 중인 (주)영진전자에서 발행한 어음(만기 : 1년 이내) 5,000,000원과 상계처리하였다.

(차)	(대)

93. 매출거래처인 (주)명동에 선물을 하기 위해 이마트에서 양주세트를 300,000원에 구입하고 전액 당사의 신용카드인 비씨카드로 결제하였다.

(차)	(대)

94. 국민카드 매출대금 2,500,000원에서 수수료 3%를 제외하고 당사의 보통예금계좌에 입금되었다. 단, 당사는 카드매출 시 매출대금을 외상매출금계정으로 처리하고 있다.

(차)	(대)

95. 7월 1일 사무실을 임대(임대기간 2025.7.1~2026.6.30)하면서 1년분 임대료 12,000,000원을 자기앞수표로 받고 전액 선수수익으로 회계처리하였다. 월할계산하여 기말 수정분개를 하시오.

(차)	(대)

96. 대손충당금은 기말 매출채권(외상매출금(28,630,000원), 받을어음(84,400,000원)) 잔액에 대하여 1%를 설정하다(보충법. 외상매출금 대손충당금 기말잔액(259,600원), 받을어음 대손충당금 기말잔액(40,000원)).

(차)	(대)

97. 거래처인 수원주유소로부터 받은 받을어음 30,000,000원을 거래은행인 국민 은행에서 할인하고 할인료 300,000원을 제외한 금액은 보통예금통장에 입금하 였다.

(차)	(대)

98. 인천세관으로부터 수입한 원재료에 대한 통관수수료 160,000원을 현금으로 지 급하다(수수료는 전액 자산처리할 것).

(차)	(대)

99. 금년 3월 28일에 열린 주주총회의 결의에 따라 현금배당 5,000,000원과 주식배 당 10,000,000원(액면금액)을 실시하고 각각 현금과 주식으로 주었다.

(차)	(대)

100. 12월 31일 영업부문의 자동차보험료 720,000원(2025.7.1~2026.6.30)을 현 금으로 납부하면서 모두 자산으로 처리하였다. 단, 보험료는 월할계산하는 것 으로 가정한다.

(차)	(대)

번호	차변	금액	대변	금액
1	당좌예금	50,000,000	장기차입금(제일신용금고)	50,000,000
2	선납세금	7,000	이자수익	127,000
	보통예금	120,000		
3	광고선전비	50,000	현금	50,000
4	상품	1,020,000	선급금(유일상사)	200,000
			외상매입금(유일상사)	800,000
			현금	20,000
5	지급어음(강남)	700,000	당좌예금	700,000
6	통신비	50,000	보통예금	50,000
7	토지	10,200,000	현금	2,200,000
			미지급금(한국부동산(주))	8,000,000
8	미지급금(외환카드사)	300,000	현금	300,000
9	기부금	5,000,000	제품(타계정대체)	5,000,000
10	매출할인	128,000	외상매출금(호수산업)	6,400,000
	당좌예금	6,272,000		
11	장기성예금	1,000,000	보통예금	1,000,000
12	투자부동산	38,000,000	당좌예금	38,000,000
13	예수금	126,000	현금	252,000
	복리후생비	126,000		
14	임차보증금	20,000,000	당좌예금	20,000,000
15	외상매입금(남문상사)	500,000	받을어음(동문전기)	500,000
16	현금	200,000	현금과부족	200,000
17	외상매입금((주)성일)	3,800,000	외상매출금((주)성일)	2,700,000
			당좌예금	1,100,000
18	선수금(동문전기)	100,000	제품매출	1,000,000
	현금	900,000		
19	도서인쇄비	30,000	현금	30,000
20	급여	1,200,000	예수금	100,000
			현금	1,100,000
21	외상매입금((주)대한부품)	1,000,000	받을어음((주)대한상사)	1,000,000
22	외상매출금(대박상사)	2,500,000	상품매출	2,500,000
23	기업업무추진비	30,000	현금	30,000
24	임차료	1,000,000	현금	700,000
			미지급금(영백빌딩)	300,000
25	지급어음((주)상주)	10,000,000	받을어음((주)영주)	10,000,000
26	차량운반구	21,100,000	단기차입금(현대캐피탈)	15,000,000
			현금	6,100,000

27	차량유지비	250,000	현금	250,000
28	가지급금	500,000	현금	500,000
29	보통예금	5,900,000	자본금	5,000,000
			주식발행초과금	900,000
30	교육훈련비	300,000	예수금	9,900
			현금	290,100
31	외상매입금(동국상사(주))	8,200,000	매입환출및에누리	700,000
			당좌예금	7,500,000
32	장기차입금(ABC사)	24,000,000	현금	22,000,000
			외환차익	2,000,000
33	토지	105,000,000	보통예금	100,000,000
			당좌예금	5,000,000
34	광고선전비	100,000	당좌예금	100,000
35	현금	5,000,000	임대보증금((주)덕산)	15,000,000
	미수금((주)덕산)	10,000,000		
36	소모품	300,000	소모품비	300,000
37	선납세금	24,000,000	현금	24,000,000
38	선급비용	80,000	보험료	80,000
39	잡손실	50,000	현금과부족	50,000
40	감가상각비	3,000,000	감가상각누계액(비품)	500,000
			감가상각누계액(건물)	2,500,000
41	여비교통비	166,000	가지급금	150,000
			현금	16,000
42	퇴직급여충당부채	3,000,000	예수금	230,000
	퇴직급여	6,000,000	보통예금	8,770,000
43	토지	300,000,000	자산수증이익	300,000,000
44	선납세금	42,000	이자수익	300,000
	보통예금	258,000		
45	개발비	2,000,000	보통예금	2,000,000
46	예수금	382,000	현금	544,000
	세금과공과	162,000		
47	세금과공과	2,500,000	현금	2,500,000
48	수선비	1,500,000	당좌예금	1,500,000
49	미지급금(도시가스공사)	54,000	보통예금	54,000
50	단기대여금((주)인성상사)	100,000,000	보통예금	80,000,000
			외상매출금((주)인성상사)	20,000,000
51	단기매매증권	6,000,000	보통예금	6,008,000
	수수료비용	8,000		
52	이자비용	1,500,000	예수금	412,500
			현금	1,087,500

53	대손충당금	3,000,000	받을어음((주)흥국제조)	5,000,000
	대손상각비	2,000,000		
54	차량운반구	1,040,000	현금	1,200,000
	단기매매증권	160,000		
55	퇴직연금운용자산	1,500,000	현금	1,500,000
56	보통예금	32,000,000	외상매출금(벤카)	30,000,000
			외환차익	2,000,000
57	외상매입금(이공일)	3,000,000	제품매출	5,000,000
	외상매출금(이공일)	2,000,000		
58	미지급금(저스트)	25,000,000	당좌예금	23,000,000
			채무면제이익	2,000,000
59	선급비용	6,000,000	이자비용	6,000,000
60	장기차입금(우리은행)	100,000,000	유동성장기부채(우리은행)	100,000,000
61	미수수익(당좌자산)	300,000	이자수익	300,000
62	외화환산손실	900,000	단기차입금	900,000
63	단기매매증권	1,000,000	단기매매증권평가이익	1,000,000
64	가수금	500,000	선수금(유진산업)	300,000
			외상매출금(유진산업)	200,000
65	미지급배당금	10,000,000	현금	10,000,000
66	광고선전비	300,000	현금	300,000
67	토지	300,000,000	보통예금	100,000,000
			장기차입금(신한은행)	200,000,000
68	부도어음과수표(한사람)	30,000,000	받을어음(한사람)	30,000,000
69	차량운반구	15,000,000	선급금(기린상회)	1,000,000
			미지급금(기린상회)	14,000,000
70	감가상각누계액	4,200,000	차량운반구	6,000,000
	미수금(종로)	1,500,000		
	유형자산처분손실	300,000		
71	재고자산감모손실	12,000,000	원재료(타계정대체)	12,000,000
72	미수금(광동상사)	51,000,000	투자부동산	50,000,000
			투자자산처분이익	1,000,000
73	현금	25,500,000	단기매매증권	24,000,000
			단기매매증권처분이익	1,500,000
74	당좌예금	1,586,000	단기대여금(미정가구)	1,500,000
	선납세금	14,000	이자수익	100,000
75	보통예금	500,000	대손충당금	500,000
76	보통예금	1,000,000	임차보증금	1,000,000
77	건설중인자산	1,000,000	보통예금	1,000,000

78	여비교통비	32,000	현금과부족	40,000
	잡손실	8,000		
79	이자수익	30,000	선수수익(유동부채)	30,000
80	법인세등	10,000,000	선납세금	3,000,000
			미지급세금	7,000,000
81	수수료비용	60,000	받을어음(인계)	30,000,000
	당좌예금	29,940,000		
82	감가상각누계액	18,000,000	차량운반구	30,000,000
	유형자산처분손실	12,000,000	보험금수익	20,000,000
	보통예금	20,000,000		
83	토지	155,000,000	당좌예금	5,000,000
			자산수증이익	150,000,000
84	보통예금	500,000	대손충당금	500,000
85	세금과공과	55,000	미지급금(국민카드)	55,000
86	수도광열비	400,000	보통예금	800,000
	전력비	400,000		
87	재해손실	3,000,000	제품(타계정대체)	3,000,000
88	보통예금	48,000,000	사채	50,000,000
	사채할인발행차금	2,000,000		
89	미지급비용	18,000,000	예수금	1,200,000
			보통예금	16,800,000
90	부가세예수금	37,000,000	부가세대급금	20,000,000
			미지급세금	17,000,000
91	보통예금	82,000,000	단기차입금(하나은행)	82,000,000
92	외상매입금((주)영진전자)	5,000,000	받을어음((주)영진전자)	5,000,000
93	기업업무추진비	300,000	미지급금(비씨카드)	300,000
94	수수료비용	75,000	외상매출금(국민카드)	2,500,000
	보통예금	2,425,000		
95	선수수익	6,000,000	임대료	6,000,000
96	대손상각비	830,700	대손충당금(외상매출금)	26,700
			대손충당금(받을어음)	804,000
97	매출채권처분손실	300,000	받을어음(수원주유소)	30,000,000
	보통예금	29,700,000		
98	원재료	160,000	현금	160,000
99	미지급배당금	5,000,000	현금	5,000,000
	미교부주식배당금	10,000,000	자본금	10,000,000
100	보험료	360,000	선급비용	360,000

※ 답안은 KcLep 시험용 프로그램에 등록된 계정과목을 기준으로 하였다.

03

최신 기출문제

학습 방향

시험에 대비하여 많은 기출문제를 풀어보시는 것이 좋습니다. 1시간 이내에 풀 수 있도록 노력하세요. 1시간 이내에 풀기 어려운 경우 실무시험을 먼저 풀고 이론시험을 푸는 게 좋습니다.

전산세무회계자격시험은 컴퓨터에 수험용 프로그램(KcLep)이 설치된 상태에서, 수험자가 직접 배부 받은 답안매체(USB메모리) 내의 문제 데이터프로그램(Tax.exe)을 설치하고, 본인 스스로 프로그램 사용법 및 세무회계 지식을 기반으로 제한된 시간 내에 문제를 풀어서 입력하고, 시험종료 시 본인의 입력 자료를 답안매체에 수록하여 제출하여야 합니다.

① USB 수령	• 감독관으로부터 시험 응시에 필요한 종목별 수험용 BACKDATA 설치용 USB를 수령한다. • USB 꼬리표가 본인의 응시 종목과 일치하는지 확인하고, 꼬리표 뒷면에 수험정보를 정확히 기재한다.
② USB 설치	• USB를 컴퓨터의 USB 포트에 삽입하여 인식된 해당 USB 드라이브로 이동한다. • USB 드라이브에서 수험용 BACKDATA 설치프로그램인 'Tax.exe' 파일을 실행한다. [주의] 수험용 BACKDATA 설치 이후, 시험 중 수험자 임의로 절대 재설치(초기화)하지 말 것
③ 수험정보입력	• [수험번호(8자리)]와 [성명]을 정확히 입력한 후 [설치] 버튼을 클릭한다. ※ 입력한 수험정보는 이후 절대 수정이 불가하니 본인의 수험정보를 정확히 입력할 것
④ 시험지 수령	• 시험지와 본인의 응시 종목 및 급수 일치 여부와 문제유형(A 또는 B)을 확인하고, 문제유형(A 또는 B)을 프로그램에 입력한다. • 시험지의 총 페이지수를 확인한다. ※ 응시 종목 및 급수와 파본 여부를 확인하지 않은 것에 대한 책임은 수험자에게 있음
⑤ 시험 시작	• 감독관이 불러주는 '감독관확인번호'를 정확히 입력하고, 시험에 응시한다.
⑥ USB 저장	• 이론문제의 답은 프로그램의 메인화면에서 [이론문제 답안작성]을 클릭하여 입력한다. • 실무문제의 답은 문항별 요구사항을 수험자가 파악하여 각 메뉴에 입력한다. • 이론문제와 실무문제의 답안을 모두 입력한 후 [답안저장(USB로 저장)]을 클릭하여 답안을 저장한다. • [답안저장] 팝업창의 USB로 전송완료 메시지를 확인한다.
⑦ USB 제출	• 답안이 수록된 USB메모리를 빼서, 〈감독관〉에게 제출 후 조용히 퇴실한다.

▶ 본 자격시험은 전산프로그램을 이용한 자격시험입니다. 컴퓨터의 사양에 따라 자격검정(KcLep)프로그램의 구동이 원활하지 않을 수 있으므로 자격검정(KcLep)프로그램의 진행 속도를 고려하여 입력해 주시기를 바랍니다.
▶ 수험번호나 성명 등을 잘못 입력했거나, 답안을 USB에 저장하지 않음으로써 발생하는 일체의 불이익과 책임은 수험자 본인에게 있습니다.
▶ 타인의 답안을 자신의 답안으로 부정 복사한 경우 해당 관련자는 모두 불합격 처리됩니다.
▶ 타인 및 본인의 답안을 복사하거나 외부로 반출하는 행위는 모두 부정행위 처리됩니다.
▶ PC, 프로그램 등 조작 미숙으로 시험이 불가능하다고 판단될 경우 불합격 처리될 수 있습니다.
▶ 시험 진행 중에는 자격검정(KcLep)프로그램을 제외한 일체의 다른 프로그램을 사용할 수 없습니다.
  (예시. 인터넷, 메모장, 윈도우 계산기 등)

※ [이론문제 답안작성]을 한 번도 클릭하지 않으면 [답안저장(USB로 저장)]을 클릭해도 답안이 저장되지 않습니다.

① 시험장에 입실하면 시험지와 USB를 제공받는다. 제공받은 "USB 꼬리표"에 인적 사항을 기재한 후 컴퓨터에 삽입한다. USB 내부의 파일 중에서 "Tax"파일(🗂️)을 더블 클릭한다.

② 설치를 위한 화면이 나오면 수험번호와 이름을 입력하고 "설치"를 누른다. 수험용 프로그램이 자동설치되고 로그인 화면이 나온다.

③ 받은 시험지에 표시되어 있는 "문제유형"을 선택한 후 감독위원이 칠판에 써 준 감독 관 확인번호를 입력하고 "로그인" 버튼을 누른다.

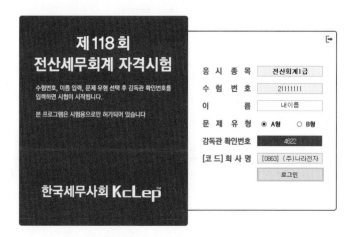

④ 메인화면이 나오면 실무시험과 이론시험 문제를 모두 푼다. 그 후 하단의 "이론문 제 답안작성" 버튼을 눌러 「이론 답안」란에 이론시험 문제의 답을 클릭하고 실무시 험의 장부조회 문제의 답을 「실무시험 답안」란에 입력한다.

⑤ 모든 문제를 다 풀었다면 하단의 "답안저장(USB 저장)"을 누른다. 만약 답안을 수정한 경우라면 "답안저장(USB로 저장)"을 다시 눌러야 한다.

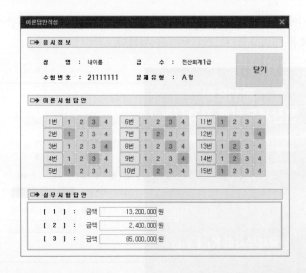

⑥ USB만 감독위원에게 제출하고 시험지 등 나머지는 챙겨서 퇴실한다.

※ 시험시간(1시간)이 부족한 수험생은 실무시험을 먼저 푼 후 이론시험 문제를 시간에 맞추어 푸는 것이 유리하다(∵ 이론 객관식 4지 선다형).

이론시험

다음 문제를 보고 알맞은 것을 골라 [이론문제 답안작성] 메뉴에 입력하시오.(객관식 문항당 2점)

기본 전제

문제에서 한국채택국제회계기준을 적용하도록 하는 전제조건이 없는 경우, 일반기업회계기준을 적용한다.

01 다음 중 일반기업회계기준에 따른 재무제표에 대한 설명으로 가장 옳지 않은 것은?

① 재무상태표는 일정시점 현재 기업실체가 보유하고 있는 경제적 자원인 자산과 경제적 의무인 부채, 그리고 자본에 대한 정보를 제공하는 재무보고서이다.
② 손익계산서는 일정시점 현재 기업실체의 경영성과에 대한 정보를 제공하는 재무보고서이다.
③ 현금흐름표는 일정기간 동안 기업실체에 대한 현금유입과 현금유출에 대한 정보를 제공하는 재무보고서이다.
④ 자본변동표는 기업실체에 대한 자본의 크기와 그 변동에 관한 정보를 제공하는 재무보고서이다.

02 다음 중 단기매매증권 취득 시 발생한 비용을 취득원가에 가산할 경우 재무제표에 미치는 영향으로 옳은 것은?

① 자산의 과소계상
② 부채의 과대계상
③ 자본의 과소계상
④ 당기순이익의 과대계상

03 (주)회계는 전기 1월 1일 10,000,000원에 유형자산(기계장치)을 취득하여 사용하다가 당기 6월 30일 4,000,000원에 처분하였다. 해당 기계장치의 처분 시 발생한 유형자산처분손실을 계산하면 얼마인가? 단, 내용연수 5년, 잔존가치 1,000,000원, 정액법(월할상각)의 조건으로 당기 6월까지 감가상각이 완료되었다고 가정한다.

① 2,400,000원
② 3,300,000원
③ 5,100,000원
④ 6,000,000원

04 다음의 자료를 바탕으로 12월 31일 현재 현금및현금성자산과 단기금융상품의 잔액을 계산한 것으로 옳은 것은?

> - 현금시재액 : 200,000원
> - 당좌예금 : 500,000원
> - 정기예금 : 1,500,000원(만기 다음 연도 12월 31일)
> - 선일자수표 : 150,000원
> - 외상매입금 : 2,000,000원

① 현금및현금성자산 : 700,000원 ② 현금및현금성자산 : 2,500,000원
③ 단기금융상품 : 1,650,000원 ④ 단기금융상품 : 2,000,000원

05 다음 중 대손충당금에 대한 설명으로 가장 옳지 않은 것은?

① 대손충당금은 유형자산의 차감적 평가계정이다.
② 회수가 불확실한 채권은 합리적이고 객관적인 기준에 따라 산출한 대손 추산액을 대손충당금으로 설정한다.
③ 미수금도 대손충당금을 설정할 수 있다.
④ 매출 활동과 관련되지 않은 대여금에 대한 대손상각비는 영업외비용에 속한다.

06 다음 중 자본에 영향을 미치지 않는 항목은 무엇인가?

① 당기순이익 ② 현금배당
③ 주식배당 ④ 유상증자

07 다음 중 일반기업회계기준에 따른 수익 인식 시점에 대한 설명으로 옳지 않은 것은?

① 위탁판매의 경우 수탁자가 위탁품을 소비자에게 판매한 시점에 수익을 인식한다.
② 배당금수익은 배당금을 받을 권리와 금액이 확정되는 시점에 수익을 인식한다.
③ 대가가 분할되어 수취되는 할부판매의 경우 대가를 나누어 받을 때마다 수익으로 인식한다.
④ 설치수수료 수익은 재화가 판매되는 시점에 수익을 인식하는 재화의 판매에 부수되는 설치의 경우를 제외하고는 설치의 진행률에 따라 수익으로 인식한다.

08 다음 중 재고자산에 대한 설명으로 옳지 않은 것은?

① 기업이 생산과정에 사용하거나 판매를 목적으로 보유한 자산이다.
② 취득원가에 매입부대비용은 포함되지 않는다.
③ 기말 평가방법에 따라 기말 재고자산 금액이 다를 수 있다.
④ 수입 시 발생한 관세는 취득원가에 가산하여 재고자산에 포함된다.

09 다음 중 원가에 대한 설명으로 옳지 않은 것은?

① 원가의 발생형태에 따라 재료원가, 노무원가, 제조경비로 분류한다.
② 특정 제품에 대한 직접 추적가능성에 따라 직접원가, 간접원가로 분류한다.
③ 조업도 증감에 따른 원가의 행태로서 변동원가, 고정원가로 분류한다.
④ 기회원가는 과거의 의사결정으로 인해 이미 발생한 원가이며, 대안 간의 차이가 발생하지 않는 원가를 말한다.

10 부문별 원가계산에서 보조부문의 원가를 제조부문에 배분하는 방법 중 보조부문의 배분 순서에 따라 제조간접원가의 배분액이 달라지는 방법은?

① 직접배분법   ② 단계배분법
③ 상호배분법   ④ 총배분법

11 다음 중 제조원가명세서에서 제공하는 정보는 무엇인가?

① 기부금   ② 이자비용
③ 당기총제조원가   ④ 매출원가

12 다음의 자료를 이용하여 평균법에 의한 가공원가 완성품환산량을 구하시오(단, 재료는 공정 초기에 전량 투입되고 가공원가는 공정 전반에 걸쳐 균등하게 발생한다).

- 당기완성품 : 40,000개   • 당기착수량 : 60,000개
- 기초재공품 : 10,000개(완성도 30%)   • 기말재공품 : 30,000개(완성도 60%)

① 52,000개   ② 54,000개
③ 56,000개   ④ 58,000개

13 다음 중 부가가치세법상 납세의무자에 대한 설명으로 틀린 것은?

① 사업의 영리 목적 여부에 관계없이 사업상 독립적으로 재화 및 용역을 공급하는 사업자이다.
② 영세율을 적용받는 사업자는 납세의무자에 해당하지 않는다.
③ 간이과세자도 납세의무자에 포함된다.
④ 재화를 수입하는 자는 그 재화의 수입에 대한 부가가치세를 납부할 의무가 있다.

14 다음 중 부가가치세법상 사업장에 대한 설명으로 옳지 않은 것은?

① 사업장은 사업자가 사업을 하기 위하여 거래의 전부 또는 일부를 하는 고정된 장소로 한다.

② 사업장을 설치하지 않고 사업자등록도 하지 않은 경우에는 과세표준 및 세액을 결정하거나 경정할 당시의 사업자의 주소 또는 거소를 사업장으로 한다.

③ 제조업의 경우 따로 제품 포장만을 하거나 용기에 충전만 하는 장소도 사업장에 포함될 수 있다.

④ 부동산상의 권리만 대여하는 경우에는 그 사업에 관한 업무를 총괄하는 장소를 사업장으로 한다.

15 부가가치세법상 법인사업자가 전자세금계산서를 발급하는 경우 전자세금계산서 발급 명세를 언제까지 국세청장에게 전송해야 하는가?

① 전자세금계산서 발급일의 다음 날

② 전자세금계산서 발급일로부터 1주일 이내

③ 전자세금계산서 발급일이 속하는 달의 다음 달 10일 이내

④ 전자세금계산서 발급일이 속하는 달의 다음 달 25일 이내

(주)태림상사(회사코드 : 1163)는 자동차부품의 제조 및 도소매업을 영위하는 중소기업으로 당기(제10기) 회계기간은 2025.1.1.~2025.12.31.이다. 전산세무회계 수험용 프로그램을 이용하여 다음 물음에 답하시오.

기본 전제

• 문제에서 한국채택국제회계기준을 적용하도록 하는 전제조건이 없는 경우, 일반기업회계기준을 적용하여 회계처리한다.
• 문제의 풀이와 답안작성은 제시된 문제의 순서대로 진행한다.

01 다음은 기초정보관리 및 전기분재무제표에 대한 자료이다. 각각의 요구사항에 대하여 답하시오.(10점)

1 [거래처등록] 메뉴를 이용하여 다음의 신규 거래처를 추가로 등록하시오.(3점)

• 거래처코드 : 05000
• 거래처명 : (주)대신전자
• 유형 : 매출
• 사업자등록번호 : 108-81-13579
• 대표자성명 : 김영일
• 업태 : 제조
• 종목 : 전자제품
• 사업장주소 : 경기도 시흥시 정왕대로 56

2 (주)태림상사의 기초 채권 및 채무의 올바른 잔액은 아래와 같다. [거래처별초기이월] 메뉴의 자료를 검토하여 오류가 있으면 올바르게 삭제 또는 수정, 추가 입력을 하시오.(3점)

계정과목	거래처	금액
외상매출금	(주)동명상사	6,000,000
받을어음	(주)남북	1,000,000
지급어음	(주)동서	1,500,000

3 전기분손익계산서를 검토한 결과 다음과 같은 오류를 발견하였다. 해당 오류사항과 관련된 [전기분원가명세서] 및 [전기분손익계산서]를 수정 및 삭제하시오.(4점)

공장 건물에 대한 재산세 3,500,000원이 판매비와관리비의 세금과공과로 반영되어 있다.

02 [일반전표입력] 메뉴를 이용하여 다음의 거래 자료를 입력하시오(일반전표입력의 모든 거래는 부가
가치세를 고려하지 말 것).(18점)

입력 시 유의사항

- 일반적인 적요의 입력은 생략하지만, 타계정 대체거래는 적요번호를 선택하여 입력한다.
- 채권 · 채무와 관련된 거래는 별도의 요구가 없는 한 반드시 기 등록된 거래처코드를 선택하는 방법으로 거래
처명을 입력한다.
- 제조경비는 500번대 계정코드를, 판매비와관리비는 800번대 계정코드를 사용한다.
- 회계처리 시 계정과목은 별도의 제시가 없는 한 등록된 계정과목 중 가장 적절한 과목으로 한다.

1 8월 5일 회사는 운영자금 문제를 해결하기 위해서, 보유 중인 (주)기경상사의 받을어음 1,000,000원을
한국은행에 할인하였으며 할인료 260,000원을 공제하고 보통예금 계좌로 입금받았다(단, 매각거래로
간주한다).(3점)

2 8월 10일 본사관리부 직원의 국민연금 800,000원과 카드결제수수료 8,000원을 법인카드(하나카드)로
결제하여 일괄 납부하였다. 납부한 국민연금 중 50%는 회사부담분, 50%는 원천징수한 금액으로 회사
부담분은 세금과공과로 처리한다.(3점)

3 8월 22일 공장에서 사용할 비품(공정가치 5,000,000원)을 대주주로부터 무상으로 받았다.(3점)

4 9월 4일 (주)경기로부터 원재료를 구입하기로 계약하고, 계약금 1,000,000원을 보통예금 계좌에서 이체
하여 지급하였다.(3점)

5 10월 28일 영업부에서 사용할 소모품을 현금으로 구입하고 아래의 간이영수증을 수취하였다(단, 당기 비용으로 처리할 것).(3점)

영 수 증(공급받는자용)					
공 급 자	No.	(주)태림상사 귀하			
	사 업 자 등 록 번 호	314-36-87448			
	상 호	솔잎문구	성 명	김솔잎	(인)
	사 업 장 소 재 지	경기도 양주시 남방동 25			
	업 태	도소매	종 목	문구점	
작성년월일		공급대가 총액		비고	
10.28.		70,000원			
위 금액을 정히 **영수**(청구)함					
월/일	품명	수량	단가	공급가(금액)	
10.28.	A4	2	35,000원	70,000원	
합계			70,000원		
부가가치세법 시행규칙 제25조의 규정에 의한 (영수증)으로 개정					

6 12월 1일 단기시세차익을 목적으로 (주)ABC(시장성 있는 주권상장법인에 해당)의 주식 100주를 주당 25,000원에 취득하였다. 이와 별도로 발생한 취득 시 수수료 50,000원과 함께 대금은 모두 보통예금 계좌에서 이체하여 지급하였다.(3점)

03 [매입매출전표입력] 메뉴를 이용하여 다음의 거래 자료를 입력하시오.(18점)

- 일반적인 적요의 입력은 생략하지만, 타계정 대체거래는 적요번호를 선택하여 입력한다.
- 채권 · 채무와 관련된 거래는 별도의 요구가 없는 한 반드시 기 등록된 거래처코드를 선택하는 방법으로 거래 처명을 입력한다.
- 제조경비는 500번대 계정코드를, 판매비와관리비는 800번대 계정코드를 사용한다.
- 회계처리 시 계정과목은 별도의 제시가 없는 한 등록된 계정과목 중 가장 적절한 과목으로 한다.
- 입력화면 하단의 분개까지 처리하고, 전자세금계산서 및 전자계산서는 전자입력으로 반영한다.

1 7월 5일 제일상사에게 제품을 판매하고 신용카드(삼성카드)로 결제받고 발행한 매출전표는 아래와 같다.(3점)

카드매출전표

- -

카 드 종 류 : 삼성카드
회 원 번 호 : 951–3578–654
거 래 일 시 : 07.05. 11:20:22
거 래 유 형 : 신용승인
매   출 : 800,000원
부   가   세 : 80,000원
합   계 : 880,000원
결 제 방 법 : 일시불
승 인 번 호 : 070580001
은 행 확 인 : 삼성카드사

- -

－ 이 하 생 략 －

---

2 7월 11일 (주)연분홍상사에게 다음과 같은 제품을 판매하고 1,000,000원은 현금으로, 15,000,000원은 어음으로 받고 나머지는 외상으로 하였다.(3점)

전자세금계산서						승인번호			

공급자	등록번호	215-81-69876	종사업장번호		공급받는자	등록번호	134-86-81692	종사업장번호	
	상호(법인명)	(주)태림상사	성명	정대우		상호(법인명)	(주)연분홍상사	성명	이연홍
	사업장주소	경기도 양주시 양주산성로 85-7				사업장주소	경기도 화성시 송산면 마도북로 40		
	업태	제조, 도소매	종목	자동차부품 외		업태	제조	종목	자동차특장
	이메일	school_01@taelim.kr				이메일	pink01@hanmail.net		

작성일자	공급가액	세액	수정사유	비고
2025.7.11	30,000,000	3,000,000	해당 없음	

월	일	품목	규격	수량	단가	공급가액	세액	비고
7	11	제품				30,000,000	3,000,000	

합계금액	현금	수표	어음	외상미수금	위 금액을 (**영수**)(**청구**) 함
33,000,000	1,000,000		15,000,000	17,000,000	

3 10월 1일 제조공장 직원들의 야근 식사를 위해 대형마트에서 국내산 쌀(면세)을 1,100,000원에 구입하고 대금은 보통예금 계좌에서 이체하였으며, 지출증빙용 현금영수증을 발급받았다.(3점)

현금영수증

승인번호	구매자 발행번호	발행방법
G54782245	215-81-69876	지출증빙
신청구분	발행일자	취소일자
사업자번호	10.01	—
상품명		
쌀		
구분	주문번호	상품주문번호
일반상품	1001054897	100185414

판매자 정보

판매자상호	대표자명
대형마트	김대인
사업자등록번호	판매자전화번호
201-17-45670	02-788-8888
판매자사업장주소	
서울특별시 종로구 종로동 2-1	

금액

공급가액	1	1	0	0	0	0	0
부가세액							
봉사료							
승인금액	1	1	0	0	0	0	0

4 10월 30일 미국의 Nice Planet에 $50,000(수출신고일 10월 25일, 선적일 10월 30일)의 제품을 직수출하였다. 수출대금 중 $20,000는 10월 30일에 보통예금 계좌로 입금받았으며, 나머지 잔액은 11월 3일에 받기로 하였다. 일자별 기준환율은 다음과 같다(단, 수출신고필증은 정상적으로 발급받았으며, 수출신고번호는 고려하지 말 것).(3점)

일자	10월 25일	10월 30일	11월 03일
기준환율	1,380원/$	1,400원/$	1,410원/$

⑤ 11월 30일 (주)제니빌딩으로부터 영업부 임차료에 대한 공급가액 3,000,000원(부가가치세 별도)의 전자 세금계산서를 수취하고 대금은 다음 달에 지급하기로 한다. 단, 미지급금으로 회계처리하시오.(3점)

⑥ 12월 10일 건축물이 있는 토지를 취득하여 그 건축물을 철거하고 토지만 사용하고자 한다. 건물 철거비 용에 대하여 (주)시온건설로부터 아래의 전자세금계산서를 발급받았다. 대금은 (주)선유자동차로부터 제품 판매대금으로 받아 보관 중인 (주)선유자동차 발행 약속어음으로 전액 지급하였다.(3점)

전자세금계산서						승인번호		
공급자	등록번호	105-81-23608	종사업장번호		공급받는자	등록번호	215-81-69876	종사업장번호	
	상호(법인명)	(주)시온건설	성명	정상임		상호(법인명)	(주)태림상사	성명	정대우
	사업장주소	서울특별시 강남구 도산대로 42				사업장주소	경기도 양주시 양주산성로 85-7		
	업태	건설	종목	토목공사		업태	제조, 도소매	종목	자동차부품 외
	이메일	sion@hanmail.net				이메일	school_01@taelim.kr		

작성일자	공급가액	세액	수정사유	비고		
2025.12.10	60,000,000	6,000,000	해당 없음			

월	일	품목	규격	수량	단가	공급가액	세액	비고
12	10	철거비용			60,000,000	60,000,000	6,000,000	

합계금액	현금	수표	어음	외상미수금	위 금액을 **(영수)** 함
66,000,000			66,000,000		

04 [일반전표입력] 및 [매입매출전표입력] 메뉴에 입력된 내용 중 다음과 같은 오류가 발견되었다. 입력된 내용을 확인하여 정정하시오.(6점)

❶ 9월 1일 (주)가득주유소에서 주유 후 대금은 당일에 현금으로 결제했으며 현금영수증을 수취한 것으로 일반전표에 입력하였다. 그러나 해당 주유 차량은 제조공장의 운반용트럭(배기량 2,500cc)인 것으로 확인되었다.(3점)

❷ 11월 12일 경영관리부서 직원들을 대상으로 확정기여형(DC형) 퇴직연금에 가입하고 보통예금 계좌에서 당기분 퇴직급여 17,000,000원을 이체하였으나, 회계담당자는 확정급여형(DB형) 퇴직연금에 가입한 것으로 알고 회계처리를 하였다(단, 납입 당시 퇴직급여충당부채 잔액은 없는 것으로 가정한다).(3점)

05 결산정리사항은 다음과 같다. 관련 메뉴를 이용하여 결산을 완료하시오.(9점)

❶ 7월 1일에 가입한 하나은행의 정기예금 10,000,000원(만기 1년, 연 이자율 4.5%)에 대하여 기간 경과분 이자를 계상하였다(단, 이자 계산은 월할 계산하며, 원천징수는 없다고 가정함).(3점)

❷ 경남은행으로부터 차입한 장기차입금 중 50,000,000원은 다음 연도 11월 30일에 상환기일이 도래한다.(3점)

❸ 제2기 부가가치세 확정신고 기간에 대한 부가세예수금은 52,346,500원, 부가세대급금은 52,749,000원일 때 부가가치세를 정리하는 회계처리를 하시오(단, 납부세액(또는 환급세액)은 미지급세금(또는 미수금)으로 회계처리하고, 불러온 자료는 무시함).(3점)

06 다음 사항을 조회하여 답안을 [이론문제 답안작성] 메뉴에 입력하시오.(9점)

❶ 3월 말 현재 외상매출금 잔액이 가장 큰 거래처명과 그 금액은 얼마인가?(3점)

❷ 당기 중 실제로 배당금을 수령한 달은 몇 월인가?(3점)

❸ 제1기 부가가치세 확정신고서(04.01.~06.30.)의 매출액 중 세금계산서 발급분 공급가액의 합계액은 얼마인가?(3점)

다음 문제를 보고 알맞은 것을 골라 [이론문제 답안작성] 메뉴에 입력하시오.(객관식 문항당 2점)

기본 전제

> 문제에서 한국채택국제회계기준을 적용하도록 하는 전제조건이 없는 경우, 일반기업회계기준을 적용한다.

01 다음 중 회계순환과정에 있어 기말결산정리의 근거가 되는 가정으로 적절한 것은?

① 발생주의 회계
② 기업실체의 가정
③ 계속기업의 가정
④ 기간별 보고의 가정

02 다음 중 당좌자산에 포함되지 않는 것은 무엇인가?

① 선급비용
② 미수금
③ 미수수익
④ 선수수익

03 다음에서 설명하는 재고자산 단가 결정방법으로 옳은 것은?

> 실제 물량 흐름과 원가 흐름의 가정이 유사하다는 장점이 있으나, 수익·비용 대응의 원칙에 부적합하고, 물가 상승 시 이익이 과대계상되는 단점이 있다.

① 개별법
② 선입선출법
③ 후입선출법
④ 총평균법

04 다음 중 유형자산에 대한 추가적인 지출이 발생했을 경우 발생한 기간의 비용으로 처리하는 거래로 옳은 것은?

① 건물의 피난시설을 설치하기 위한 지출
② 내용연수를 연장시키는 지출
③ 건물 내부 조명기구를 교체하는 지출
④ 상당한 품질향상을 가져오는 지출

05 다음 중 무형자산에 대한 설명으로 가장 옳지 않은 것은?

① 무형자산은 상각완료 후 잔존가치로 1,000원을 반드시 남겨둔다.
② 무형자산의 상각방법은 정액법, 정률법 둘 다 사용 가능하다.
③ 무형자산을 상각하는 회계처리를 할 때는 일반적으로 직접법으로 처리하고 있다.
④ 무형자산 중 내부에서 창출한 영업권은 무형자산으로 인정되지 않는다.

06 다음 중 일반기업회계기준에 따른 부채가 아닌 것은 무엇인가?

① 임차보증금   ② 퇴직급여충당부채
③ 선수금   ④ 미지급배당금

07 다음의 자본 항목 중 성격이 다른 하나는 무엇인가?

① 자기주식처분이익   ② 감자차익
③ 자기주식   ④ 주식발행초과금

08 다음의 자료를 이용하여 영업이익을 구하시오(기초재고는 50,000원, 기말재고는 '0'으로 가정한다).

- 총매출액 500,000원   · 매출할인 10,000원   · 당기총매입액 300,000원
- 매입에누리 20,000원   · 이자비용 30,000원   · 급여 20,000원
- 통신비 5,000원   · 감가상각비 10,000원   · 배당금수익 20,000원
- 임차료 25,000원   · 유형자산처분손실 30,000원

① 60,000원   ② 70,000원
③ 100,000원   ④ 130,000원

09 다음 중 보조부문의 원가 배분에 대한 설명으로 옳지 않은 것은?

① 보조부문의 원가 배분방법으로는 직접배분법, 단계배분법 및 상호배분법이 있으며, 이들 배분 방법에 따라 전체 보조부문의 원가에 일부 차이가 있을 수 있다.
② 상호배분법은 부문 간 상호수수를 고려하여 계산하기 때문에 다른 배분방법보다 계산이 복잡한 방법이라 할 수 있다.
③ 단계배분법은 보조부문 간 배분순서에 따라 각 보조부문에 배분되는 금액에 차이가 있을 수 있다.
④ 직접배분법은 보조부문 원가 배분액의 계산이 상대적으로 간편한 방법이라 할 수 있다.

10 다음의 원가 분류 중 분류 기준이 같은 것으로만 짝지어진 것은?

| 가. 변동원가 | 나. 관련원가 | 다. 직접원가 |
| 라. 고정원가 | 마. 매몰원가 | 바. 간접원가 |

① 가, 나
③ 나, 마
② 나, 다
④ 라, 바

11 다음 자료를 참고하여 당기 제조작업지시서 #200에 대한 제조간접원가 예정배부율과 예정배부액을 계산하면 각각 얼마인가?

가. 전기 연간 제조간접원가 4,200,000원, 총기계작업시간은 100,000시간인 것으로 파악되었다.
나. 당기 연간 예정제조간접원가 3,800,000원, 총예정기계작업시간은 80,000시간으로 예상하고 있다.
다. 당기 제조작업지시서별 실제기계작업시간은 다음과 같다.
  • 제조작업지시서 #200 : 11,000시간
  • 제조작업지시서 #300 : 20,000시간

	제조간접원가 예정배부율	제조간접원가 예정배부액
①	42원/기계작업시간	462,000원
②	52.5원/기계작업시간	577,500원
③	47.5원/기계작업시간	522,500원
④	46원/기계작업시간	506,000원

12 다음 중 종합원가계산을 적용할 경우 평균법과 선입선출법에 의한 완성품환산량의 차이를 발생시키는 주요 원인은 무엇인가?

① 기초재공품 차이
③ 기말제품 차이
② 기초제품 차이
④ 기말재공품 차이

13 다음 중 부가가치세법상 납세의무자에 대한 설명으로 가장 옳지 않은 것은?

① 부가가치세법상 사업자는 일반과세자와 간이과세자이다.
② 국가 · 지방자치단체도 납세의무자가 될 수 있다.
③ 사업자단위과세사업자는 모든 사업장의 부가가치세를 총괄하여 신고만 할 수 있다.
④ 영세율을 적용받는 사업자도 부가가치세법상의 사업자등록의무가 있다.

14 다음 중 부가가치세법상 매입세액공제가 가능한 경우는?

① 면세사업에 관련된 매입세액
② 비영업용 소형승용자동차의 유지와 관련된 매입세액
③ 토지의 형질변경과 관련된 매입세액
④ 제조업을 영위하는 사업자가 농민으로부터 구입한 면세 농산물의 의제매입세액

15 다음 중 부가가치세법상 세금계산서 발급 의무가 면제되지 않는 경우는?

① 택시운송사업자가 공급하는 재화 또는 용역
② 미용업자가 공급하는 재화 또는 용역
③ 제조업자가 구매확인서에 의하여 공급하는 재화
④ 부동산임대업자의 부동산임대용역 중 간주임대료

다산컴퓨터(주)(회사코드 : 1153)는 컴퓨터 등의 제조 및 도소매업을 영위하는 중소기업으로 당기(제10기) 회계기간은 2025.1.1.~2025.12.31.이다. 전산세무회계 수험용 프로그램을 이용하여 다음 물음에 답하시오.

기본 전제

• 문제에서 한국채택국제회계기준을 적용하도록 하는 전제조건이 없는 경우, 일반기업회계기준을 적용하여 회계처리한다.
• 문제의 풀이와 답안작성은 제시된 문제의 순서대로 진행한다.

01 다음은 기초정보관리 및 전기분재무제표에 대한 자료이다. 각각의 요구사항에 대하여 답하시오.(10점)

1 다음 자료를 보고 [거래처등록] 메뉴에서 신규 거래처를 등록하시오(단, 주어진 자료 외의 다른 항목은 입력할 필요 없음).(3점)

• 거래처코드 : 02411
• 거래처명 : (주)구동컴퓨터
• 사업자등록번호 : 189–86–70759
• 업태 : 제조
• 사업장주소 : 울산광역시 울주군 온산읍 종동길 102
• 거래처구분 : 일반거래처
• 유형 : 동시
• 대표자성명 : 이주연
• 종목 : 컴퓨터 및 주변장치

2 기초정보관리의 [계정과목및적요등록] 메뉴에서 821.보험료 계정과목에 아래의 적요를 추가로 등록하시오.(3점)

• 현금적요 7번 : 경영인 정기보험료 납부
• 대체적요 5번 : 경영인 정기보험료 미지급
• 대체적요 6번 : 경영인 정기보험료 상계

③ 다음은 다산컴퓨터(주)의 올바른 선급금, 선수금의 전체 기초잔액이다. [거래처별초기이월] 메뉴의 자료를 검토하여 오류가 있으면 올바르게 삭제 또는 수정, 추가 입력을 하시오.(4점)

계정과목	거래처	잔액
선급금	해원전자(주)	2,320,000
	공상(주)	1,873,000
선수금	(주)유수전자	2,100,000
	(주)신곡상사	500,000

02 [일반전표입력] 메뉴를 이용하여 다음의 거래 자료를 입력하시오(일반전표입력의 모든 거래는 부가가치세를 고려하지 말 것).(18점)

입력 시 유의사항

- 일반적인 적요의 입력은 생략하지만, 타계정 대체거래는 적요번호를 선택하여 입력한다.
- 채권 · 채무와 관련된 거래는 별도의 요구가 없는 한 반드시 기 등록된 거래처코드를 선택하는 방법으로 거래처명을 입력한다.
- 제조경비는 500번대 계정코드를, 판매비와관리비는 800번대 계정코드를 사용한다.
- 회계처리 시 계정과목은 별도의 제시가 없는 한 등록된 계정과목 중 가장 적절한 과목으로 한다.

① 7월 28일 거래처 (주)경재전자의 외상매입금 2,300,000원 중 2,000,000원은 당사에서 어음을 발행하여 지급하고 나머지는 면제받았다.(3점)

② 9월 3일 하나은행에서 차입한 단기차입금 82,000,000원과 이에 대한 이자 2,460,000원을 보통예금계좌에서 이체하여 지급하였다.(3점)

③ 9월 12일 중국의 DOKY사에 대한 제품 수출 외상매출금 10,000$(선적일 기준환율 : 1,400원/$)를 회수하여 즉시 원화 보통예금 계좌로 입금하였다(단, 입금일의 기준환율은 1,380원/$이다).(3점)

④ 10월 7일 주당 액면금액이 5,000원인 보통주 1,000주를 주당 7,000원에 발행하였고, 발행금액 전액이 보통예금 계좌로 입금되었다(단, 하나의 전표로 처리하며 신주 발행 전 주식할인발행차금 잔액은 1,000,000원이고 신주발행비용은 없다고 가정한다).(3점)

⑤ 10월 28일 당기분 DC형 퇴직연금 불입액 12,000,000원이 자동이체 방식으로 보통예금 계좌에서 출금되었다. 불입액 12,000,000원 중 4,000,000원은 영업부에서 근무하는 직원들에 대한 금액이고 나머지는 생산부에서 근무하는 직원들에 대한 금액이다.(3점)

[6] 11월 12일 전기에 회수불능으로 일부 대손처리한 (주)은상전기의 외상매출금이 회수되었으며, 대금은 하나은행 보통예금 계좌로 입금되었다.(3점)

[보통예금(하나)] 거래 내용

행	연월일	내용	찾으신 금액	맡기신 금액	잔액	거래점
			계좌번호 120-99-80481321			
1	11-12	(주)은상전기		₩2,500,000	*****	1111

03 **[매입매출전표입력]** 메뉴를 이용하여 다음의 거래 자료를 입력하시오.(18점)

입력 시 유의사항

- 일반적인 적요의 입력은 생략하지만, 타계정 대체거래는 적요번호를 선택하여 입력한다.
- 채권·채무와 관련된 거래는 별도의 요구가 없는 한 반드시 기 등록된 거래처코드를 선택하는 방법으로 거래처명을 입력한다.
- 제조경비는 500번대 계정코드를, 판매비와관리비는 800번대 계정코드를 사용한다.
- 회계처리 시 계정과목은 별도의 제시가 없는 한 등록된 계정과목 중 가장 적절한 과목으로 한다.
- 입력화면 하단의 분개까지 처리하고, 전자세금계산서 및 전자계산서는 전자입력으로 반영한다.

[1] 7월 3일 회사 영업부 야유회를 위해 도시락 10개를 구입하고 현대카드로 결제하였다.(3점)

신용카드매출전표

```
가 맹 점 명 :  맛나도시락
사 업 자 번 호 :  127-10-12343
대 표 자 명 :  김도식
주        소 :  서울 마포구 마포대로 2
롯 데 카 드 :  신용승인
거 래 일 시 :  07-03 11:08:54
카 드 번 호 :  3256-6455-****-1329
유 효 기 간 :  12/26
가 맹 점 번 호 :  123412341
매  입  사 :  현대카드(전자서명전표)

    상품명              금액
  한식도시락세트        330,000

공 급 가 액 :  300,000
부 가 세 액 :   30,000
합       계 :  330,000
```

❷ 8월 6일 제품을 만들고 난 후 나온 철 스크랩을 비사업자인 최한솔에게 판매하고, 판매대금 1,320,000원 (부가가치세 포함)을 수취하였다. 대금은 현금으로 받고, 해당 거래에 대한 증빙은 아무것도 발급하지 않았다(계정과목은 잡이익으로 하고, 거래처를 조회하여 입력할 것).(3점)

❸ 8월 29일 (주)선월재에게 내국신용장에 의해 제품을 판매하고 전자세금계산서를 발급하였다. 대금 중 500,000원은 현금으로 받고 나머지는 외상으로 하였다(단, 서류번호입력은 생략할 것).(3점)

영세율 전자세금계산서						승인번호		
공급자	등록번호	129-81-50101	종사업장번호		공급받는자	등록번호	601-81-25803	종사업장번호	
	상호(법인명)	다산컴퓨터(주)	성명	박새은		상호(법인명)	(주)선월재	성명	정일원
	사업장주소	경기도 남양주시 가운로 3-28				사업장주소	경상남도 사천시 사천대로 11		
	업태	제조, 도소매	종목	컴퓨터		업태	도소매	종목	컴퓨터 및 기기장치
	이메일					이메일			

작성일자	공급가액	세액	수정사유	비고
2025.8.29	5,200,000			

월	일	품목	규격	수량	단가	공급가액	세액	비고
8	29	제품A		1	5,200,000	5,200,000		

합계금액	현금	수표	어음	외상미수금	위 금액을 (**청구**) 함
5,200,000	500,000			4,700,000	

4 10월 15일 (주)우성유통에 제품을 판매하고 다음과 같이 전자세금계산서를 발급하였다. 대금 중 8,000,000원은 하움공업이 발행한 어음을 배서양도 받고, 나머지는 다음 달에 받기로 하였다.(3점)

전자세금계산서							승인번호			
공급자	등록 번호	129-81-50101	종사업장 번호		공급받는자	등록 번호	105-86-50416	종사업장 번호		
	상호 (법인명)	다산컴퓨터(주)	성명	박새은		상호 (법인명)	(주)우성유통	성명		김성길
	사업장 주소	경기도 남양주시 가운로 3-28				사업장 주소	서울시 강남구 강남대로 292			
	업태	제조, 도소매	종목	컴퓨터		업태	도소매	종목		기기장치
	이메일					이메일				

작성일자	공급가액	세액	수정사유	비고		
2025.10.15	10,000,000	1,000,000	해당 없음			

월	일	품목	규격	수량	단가	공급가액	세액	비고
10	15	컴퓨터				10,000,000	1,000,000	

합계금액	현금	수표	어음	외상미수금	위 금액을 (**청구**) 함
11,000,000			8,000,000	3,000,000	

⑤ 10월 30일 미국의 MARK사로부터 수입한 업무용 컴퓨터(공급가액 6,000,000원)와 관련하여 인천세관장으로부터 수입세금계산서를 발급받고, 해당 부가가치세를 당좌예금 계좌에서 이체하여 납부하였다(단, 부가가치세 회계처리만 할 것).(3점)

⑥ 12월 2일 공장 직원들의 휴게공간에 간식을 비치하기 위해 두나과일로부터 샤인머스캣 등을 구매하면서 구매대금 275,000원을 현금으로 지급하고, 지출증빙용 현금영수증을 발급받았다.(3점)

Hometax. 국세청홈택스 **현금영수증**

• 거래정보

거래일시	12.02.
승인번호	G12458265
거래구분	승인거래
거래용도	지출증빙
발급수단번호	129-81-50101

• 거래금액

공급가액	부가세	봉사료	총 거래금액
275,000	–	–	275,000

• 가맹점 정보

상호	두나과일
사업자번호	221-90-43529
대표자명	이두나
주소	경북 고령군 대가야읍 왕릉로 35

- 익일 홈택스에서 현금영수증 발급 여부를 반드시 확인하시기 바랍니다.
- 홈페이지(http://www.hometax.go.kr)
  – 조회/발급>현금영수증 조회>사용내역(소득공제) 조회
  　　　　　　　　　　　　　>매입내역(지출증빙) 조회
- 관련문의는 국세상담센터(☎126-1-1)

04 [일반전표입력] 및 [매입매출전표입력] 메뉴에 입력된 내용 중 다음과 같은 오류가 발견되었다. 입력된 내용을 확인하여 정정하시오.(6점)

1 11월 1일 (주)호수의 주식 1,000주를 단기간 차익을 목적으로 1주당 12,000원(1주당 액면가 5,000원)에 현금으로 취득하고 발생한 수수료 120,000원을 취득원가에 포함하였다.(3점)

2 11월 26일 원재료 매입 거래처의 워크숍을 지원하기 위해 (주)산들바람으로부터 현금으로 구매한 선물세트 800,000원(부가가치세 별도, 종이세금계산서 수취)을 소모품비로 회계처리하였다.(3점)

05 결산정리사항은 다음과 같다. 관련 메뉴를 이용하여 결산을 완료하시오.(9점)

1 12월 31일 제2기 부가가치세 확정신고기간의 부가가치세 매출세액은 14,630,000원, 매입세액은 22,860,000원, 환급세액은 8,230,000원이다. 관련된 결산 회계처리를 하시오(단, 환급세액은 미수금으로 처리한다).(3점)

2 10월 1일에 로배전자에 30,000,000원(상환기일 2026년 9월 30일)을 대여하고, 연 7%의 이자를 상환일에 원금과 함께 수취하기로 약정하였다. 결산 정리분개를 하시오(이자는 월할계산할 것).(3점)

3 12월 31일 현재 신한은행의 장기차입금 중 일부인 13,000,000원의 만기상환기일이 1년 이내에 도래할 것으로 예상되었다.(3점)

06 다음 사항을 조회하여 답안을 [이론문제 답안작성] 메뉴에 입력하시오.(9점)

1 6월 말 현재 외상매입금 잔액이 가장 많은 거래처명과 그 금액은 얼마인가?(3점)

2 1분기(1월~3월) 중 판매비와관리비 항목의 소모품비 지출액이 가장 적게 발생한 월과 그 금액은 얼마인가?(3점)

3 제1기 확정신고기간(4월~6월) 중 (주)하이일렉으로부터 발급받은 세금계산서의 총 매수와 매입세액은 얼마인가?(3점)

다음 문제를 보고 알맞은 것을 골라 [이론문제 답안작성] 메뉴에 입력하시오.(객관식 문항당 2점)

기본 전제

문제에서 한국채택국제회계기준을 적용하도록 하는 전제조건이 없는 경우, 일반기업회계기준을 적용한다.

01 다음 중 거래내용에 대한 거래요소의 결합관계를 바르게 표시한 것은?

	거래요소의 결합관계	거래내용
①	자산의 증가 : 자산의 증가	외상매출금 4,650,000원을 보통예금으로 수령하다.
②	자산의 증가 : 부채의 증가	기계장치를 27,500,000원에 구입하고 구입대금은 미지급하다.
③	비용의 발생 : 자산의 증가	보유 중인 건물을 임대하여 임대료 1,650,000원을 보통예금으로 수령하다.
④	부채의 감소 : 자산의 감소	장기차입금에 대한 이자 3,000,000원을 보통예금에서 이체하는 방식으로 지급하다.

02 다음 중 재고자산이 아닌 것은?

① 약국의 일반의약품 및 전문의약품
② 제조업 공장의 생산 완제품
③ 부동산매매업을 주업으로 하는 기업의 판매 목적 토지
④ 병원 사업장소재지의 토지 및 건물

03 다음은 (주)한국이 신규 취득한 기계장치 관련 자료이다. 아래의 기계장치를 연수합계법으로 감가상각할 경우, (주)한국의 당기(회계연도 : 매년 1월 1일~12월 31일) 말 현재 기계장치의 장부금액은 얼마인가?

- 기계장치 취득원가 : 3,000,000원
- 잔존가치 : 300,000원
- 취득일 : 당기 1.1.
- 내용연수 : 5년

① 2,000,000원
② 2,100,000원
③ 2,400,000원
④ 2,460,000원

04 다음은 (주)서울의 당기 지출 내역 중 일부이다. 아래의 자료에서 무형자산으로 기록할 수 있는 금액은 모두 얼마인가?

• 신제품 특허권 취득 비용 30,000,000원
• 신제품의 연구단계에서 발생한 재료 구입 비용 1,500,000원
• A기업이 가지고 있는 상표권 구입 비용 22,000,000원

① 22,000,000원
② 30,000,000원
③ 52,000,000원
④ 53,500,000원

05 다음 중 매도가능증권에 대한 설명으로 옳지 않은 것은?

① 기말 평가손익은 기타포괄손익누계액에 반영한다.
② 취득 시 발생한 수수료는 당기 비용으로 처리한다.
③ 처분 시 발생한 처분손익은 당기손익에 반영한다.
④ 보유 목적에 따라 당좌자산 또는 투자자산으로 분류한다.

06 다음 중 채권 관련 계정의 차감적 평가항목으로 옳은 것은?

① 감가상각누계액
② 재고자산평가충당금
③ 사채할인발행차금
④ 대손충당금

07 다음 중 자본잉여금 항목에 포함되는 것을 모두 고른 것은?

가. 주식발행초과금
나. 자기주식처분손실
다. 주식할인발행차금
라. 감자차익

① 가, 라
② 나, 다
③ 가, 나, 다
④ 가, 다, 라

08 다음은 현금배당에 관한 회계처리이다. 아래의 괄호 안에 각각 들어갈 회계처리 일자로 옳은 것은?

(가)	(차) 이월이익잉여금	×××	(대) 이익준비금	×××
			미지급배당금	×××
(나)	(차) 미지급배당금	×××	(대) 보통예금	×××

	(가)	(나)
①	회계종료일	배당결의일
②	회계종료일	배당지급일
③	배당결의일	배당지급일
④	배당결의일	회계종료일

09 원가의 분류 중 원가행태(行態)에 따른 분류에 해당하는 것은?

① 변동원가
② 기회원가
③ 관련원가
④ 매몰원가

10 다음은 제조업을 영위하는 (주)인천의 당기 원가 관련 자료이다. (주)인천의 당기총제조원가는 얼마인가? 단, 기초재고자산은 없다고 가정한다.

• 기말재공품재고액	300,000	• 기말제품재고액	500,000
• 매출원가	2,000,000	• 기말원재료재고액	700,000
• 제조간접원가	600,000	• 직접재료원가	1,200,000

① 1,900,000원
② 2,200,000원
③ 2,500,000원
④ 2,800,000원

11 평균법에 따른 종합원가계산을 채택하고 있는 (주)대전의 당기 물량 흐름은 다음과 같다. 재료원가는 공정 초기에 전량 투입되며, 가공원가는 공정 전반에 걸쳐 균등하게 발생한다. 아래의 자료를 이용하여 재료원가 완성품환산량을 계산하면 몇 개인가?

| • 기초재공품 수량 : 1,000개(완성도 20%) | • 당기완성품 수량 : 8,000개 |
| • 당기착수량 : 10,000개 | • 기말재공품 수량 : 3,000개(완성도 60%) |

① 8,000개
② 9,000개
③ 9,800개
④ 11,000개

12 다음 중 개별원가계산에 대한 설명으로 옳지 않은 것은?

① 항공기 제조업은 종합원가계산보다는 개별원가계산이 더 적합하다.
② 제품원가를 제조공정별로 집계한 후 이를 생산량으로 나누어 단위당 원가를 계산한다.
③ 직접원가와 제조간접원가의 구분이 중요하다.
④ 단일 종류의 제품을 대량으로 생산하는 업종에는 적합하지 않은 방법이다.

13 다음 중 우리나라 부가가치세법의 특징으로 틀린 것은?

① 국세
② 인세(人稅)
③ 전단계세액공제법
④ 다단계거래세

14 다음 중 부가가치세법상 주된 사업에 부수되는 재화 · 용역의 공급으로서 면세 대상이 아닌 것은?

① 은행업을 영위하는 면세사업자가 매각한 사업용 부동산인 건물
② 약국을 양수도하는 경우로서 해당 영업권 중 면세 매출에 해당하는 비율의 영업권
③ 가구제조업을 영위하는 사업자가 매각한 사업용 부동산 중 토지
④ 부동산임대업자가 매각한 부동산임대 사업용 부동산 중 상가 건물

15 다음 중 부가가치세법상 아래의 괄호 안에 공통으로 들어갈 내용으로 옳은 것은?

가. 부가가치세 매출세액은 ( )에 세율을 곱하여 계산한 금액이다.
나. 재화 또는 용역의 공급에 대한 부가가치세의 ( )은는 해당 과세기간에 공급한 재화 또는 용역의 공급가액을 합한 금액으로 한다.
다. 재화의 수입에 대한 부가가치세의 ( )은는 그 재화에 대한 관세의 과세가격과 관세, 개별소비세, 주세, 교육세, 농어촌특별세 및 교통 · 에너지 · 환경세를 합한 금액으로 한다.

① 공급대가
② 간주공급
③ 과세표준
④ 납부세액

(주)하나전자(회사코드 : 1143)는 전자부품의 제조 및 도소매업을 영위하는 중소기업으로 당기(제9기) 회계기간은 2025.1.1.~2025.12.31.이다. 전산세무회계 수험용 프로그램을 이용하여 다음 물음에 답하시오.

기본 전제

- 문제에서 한국채택국제회계기준을 적용하도록 하는 전제조건이 없는 경우, 일반기업회계기준을 적용하여 회계처리한다.
- 문제의 풀이와 답안작성은 제시된 문제의 순서대로 진행한다.

01 다음은 기초정보관리 및 전기분재무제표에 대한 자료이다. 각각의 요구사항에 대하여 답하시오.(10점)

❶ 다음의 자료를 이용하여 [거래처등록] 메뉴에서 신규 거래처를 추가로 등록하시오.(3점)

- 거래처코드 : 00500
- 사업자등록번호 : 134-24-91004
- 종목 : 소프트웨어개발
- 거래처명 : 한국개발
- 대표자성명 : 김한국
- 사업장주소 : 경기도 성남시 분당구 판교역로192번길 12
- 유형 : 동시
- 업태 : 정보통신업

※ 주소 입력 시 우편번호 입력은 생략해도 무방함

사 업 자 등 록 증

(일반과세자)

등록번호 : 134-24-91004

1. 상   호 : 한국개발
2. 성   명 : 김한국
3. 생 년 월 일 : 1985년 3월 2일
4. 개 업 연 월 일 : 2021년 7월 25일
5. 사 업 장 소 재 지 : 경기도 성남시 분당구 판교역로192번길 12
6. 사 업 의 종 류 : [업태] 정보통신업 [종목] 소프트웨어개발
7. 발 급 사 유 : 사업장 소재지 정정
8. 공 동 사 업 자
9. 주류판매신고번호 :
10. 사업자단위과세적용사업자여부 : 여( ) 부(V)

2025년 1월 20일

분당세무서장 인

❷ 다음 자료를 이용하여 [계정목및적요등록]에 반영하시오.(3점)

- 코드 : 862
- 성격 : 경비
- 계정과목 : 행사지원비
- 현금적요 1번 : 행사지원비 현금 지급
- 대체적요 1번 : 행사지원비 어음 발행

❸ 전기분 원가명세서를 검토한 결과 다음과 같은 오류가 발견되었다. 이와 관련된 전기분재무제표(재무상태표, 손익계산서, 원가명세서, 잉여금처분계산서)를 모두 적절하게 수정하시오.(4점)

해당 연도(전기)에 외상으로 매입한 부재료비 3,000,000원이 누락된 것으로 확인된다.

02 [일반전표입력] 메뉴를 이용하여 다음의 거래 자료를 입력하시오(일반전표입력의 모든 거래는 부가가치세를 고려하지 말 것).(18점)

입력 시 유의사항

- 일반적인 적요의 입력은 생략하지만, 타계정 대체거래는 적요번호를 선택하여 입력한다.
- 채권·채무와 관련된 거래는 별도의 요구가 없는 한 반드시 기 등록된 거래처코드를 선택하는 방법으로 거래처명을 입력한다.
- 제조경비는 500번대 계정코드를, 판매비와관리비는 800번대 계정코드를 사용한다.
- 회계처리 시 계정과목은 별도의 제시가 없는 한 등록된 계정과목 중 가장 적절한 과목으로 한다.

❶ 7월 5일 영업팀 직원들에 대한 확정기여형(DC형) 퇴직연금 납입액 1,400,000원을 보통예금 계좌에서 이체하여 납입하였다.(3점)

❷ 7월 25일 (주)고운상사의 외상매출금 중 5,500,000원은 약속어음으로 받고, 나머지 4,400,000원은 보통예금 계좌로 입금받았다.(3점)

❸ 8월 30일 자금 부족으로 인하여 (주)재원에 대한 받을어음 50,000,000원을 만기일 전에 은행에서 할인받고, 할인료 5,000,000원을 차감한 잔액이 보통예금 계좌로 입금되었다(단, 본 거래는 매각거래이다).(3점)

❹ 10월 3일 단기 투자 목적으로 보유하고 있는 (주)미학건설의 주식으로부터 배당금 2,300,000원이 확정되어 즉시 보통예금 계좌로 입금되었다.(3점)

5 10월 31일 재무팀 강가연 팀장의 10월분 급여를 농협 보통예금 계좌에서 이체하여 지급하였다(단, 공제 합계액은 하나의 계정과목으로 회계처리할 것).(3점)

10월 급여명세서			
이름	강가연	지급일	10월 31일
기 본 급	4,500,000	소 득 세	123,000
식 대	200,000	지 방 소 득 세	12,300
자 가 운 전 보 조 금	200,000	국 민 연 금	90,500
		건 강 보 험	55,280
		고 용 보 험	100,000
급 여 계	4,900,000	공 제 합 계	381,080
		지 급 총 액	4,518,920

6 12월 21일 자금 조달을 위하여 사채(액면금액 8,000,000원, 3년 만기)를 8,450,000원에 발행하고, 납입 금은 당좌예금 계좌로 입금하였다.(3점)

03 [매입매출전표입력] 메뉴를 이용하여 다음의 거래 자료를 입력하시오.(18점)

> **입력 시 유의사항**

- 일반적인 적요의 입력은 생략하지만, 타계정 대체거래는 적요번호를 선택하여 입력한다.
- 채권·채무와 관련된 거래는 별도의 요구가 없는 한 반드시 기 등록된 거래처코드를 선택하는 방법으로 거래 처명을 입력한다.
- 제조경비는 500번대 계정코드를, 판매비와관리비는 800번대 계정코드를 사용한다.
- 회계처리 시 계정과목은 별도의 제시가 없는 한 등록된 계정과목 중 가장 적절한 과목으로 한다.
- 입력화면 하단의 분개까지 처리하고, 전자세금계산서 및 전자계산서는 전자입력으로 반영한다.

1 7월 20일 미국 소재법인 NDVIDIA에 직수출하는 제품의 선적을 완료하였으며, 수출대금 $5,000는 차후에 받기로 하였다. 제품수출계약은 7월 1일에 체결하였으며, 일자별 기준환율은 아래와 같다(단, 수출신고번호 입력은 생략할 것).(3점)

일자	계약일 07.01.	선적일 07.20.
기준환율	1,100원/$	1,200원/$

2 7월 23일 당사가 소유하던 토지(취득원가 62,000,000원)를 돌상상회에 65,000,000원에 매각하기로 계약하면서 동시에 전자계산서를 발급하였다. 대금 중 30,000,000원은 계약 당일 보통예금 계좌로 입금 받았으며, 나머지는 다음 달에 받기로 약정하였다.(3점)

3 8월 10일 영업팀에서 회사 제품을 홍보하기 위해 광고닷컴에서 홍보용 수첩을 제작하고 현대카드로 결제하였다.(3점)

카드번호 (9876-****-****-1230)	
승인번호	28516480
거래일자	08월10일 15:29:44
결제방법	일시불
가맹점명	광고닷컴
가맹점번호	23721275
대표자명	김광고
사업자등록번호	305-35-65424
전화번호	02-651-1212
주소	서울특별시 서초구 명달로 100
공급가액	4,000,000
부가세액	400,000
승인금액	4,400,000

고객센터(1577-8398) | www.hyundaicard.com

Hyundai Card 현대카드

4 8월 17일 제품 생산에 필요한 원재료를 구입하고, 아래의 전자세금계산서를 발급받았다.(3점)

전자세금계산서					승인번호			

공급자	등록번호	139-81-54313	종사업장번호		공급받는자	등록번호	125-86-65247	종사업장번호	
	상호(법인명)	(주)고철상사	성명	황영민		상호(법인명)	(주)하나전자	성명	김영순
	사업장주소	서울특별시 서초구 명달로 3				사업장주소	경기도 남양주시 덕릉로 1067		
	업태	도소매	종목	전자부품		업태	제조, 도소매	종목	전자부품
	이메일					이메일			

작성일자	공급가액	세액	수정사유	비고
2025.8.17	12,000,000	1,200,000	해당 없음	

월	일	품목	규격	수량	단가	공급가액	세액	비고
8	17	k-312 벨브		200	60,000	12,000,000	1,200,000	

합계금액	현금	수표	어음	외상미수금	위 금액을 (**청구**) 함
13,200,000			5,000,000	8,200,000	

5 8월 28일 (주)와마트에서 업무용으로 사용하는 냉장고를 5,500,000원(부가가치세 포함)에 현금으로 구입하고, 현금영수증(지출증빙용)을 수취하였다(단, 자산으로 처리할 것).(3점)

(주)와마트

133-81-05134 류예린
서울특별시 구로구 구로동로 10 TEL : 02-117-2727
홈페이지 http://www.kacpta.or.kr

현금영수증(지출증빙용)

구매 08/28/17:27 거래번호 : 0031-0027

상품명	수량	단가	금액
냉장고	1	5,500,000	5,500,000
	과 세 물 품 가 액		5,000,000
	부 가 가 치 세 액		500,000
	합 계		5,500,000
	받 은 금 액		5,500,000

6 11월 8일 대표이사 김영순(거래처코드 : 375)의 호텔 결혼식장 대관료(업무관련성 없음)를 당사의 보통예금 계좌에서 이체하여 지급하고, 아래의 전자세금계산서를 수취하였다.(3점)

전자세금계산서						승인번호			
공급자	등록번호	511-81-53215	종사업장번호		공급받는자	등록번호	125-86-65247	종사업장번호	
	상호(법인명)	대박호텔(주)	성명	김대박		상호(법인명)	(주)하나전자	성명	김영순
	사업장주소	서울특별시 강남구 도산대로 104				사업장주소	경기도 남양주시 덕릉로 1067		
	업태	숙박, 서비스	종목	호텔, 장소대여		업태	제조, 도소매	종목	전자부품
	이메일					이메일			

작성일자	공급가액	세액	수정사유	비고
2025.11.8	25,000,000	2,500,000	해당 없음	

월	일	품목	규격	수량	단가	공급가액	세액	비고
11	8	파라다이스 홀 대관			25,000,000	25,000,000	2,500,000	

합계금액	현금	수표	어음	외상미수금	위 금액을 (**영수**) 함
27,500,000	27,500,000				

04 [일반전표입력] 및 [매입매출전표입력] 메뉴에 입력된 내용 중 다음과 같은 오류가 발견되었다. 입력된 내용을 확인하여 정정하시오.(6점)

　■1 11월 12일 호호꽃집에서 영업부 사무실에 비치할 목적으로 구입한 공기정화식물(소모품비)의 대금 100,000원을 보통예금 계좌에서 송금하고 전자계산서를 받았으나 전자세금계산서로 처리하였다.(3점)

　■2 12월 12일 본사 건물에 엘리베이터를 설치하고 (주)베스트디자인에 지급한 88,000,000원(부가가치세 포함)을 비용으로 처리하였으나, 건물의 자본적 지출로 처리하는 것이 옳은 것으로 판명되었다.(3점)

05 결산정리사항은 다음과 같다. 관련 메뉴를 이용하여 결산을 완료하시오.(9점)

　■1 당기 중 단기시세차익을 목적으로 (주)눈사람의 주식 100주(1주당 액면금액 100원)를 10,000,000원에 취득하였으나, 기말 현재 시장가격은 12,500,000원이다(단, (주)눈사람의 주식은 시장성이 있다).(3점)

　■2 기말 현재 미국 GODS사에 대한 장기대여금 $2,000가 계상되어 있다. 장부금액은 2,100,000원이며, 결산일 현재 기준환율은 1,120원/$이다.(3점)

　■3 기말 현재 당기분 법인세(지방소득세 포함)는 15,000,000원으로 산출되었다. 관련된 결산 회계처리를 하시오(단, 당기분 법인세 중간예납세액 5,700,000원과 이자소득 원천징수세액 1,300,000원은 선납세금으로 계상되어 있다).(3점)

06 다음 사항을 조회하여 답안을 [이론문제 답안작성] 메뉴에 입력하시오.(9점)

　■1 3월에 발생한 판매비와일반관리비 중 발생액이 가장 적은 계정과목과 그 금액은 얼마인가?(3점)

　■2 2월 말 현재 미수금과 미지급금의 차액은 얼마인가?(단, 반드시 양수로 기재할 것)(3점)

　■3 제1기 부가가치세 확정신고기간(4월~6월)의 공제받지못할매입세액은 얼마인가?(3점)

다음 문제를 보고 알맞은 것을 골라 [이론문제 답안작성] 메뉴에 입력하시오.(객관식 문항당 2점)

기본 전제

문제에서 한국채택국제회계기준을 적용하도록 하는 전제조건이 없는 경우, 일반기업회계기준을 적용한다.

---

01 다음 중 회계의 기본가정과 특징이 아닌 것은?

① 기업의 관점에서 경제활동에 대한 정보를 측정 · 보고한다.
② 기업이 예상가능한 기간동안 영업을 계속할 것이라 가정한다.
③ 기업은 수익과 비용을 인식하는 시점을 현금이 유입 · 유출될 때로 본다.
④ 기업의 존속기간을 일정한 기간단위로 분할하여 각 기간 단위별로 정보를 측정 · 보고한다.

02 다음 중 상품의 매출원가 계산 시 총매입액에서 차감해야 할 항목은 무엇인가?

① 기초재고액
② 매입수수료
③ 매입환출 및 매입에누리
④ 매입 시 운반비

03 건물 취득 시에 발생한 금액들이 다음과 같을 때, 건물의 취득원가는 얼마인가?

• 건물 매입금액	2,000,000,000	• 자본화 대상 차입원가	150,000,000
• 건물 취득세	200,000,000	• 관리 및 기타 일반간접원가	16,000,000

① 21억 5,000만 원
② 22억 원
③ 23억 5,000만 원
④ 23억 6,600만 원

04 다음 중 무형자산에 대한 설명으로 틀린 것은?

① 물리적인 실체는 없지만 식별이 가능한 비화폐성 자산이다.
② 무형자산을 통해 발생하는 미래 경제적 효익을 기업이 통제할 수 있어야 한다.
③ 무형자산은 자산의 정의를 충족하면서 다른 자산들과 분리하여 거래를 할 수 있거나 계약
상 또는 법적 권리로부터 발생하여야 한다.
④ 일반기업회계기준은 무형자산의 회계처리와 관련하여 영업권을 포함한 무형자산의 내용연
수를 원칙적으로 40년을 초과하지 않도록 한정하고 있다.

05 다음 중 재무제표에 해당하지 않는 것은?

① 기업의 계정별 합계와 잔액을 나타내는 시산표
② 일정시점 현재 기업의 재무상태(자산, 부채, 자본)를 나타내는 보고서
③ 기업의 자본에 관하여 일정기간 동안의 변동 흐름을 파악하기 위해 작성하는 보고서
④ 재무제표의 과목이나 금액에 기호를 붙여 해당 항목에 대한 추가 정보를 나타내는 별지

06 다음 중 유동부채와 비유동부채의 분류가 적절하지 않은 것은?

	유동부채	비유동부채
①	단기차입금	사채
②	외상매입금	유동성장기부채
③	미지급비용	장기차입금
④	지급어음	퇴직급여충당부채

07 다음의 자본 항목 중 포괄손익계산서에 영향을 미치는 항목은 무엇인가?

① 감자차손   ② 주식발행초과금
③ 자기주식처분이익   ④ 매도가능증권평가이익

08 다음 자료 중 빈칸 (A)에 들어갈 금액으로 적당한 것은?

기초상품 재고액	매입액	기말상품 재고액	매출원가	매출액	매출총이익	판매비와 관리비	당기순손익
219,000	350,000	110,000		290,000		191,000	A

① 당기순손실 360,000원   ② 당기순손실 169,000원
③ 당기순이익 290,000원   ④ 당기순이익 459,000원

09 다음 중 원가행태에 따라 변동원가와 고정원가로 분류할 때 이에 대한 설명으로 틀린 것은?

① 고정원가는 조업도가 증가할수록 단위당 원가도 증가한다.
② 고정원가는 조업도가 증가하여도 총원가는 일정하다.
③ 변동원가는 조업도가 증가하여도 단위당 원가는 일정하다.
④ 변동원가는 조업도가 증가할수록 총원가도 증가한다.

10 다음 중 보조부문원가를 배분하는 방법 중 옳지 않은 것은?

① 상호배분법은 보조부문 상호 간의 용역수수관계를 완전히 반영하는 방법이다.
② 단계배분법은 보조부문 상호 간의 용역수수관계를 전혀 반영하지 않는 방법이다.
③ 직접배분법은 보조부문 상호 간의 용역수수관계를 전혀 반영하지 않는 방법이다.
④ 상호배분법, 단계배분법, 직접배분법 어떤 방법을 사용하더라도 보조부문의 총원가는 제조부문에 모두 배분된다.

11 다음 자료에 의한 당기총제조원가는 얼마인가? 단, 노무원가는 발생주의에 따라 계산한다.

• 기초원재료	300,000	• 당기지급임금액	350,000
• 기말원재료	450,000	• 당기원재료매입액	1,300,000
• 전기미지급임금액	150,000	• 제조간접원가	700,000
• 당기미지급임금액	250,000	• 기초재공품	200,000

① 2,100,000   ② 2,300,000
③ 2,450,000   ④ 2,500,000

12 다음 중 종합원가계산에 대한 설명으로 옳지 않은 것은?

① 소품종 대량 생산하는 업종에 적용하기에 적합하다.
② 공정 과정에서 발생하는 공손 중 정상공손은 제품의 원가에 가산한다.
③ 평균법을 적용하는 경우 기초재공품원가를 당기에 투입한 것으로 가정한다.
④ 제조원가 중 제조간접원가는 실제 조업도에 예정배부율을 반영하여 계산한다.

13 다음 중 부가가치세법상 세금계산서를 발급할 수 있는 자는?

① 면세사업자로 등록한 자
② 사업자등록을 하지 않은 자
③ 사업자등록을 한 일반과세자
④ 간이과세자 중 직전 사업연도 공급대가가 4,800만 원 미만인 자

14 다음 중 부가가치세법상 대손사유에 해당하지 않는 것은?

① 소멸시효가 완성된 어음 · 수표
② 특수관계인과의 거래로 인해 발생한 중소기업의 외상매출금으로서 회수기일이 2년 이상 지난 외상매출금
③ 채무자의 파산, 강제집행, 형의 집행, 사업의 폐지, 사망, 실종, 행방불명으로 인하여 회수할 수 없는 채권
④ 부도발생일부터 6개월 이상 지난 외상매출금(중소기업의 외상매출금으로서 부도발생일 이전의 것에 한정한다)

15 다음 중 부가가치세법상 공급시기로 옳지 않은 것은?

① 폐업 시 잔존재화의 경우 : 폐업하는 때
② 내국물품을 외국으로 수출하는 경우 : 수출재화의 선적일
③ 무인판매기로 재화를 공급하는 경우 : 무인판매기에서 현금을 인취하는 때
④ 위탁판매의 경우(위탁자 또는 본인을 알 수 있는 경우) : 위탁자가 판매를 위탁한 때

(주)혜송상사(회사코드 : 1133)는 자동차부품 등의 제조 및 도소매업을 영위하는 중소기업으로 당기(제13기) 회계기간은 2025.1.1.~2025.12.31.이다. 전산세무회계수험용프로그램을 이용하여 다음 물음에 답하시오.

기본 전제

- 문제에서 한국채택국제회계기준을 적용하도록 하는 전제조건이 없는 경우, 일반기업회계기준을 적용하여 회계처리한다.
- 문제의 풀이와 답안작성은 제시된 문제의 순서대로 진행한다.

01 다음은 기초정보관리 및 전기분재무제표에 대한 자료이다. 각각의 요구사항에 대하여 답하시오.(10점)

1 다음의 자료를 이용하여 [거래처등록] 메뉴에서 신규거래처를 추가로 등록하시오.(3점)

- 거래처코드 : 00777
- 거래처명 : 슬기로운(주)
- 유형 : 동시
- 사업자등록번호 : 253-81-13578
- 대표자성명 : 김슬기
- 업태 : 도매
- 종목 : 금속
- 사업장주소 : 부산광역시 부산진구 중앙대로 663(부전동)

※ 주소 입력 시 우편번호 입력은 생략해도 무방함

2 다음 자료를 이용하여 [계정과목및적요등록] 메뉴에서 대체적요를 등록하시오.(3점)

- 코드 : 134
- 계정과목 : 가지급금
- 대체적요 : 8. 출장비 가지급금 정산

3 전기분손익계산서를 검토한 결과 다음과 같은 오류가 발견되었다. 해당 오류와 관련된 [전기분원가명세서] 및 [전기분손익계산서]를 수정하시오.(4점)

공장 일부 직원의 임금 2,200,000원이 판매비및일반관리비 항목의 급여(801)로 반영되어 있다.

02 **[일반전표입력]** 메뉴를 이용하여 다음의 거래 자료를 입력하시오(일반전표입력의 모든 거래는 부가 가치세를 고려하지 말 것).(18점)

- 일반적인 적요의 입력은 생략하지만, 타계정 대체거래는 적요번호를 선택하여 입력한다.
- 채권·채무와 관련된 거래는 별도의 요구가 없는 한 반드시 기 등록된 거래처코드를 선택하는 방법으로 거래 처명을 입력한다.
- 제조경비는 500번대 계정코드를, 판매비와관리비는 800번대 계정코드를 사용한다.
- 회계처리 시 계정과목은 별도의 제시가 없는 한 등록된 계정과목 중 가장 적절한 과목으로 한다.

1 7월 15일 (주)상수로부터 원재료를 구입하기로 계약하고, 당좌수표를 발행하여 계약금 3,000,000원을 지급하였다.(3점)

2 8월 5일 사옥 취득을 위한 자금 900,000,000원(만기 6개월)을 우리은행으로부터 차입하고, 선이자 36,000,000원(이자율 연 8%)을 제외한 나머지 금액을 보통예금 계좌로 입금받았다(단, 하나의 전표로 입력하고, 선이자지급액은 선급비용으로 회계처리할 것).(3점)

3 9월 10일 창고 임차보증금 10,000,000원(거래처 : (주)대운) 중에서 미지급금으로 계상되어 있는 작년분 창고 임차료 1,000,000원을 차감하고 나머지 임차보증금만 보통예금으로 돌려받았다.(3점)

4 10월 20일 (주)영광상사에 대한 외상매출금 2,530,000원 중 1,300,000원이 보통예금 계좌로 입금되었 다.(3점)

5 11월 29일 장기투자 목적으로 (주)콘프상사의 보통주 2,000주를 1주당 10,000원(1주당 액면금액 5,000원) 에 취득하고 대금은 매입수수료 240,000원과 함께 보통예금 계좌에서 이체하여 지급하였다.(3점)

6 12월 8일 수입한 상품에 부과된 관세 7,560,000원을 보통예금 계좌에서 이체하여 납부하였다.(3점)

납부영수증서[납부자용]

File No : 사업자과세
B/L No. : 45241542434

사업자번호 : 312-86-12548

회계구분	관세청소관 일반회계		납부기한	12월 08일
회계연도			발행일자	12월 02일

수입징수관 계 좌 번 호	110288	납 부 자 번 호	0127 040-11-17-6-178461-8	납 기 내 금 액	7,560,000
※ 수납기관에서는 위의 굵은 선 안의 내용을 즉시 전산입력하여 수 입징수관에 EDI방식으로 통지될 수 있도록 하시기 바랍니다.				납 기 후 금 액	

수입신고번호	41209-17-B11221W		수입징수관서	인천세관
납 부 자	성명	황동규	상 호	(주)혜송상사
	주소	경기도 용인시 기흥구 갈곡로 6(구갈동)		

12월 2일
수입징수관 인천세관

03 [매입매출전표입력] 메뉴를 이용하여 다음의 거래 자료를 입력하시오.(18점)

입력 시 유의사항

- 일반적인 적요의 입력은 생략하지만, 타계정 대체거래는 적요번호를 선택하여 입력한다.
- 채권·채무와 관련된 거래는 별도의 요구가 없는 한 반드시 기 등록된 거래처코드를 선택하는 방법으로 거래처명을 입력한다.
- 제조경비는 500번대 계정코드를, 판매비와관리비는 800번대 계정코드를 사용한다.
- 회계처리 시 계정과목은 별도의 제시가 없는 한 등록된 계정과목 중 가장 적절한 과목으로 한다.
- 입력화면 하단의 분개까지 처리하고, 전자세금계산서 및 전자계산서는 전자입력으로 반영한다.

1 8월 10일 (주)산양산업으로부터 영업부에서 사용할 소모품(공급가액 950,000원, 부가가치세 별도)을 현금으로 구입하고 전자세금계산서를 발급받았다. 단, 소모품은 자산으로 처리한다.(3점)

2 8월 22일 내국신용장으로 수출용 제품의 원재료 34,000,000원을 (주)로띠상사에서 매입하고 아래의 영세율전자세금계산서를 발급받았다. 대금은 당사가 발행한 3개월 만기 약속어음으로 지급하였다.(3점)

영세율전자세금계산서						승인번호			
공급자	등록번호	124-86-15012		종사업장번호	공급받는자	등록번호	312-86-12548	종사업장번호	
	상호(법인명)	(주)로띠상사	성명	이로운		상호(법인명)	(주)혜송상사	성명	황동규
	사업장주소	대전광역시 대덕구 대전로1019번길 28-10				사업장주소	경기도 용인시 기흥구 갈곡로 6		
	업태	제조	종목	부품		업태	제조, 도소매	종목	자동차부품
	이메일					이메일	hyesong@hscorp.co.kr		
작성일자		공급가액		세액	수정사유	비고			
2025.8.22		34,000,000							

월	일	품목	규격	수량	단가	공급가액	세액	비고
8	22	부품 kT_01234				34,000,000		

합계금액	현금	수표	어음	외상미수금	위 금액을 (**청구**) 함
34,000,000			34,000,000		

❸ 8월 25일 송강수산으로부터 영업부 직원선물로 마른멸치세트 500,000원, 영업부 거래처선물로 마른멸치세트 300,000원을 구매하였다. 대금은 보통예금 계좌에서 이체하여 지급하고 아래의 전자계산서를 발급받았다(단, 하나의 거래로 작성할 것).(3점)

전자계산서						승인번호			
공급자	등록번호	850-91-13586	종사업장번호		공급받는자	등록번호	312-86-12548	종사업장번호	
	상호(법인명)	송강수산	성명	송강		상호(법인명)	(주)혜송상사	성명	황동규
	사업장주소	경상남도 남해군 남해읍 남해대로 2751				사업장주소	경기도 용인시 기흥구 갈곡로 6		
	업태	도소매	종목	건어물		업태	제조, 도소매	종목	자동차부품
	이메일					이메일	hyesong@hscorp.co.kr		

작성일자	공급가액	수정사유	비고
2025.8.25	800,000		

월	일	품목	규격	수량	단가	공급가액	비고
8	25	마른멸치세트		5	100,000	500,000	
8	25	마른멸치세트		3	100,000	300,000	

합계금액	현금	수표	어음	외상미수금	위 금액을 (**영수**) 함
800,000	800,000				

4 10월 16일 업무와 관련없이 대표이사 황동규가 개인적으로 사용하기 위하여 상해전자(주)에서 노트북 1대를 2,100,000원(부가가치세 별도)에 외상으로 구매하고 아래의 전자세금계산서를 발급받았다(단, 가지급금 계정을 사용하고, 거래처를 입력할 것).(3점)

전자세금계산서						승인번호			
공급자	등록번호	501-81-12347	종사업장번호		공급받는자	등록번호	312-86-12548	종사업장번호	
	상호(법인명)	상해전자(주)	성명	김은지		상호(법인명)	(주)혜송상사	성명	황동규
	사업장주소	서울특별시 동작구 여의대방로 28				사업장주소	경기도 용인시 기흥구 갈곡로 6		
	업태	도소매	종목	전자부품		업태	제조, 도소매	종목	자동차부품
	이메일					이메일	hyesong@hscorp.co.kr		

작성일자	공급가액	세액	수정사유	비고	
2025.10.16	2,100,000	210,000	해당 없음		

월	일	품목	규격	수량	단가	공급가액	세액	비고
10	16	노트북		1	2,100,000	2,100,000	210,000	

합계금액	현금	수표	어음	외상미수금	위 금액을 (**청구**) 함
2,310,000				2,310,000	

5 11월 4일 개인소비자 김은우에게 제품을 770,000원(부가가치세 포함)에 판매하고, 대금은 김은우의 신한카드로 수취하였다(단, 신용카드 결제대금은 외상매출금으로 회계처리할 것).(3점)

6 12월 4일 제조부가 사용하는 기계장치의 원상회복을 위한 수선비 880,000원을 하나카드로 결제하고 다음의 매출전표를 수취하였다.(3점)

하나카드 승인전표	
카드번호	4140-0202-3245-9959
거래유형	국내일반
결제방법	일시불
거래일시	12.04.15:35:45
취소일시	
승인번호	98421149
공급가액	800,000
부가세	80,000
봉사료	
승인금액	880,000
가맹점명	(주)뚝딱수선
가맹점번호	00990218110
가맹점 전화번호	031-828-8624
가맹점 주소	경기도 성남시 수정구 성남대로 1169
사업자등록번호	204-81-76697
대표자명	이은샘

🎯 하나카드

04 [일반전표입력] 및 [매입매출전표입력] 메뉴에 입력된 내용 중 다음과 같은 오류가 발견되었다. 입력된 내용을 확인하여 정정하시오.(6점)

1 9월 9일 (주)초록산업으로부터 5,000,000원을 차입하고 이를 모두 장기차입금으로 회계처리하였으나, 그중 2,000,000원의 상환기일은 당기 12월 8일로 확인되었다.(3점)

2 10월 15일 바로카센터에서 영업부의 영업용 화물차량을 점검 및 수리하고 차량유지비 250,000원(부가세 별도)을 현금으로 지급하였으며, 전자세금계산서를 발급받았다. 그러나 회계 담당 직원의 실수로 이를 일반전표에 입력하였다.(3점)

05 결산정리사항은 다음과 같다. 관련 메뉴를 이용하여 결산을 완료하시오.(9점)

1 결산일 현재 외상매입금 잔액은 1월 2일 미국에 소재한 원재료 공급거래처 NOVONO로부터 원재료 $5,500를 외상으로 매입하고 미지급한 잔액 $2,000가 포함되어 있다(단, 매입 시 기준환율은 1,100원/$, 결산 시 기준환율은 1,200원/$이다).(3점)

2 12월 31일 결산일 현재 단기 매매 목적으로 보유 중인 지분증권에 대한 자료는 다음과 같다. 적절한 결산분개를 하시오.(3점)

종목	취득원가	결산일 공정가치	비고
(주)가은	56,000,000원	54,000,000원	단기 매매 목적

3 5월 1일 제조부 공장의 1년치 화재보험료(2025년 5월 1일~2026년 4월 30일) 3,600,000원을 보통예금 계좌에서 이체하여 납부하고 전액 보험료(제조경비)로 회계처리하였다(단, 보험료는 월할 계산하고, 거래처입력은 생략할 것).(3점)

06 다음 사항을 조회하여 답안을 [이론문제 답안작성] 메뉴에 입력하시오.(9점)

1 제1기 부가가치세 확정신고(4월~6월)에 반영된 예정신고누락분 매출의 공급가액과 매출세액은 각각 얼마인가?(3점)

2 2분기(4월~6월) 중 제조원가 항목의 복리후생비 지출액이 가장 많이 발생한 월(月)과 그 금액을 각각 기재하시오.(3점)

3 4월 말 현재 미지급금 잔액이 가장 큰 거래처명과 그 금액은 얼마인가?(3점)

▶합격강의

다음 문제를 보고 알맞은 것을 골라 [이론문제 답안작성] 메뉴에 입력하시오.(객관식 문항당 2점)

기본 전제

문제에서 한국채택국제회계기준을 적용하도록 하는 전제조건이 없는 경우, 일반기업회계기준을 적용한다.

01 다음 중 일반기업회계기준에 따른 재무제표의 종류에 해당하지 않는 것은?

① 현금흐름표
② 주석
③ 제조원가명세서
④ 재무상태표

02 다음 중 정액법으로 감가상각을 계산할 때 관련이 없는 것은?

① 잔존가치
② 취득원가
③ 내용연수
④ 생산량

03 다음 중 이익잉여금처분계산서에 나타나지 않는 항목은?

① 이익준비금
② 자기주식
③ 현금배당
④ 주식배당

04 다음 중 수익인식기준에 대한 설명으로 잘못된 것은?

① 위탁매출은 위탁자가 수탁자로부터 판매대금을 지급받는 때에 수익을 인식한다.
② 상품권매출은 물품 등을 제공하거나 판매하면서 상품권을 회수하는 때에 수익을 인식한다.
③ 단기할부매출은 상품 등을 판매(인도)한 날에 수익을 인식한다.
④ 용역매출은 진행기준에 따라 수익을 인식한다.

05 다음 중 계정과목의 분류가 나머지 계정과목과 다른 하나는 무엇인가?

① 임차보증금
② 산업재산권
③ 프랜차이즈
④ 소프트웨어

06 다음 중 자본의 분류 항목의 성격이 다른 것은?

① 자기주식 ② 주식할인발행차금
③ 자기주식처분이익 ④ 감자차손

07 실제 기말재고자산의 금액은 50,000,000원이지만 장부상 기말재고자산의 금액이 45,000,000원으로 기재된 경우, 해당 오류가 재무제표에 미치는 영향으로 다음 중 옳지 않은 것은?

① 당기순이익이 실제보다 5,000,000원 감소한다.
② 매출원가가 실제보다 5,000,000원 증가한다.
③ 자산총계가 실제보다 5,000,000원 감소한다.
④ 자본총계가 실제보다 5,000,000원 증가한다.

08 다음의 거래를 회계처리할 경우에 사용되는 계정과목으로 옳은 것은?

> 7월 1일 투자 목적으로 영업활동에 사용할 예정이 없는 토지를 5,000,000원에 취득하고 대금은 3개월 후에 지급하기로 하다. 단, 중개수수료 200,000원은 타인이 발행한 당좌수표로 지급하다.

① 외상매입금 ② 당좌예금
③ 수수료비용 ④ 투자부동산

09 다음 중 원가 개념에 관한 설명으로 옳지 않은 것은?

① 관련범위 밖에서 총고정원가는 일정하다.
② 매몰원가는 의사결정에 영향을 주지 않는다.
③ 관련범위 내에서 단위당 변동원가는 일정하다.
④ 관련원가는 대안 간에 차이가 나는 미래원가로서 의사결정에 영향을 준다.

10 다음 중 제조원가명세서에서 제공하는 정보가 아닌 것은?

① 기말재공품재고액 ② 당기제품제조원가
③ 당기총제조원가 ④ 매출원가

11 다음 중 보조부문원가의 배부기준으로 적합하지 않은 것은?

	보조부문원가	배부기준
①	건물 관리 부문	점유 면적
②	공장 인사 관리 부문	급여 총액
③	전력 부문	전력 사용량
④	수선 부문	수선 횟수

12 다음 자료를 토대로 선입선출법에 의한 직접재료원가 및 가공원가의 완성품환산량을 각각 계산하면 얼마인가?

- 기초재공품 5,000개(완성도 70%)
- 기말재공품 10,000개(완성도 30%)
- 재료는 공정초기에 전량투입되며, 가공원가는 공정 전반에 걸쳐 균등하게 발생한다.
- 당기착수량 35,000개
- 당기완성품 30,000개

	직접재료원가	가공원가
①	35,000개	29,500개
②	35,000개	34,500개
③	40,000개	34,500개
④	45,000개	29,500개

13 다음 중 우리나라 부가가치세법의 특징으로 옳지 않은 것은?

① 소비지국과세원칙
② 생산지국과세원칙
③ 전단계세액공제법
④ 간접세

14 다음 중 부가가치세법상 과세기간 등에 대한 설명으로 옳지 않은 것은?

① 사업개시일 이전에 사업자등록을 신청한 경우에 최초의 과세기간은 그 신청한 날부터 그 신청일이 속하는 과세기간의 종료일까지로 한다.
② 사업자가 폐업하는 경우의 과세기간은 폐업일이 속하는 과세기간의 개시일부터 폐업일까지로 한다.
③ 폐업자의 경우 폐업일이 속하는 과세기간 종료일부터 25일 이내에 확정신고를 하여야 한다.
④ 간이과세자의 과세기간은 1월 1일부터 12월 31일까지로 한다.

15 다음 중 부가가치세법상 매입세액공제가 가능한 것은?

① 사업과 관련하여 접대용 물품을 구매하고 발급받은 신용카드매출전표상의 매입세액
② 제조업을 영위하는 법인이 업무용 소형승용차(1,998cc)의 유지비용을 지출하고 발급받은 현금영수증상의 매입세액
③ 제조부서의 화물차 수리를 위해 지출하고 발급받은 세금계산서상의 매입세액
④ 회계부서에서 사용할 물품을 구매하고 발급받은 간이영수증에 포함되어 있는 매입세액

▶합격강의

(주)유미기계(회사코드 : 1123)는 기계부품 등의 제조ㆍ도소매업 및 부동산임대업을 영위하는 중소기업으로 당기(제8기) 회계기간은 2025.1.1.~2025.12.31.이다. 전산세무회계 수험용 프로그램을 이용하여 다음 물음에 답하시오.

─────── 기본 전제 ───────

• 문제에서 한국채택국제회계기준을 적용하도록 하는 전제조건이 없는 경우, 일반기업회계기준을 적용하여 회계처리한다.
• 문제의 풀이와 답안작성은 제시된 문제의 순서대로 진행한다.

01 다음은 기초정보관리 및 전기분재무제표에 대한 자료이다. 각각의 요구사항에 대하여 답하시오.(10점)

1 다음의 신규 거래처를 [거래처등록] 메뉴를 이용하여 추가로 등록하시오.(3점)

- 거래처코드 : 5230
- 대표자 : 박완구
- 업태 : 제조
- 유형 : 동시
- 사업자등록번호 : 108−86−13574
- 사업장주소 : 경기도 광주시 오포읍 왕림로 139
- 거래처명 : (주)대영토이
- 종목 : 완구제조

※ 주소 입력 시 우편번호 입력은 생략해도 무방함

2 (주)유미기계의 기초 채권 및 채무의 올바른 잔액은 다음과 같다. [거래처별초기이월] 자료를 검토하여 잘못된 부분은 오류를 정정하고, 누락된 부분은 추가하여 입력하시오.(3점)

계정과목	거래처	금액
외상매출금	알뜰소모품	5,000,000
	튼튼사무기	3,800,000
받을어음	(주)클래식상사	7,200,000
	(주)강림상사	2,000,000
외상매입금	(주)해원상사	4,600,000

❸ 전기분재무상태표를 검토한 결과 기말 재고자산에서 다음과 같은 오류가 발견되었다. 관련된 [전기분재무제표]를 모두 수정하시오.(4점)

계정 과목	틀린 금액	올바른 금액	내용
원재료(0153)	73,600,000원	75,600,000원	입력 오류

02 [일반전표입력] 메뉴를 이용하여 다음의 거래 자료를 입력하시오(일반전표입력의 모든 거래는 부가가치세를 고려하지 말 것).(18점)

입력 시 유의사항

- 일반적인 적요의 입력은 생략하지만, 타계정 대체거래는 적요번호를 선택하여 입력한다.
- 채권·채무와 관련된 거래는 별도의 요구가 없는 한 반드시 기 등록된 거래처코드를 선택하는 방법으로 거래처명을 입력한다.
- 제조경비는 500번대 계정코드를, 판매비와관리비는 800번대 계정코드를 사용한다.
- 회계처리 시 계정과목은 별도의 제시가 없는 한 등록된 계정과목 중 가장 적절한 과목으로 한다.

❶ 8월 10일 제조부서의 7월분 건강보험료 680,000원을 보통예금으로 납부하였다. 납부한 건강보험료 중 50%는 회사부담분이며, 회사부담분 건강보험료는 복리후생비로 처리한다.(3점)

❷ 8월 23일 (주)애플전자로부터 받아 보관하던 받을어음 3,500,000원의 만기가 되어 지급제시하였으나, 잔고 부족으로 지급이 거절되어 부도처리하였다(단, 부도난 어음은 부도어음과수표 계정으로 관리하고 있음).(3점)

❸ 9월 14일 영업부서에서 고용한 일용직 직원들의 일당 420,000원을 현금으로 지급하였다(단, 일용직에 대한 고용보험료 등의 원천징수액은 발생하지 않는 것으로 가정함).(3점)

❹ 9월 26일 영업부서의 사원이 퇴직하여 퇴직연금 5,000,000원을 확정급여형(DB) 퇴직연금에서 지급하였다(단, 퇴직급여충당부채 감소로 회계처리하기로 함).(3점)

❺ 10월 16일 단기 시세 차익을 목적으로 5월 3일 취득하였던 (주)더푸른컴퓨터의 주식 전부를 37,000,000원에 처분하고 대금은 보통예금 계좌로 입금받았다. 단, 취득 당시 관련 내용은 아래와 같다.(3점)

- 취득 수량 : 5,000주
- 1주당 취득금액 : 7,000원
- 취득 시 거래수수료 : 35,000원

❻ 11월 29일 액면금액 50,000,000원의 사채(만기 3년)를 49,000,000원에 발행하였다. 대금은 보통예금 계좌로 입금되었다.(3점)

입력 시 유의사항

- 일반적인 적요의 입력은 생략하지만, 타계정 대체거래는 적요번호를 선택하여 입력한다.
- 채권·채무와 관련된 거래는 별도의 요구가 없는 한 반드시 기 등록된 거래처코드를 선택하는 방법으로 거래처명을 입력한다.
- 제조경비는 500번대 계정코드를, 판매비와관리비는 800번대 계정코드를 사용한다.
- 회계처리 시 계정과목은 별도의 제시가 없는 한 등록된 계정과목 중 가장 적절한 과목으로 한다.
- 입력화면 하단의 분개까지 처리하고, 전자세금계산서 및 전자계산서는 전자입력으로 반영한다.

■ 9월 2일 (주)신도기전에 제품을 판매하고 다음의 전자세금계산서를 발급하였다. 대금 중 어음은 (주)신도기전이 발행한 것이다.(3점)

전자세금계산서					승인번호			
공급자	등록번호	138-81-61276	종사업장번호		공급받는자	등록번호	130-81-95054	종사업장번호	
	상호(법인명)	(주)유미기계	성명	정현욱		상호(법인명)	(주)신도기전	성명	윤현진
	사업장주소	서울특별시 강남구 압구정로 347				사업장주소	울산 중구 태화로 150		
	업태	제조, 도소매	종목	기계부품		업태	제조	종목	전자제품 외
	이메일					이메일			

작성일자	공급가액	세액	수정사유	비고
2025.9.2	10,000,000	1,000,000		

월	일	품목	규격	수량	단가	공급가액	세액	비고
9	2	제품		2	5,000,000	10,000,000	1,000,000	

합계금액	현금	수표	어음	외상미수금	위 금액을 (**청구**) 함
11,000,000			8,000,000	3,000,000	

2 9월 12일 제조부서의 생산직 직원들에게 제공할 작업복 10벌을 인천상회로부터 구입하고 우리카드(법인)로 결제하였다(단, 회사는 작업복 구입 시 즉시 전액 비용으로 처리한다).(3점)

우리 마음속 첫 번째 금융.	우리카드
09.12.(화) 14:03:54	

495,000
정상승인 | 일시불

결제 정보

카드	우리카드(법인)
회원번호	2245-1223-****-15
승인번호	76993452
이용구분	일시불

결제 금액	**495,000**
공급가액	450,000
부가세	45,000
봉사료	0

가맹점 정보

가맹점명	인천상회
사업자등록번호	126-86-21617
대표자명	김연서

위 거래 사실을 확인합니다.

3 10월 5일 미국의 PYBIN사에 제품 100개(1개당 판매금액 $1,000)를 직접 수출하고 대금은 보통예금 계좌로 송금받았다(단, 선적일인 10월 5일의 기준환율은 1,000원/$이며, 수출신고번호의 입력은 생략할 것).(3점)

4 10월 22일 영업부서 직원들의 직무역량 강화를 위한 도서를 영건서점에서 현금으로 구매하고 전자계산서를 발급받았다.(3점)

전자계산서						승인번호		
공급자	등록번호	112-60-61264	종사업장번호		공급받는자	등록번호	138-81-61276	종사업장번호	
	상호(법인명)	영건서점	성명	김종인		상호(법인명)	(주)유미기계	성명	정현욱
	사업장주소	인천시 남동구 남동대로 8				사업장주소	서울특별시 강남구 압구정로 347		
	업태	소매	종목	도서		업태	제조, 도소매	종목	기계부품
	이메일					이메일			

작성일자	공급가액	수정사유	비고
2025.10.22	1,375,000	해당 없음	

월	일	품목	규격	수량	단가	공급가액	비고
10	22	도서(슬기로운 직장 생활 외)				1,375,000	

합계금액	현금	수표	어음	외상미수금	위 금액을 (**청구**) 함
1,375,000	1,375,000				

5 11월 2일 개인소비자에게 제품을 8,800,000원(부가가치세 포함)에 판매하고 현금영수증(소득공제용)을 발급하였다. 판매대금은 보통예금 계좌로 받았다.(3점)

❻ 12월 19일 매출거래처에 보낼 연말 선물로 홍성백화점에서 생활용품세트를 구입하고 아래 전자세금계산서를 발급받았으며, 대금은 국민카드(법인카드)로 결제하였다.(3점)

전자세금계산서								승인번호		
공급자	등록번호	124-86-09276		종사업장번호		공급받는자	등록번호	138-81-61276		종사업장번호	
	상호(법인명)	홍성백화점		성명	조재광		상호(법인명)	(주)유미기계	성명	정현욱
	사업장주소	서울 강남구 테헤란로 101					사업장주소	서울특별시 강남구 압구정로 347		
	업태	도소매		종목	잡화		업태	제조, 도소매	종목	기계부품
	이메일						이메일			

작성일자	공급가액	세액	수정사유	비고
2025.12.19	500,000	500,000		

월	일	품목	규격	수량	단가	공급가액	세액	비고
12	19	생활용품세트		10	50,000	500,000	50,000	

합계금액	현금	수표	어음	외상미수금	위 금액을 (**청구**) 함
550,000				550,000	

04 [일반전표입력] 및 [매입매출전표입력] 메뉴에 입력된 내용 중 다음과 같은 오류가 발견되었다. 입력된 내용을 확인하여 정정하시오.(6점)

1 7월 31일 경영관리부서 직원을 위하여 확정급여형(DB형) 퇴직연금에 가입하고 보통예금 계좌에서 14,000,000원을 이체하였으나, 회계담당자는 확정기여형(DC형) 퇴직연금에 가입한 것으로 알고 회계처리를 하였다.(3점)

2 10월 28일 영업부서의 매출거래처에 선물하기 위하여 다다마트에서 현금으로 구입한 선물 세트 5,000,000원(부가가치세 별도, 전자세금계산서 수취)을 복리후생비로 회계처리를 하였다.(3점)

05 결산정리사항은 다음과 같다. 관련 메뉴를 이용하여 결산을 완료하시오.(9점)

1 7월 1일에 가입한 토스은행의 정기예금 5,000,000원(만기 1년, 연 이자율 6%)에 대하여 기간 경과분 이자를 계상하다. 단, 이자 계산은 월할 계산하며, 원천징수는 없다고 가정한다.(3점)

2 외상매입금 계정에는 중국에 소재한 거래처 상하이에 대한 외상매입금 2,000,000원($2,000)이 포함되어 있다(결산일 현재 기준환율 : 1,040원/$).(3점)

3 매출채권 잔액에 대하여만 1%의 대손충당금을 보충법으로 설정한다(단, 기중의 충당금에 대한 회계처리는 무시하고 아래 주어진 자료에 의해서만 처리한다).(3점)

구분	기말채권 잔액	기말충당금 잔액	추가설정(△환입)액
외상매출금	15,000,000원	70,000원	80,000원
받을어음	12,000,000원	150,000원	△30,000원

06 다음 사항을 조회하여 답안을 [이론문제 답안작성] 메뉴에 입력하시오.(9점)

1 제1기 부가가치세 예정신고에 반영된 자료 중 현금영수증이 발행된 과세매출의 공급가액은 얼마인가?(3점)

2 6월 한 달 동안 발생한 제조원가 중 현금으로 지급한 금액은 얼마인가?(3점)

3 6월 30일 현재 외상매입금 잔액이 가장 작은 거래처명과 외상매입금 잔액은 얼마인가?(3점)

이론시험

다음 문제를 보고 알맞은 것을 골라 [이론문제 답안작성] 메뉴에 입력하시오.(객관식 문항당 2점)

기본 전제

문제에서 한국채택국제회계기준을 적용하도록 하는 전제조건이 없는 경우. 일반기업회계기준을 적용한다.

01 다음 중 재무상태표에 관한 설명으로 가장 옳은 것은?

① 일정시점의 현재 기업이 보유하고 있는 자산과 부채 및 자본에 대한 정보를 제공하는 재무보고서이다.
② 일정기간 동안의 기업의 수익과 비용에 대해 보고하는 보고서이다.
③ 일정기간 동안의 현금의 유입과 유출에 대한 정보를 제공하는 보고서이다.
④ 기업의 자본변동에 관한 정보를 제공하는 재무보고서이다.

02 다음 중 유동부채에 포함되지 않는 것은 무엇인가?

① 매입채무
② 단기차입금
③ 유동성장기부채
④ 임대보증금

03 다음 중 무형자산과 관련된 설명으로 옳지 않은 것은?

① 연구프로젝트에서 발생한 지출이 연구단계와 개발단계로 구분할 수 없는 경우에는 모두 연구단계에서 발생한 것으로 본다.
② 내부적으로 창출한 브랜드, 고객목록과 같은 항목은 무형자산으로 인식할 수 있다.
③ 무형자산은 회사가 사용할 목적으로 보유하는 물리적 실체가 없는 자산이다.
④ 무형자산의 소비되는 행태를 신뢰성 있게 결정할 수 없을 경우 정액법으로 상각한다.

04 다음 중 일반기업회계기준에 의한 수익 인식 시점에 대한 설명으로 옳지 않은 것은?

① 위탁판매의 경우에는 수탁자가 위탁품을 소비자에게 판매한 시점에 수익을 인식한다.
② 시용판매의 경우에는 상품 인도 시점에 수익을 인식한다.
③ 광고 제작 수수료의 경우에는 광고 제작의 진행률에 따라 수익을 인식한다.
④ 수강료의 경우에는 강의 시간에 걸쳐 수익으로 인식한다.

05 재고자산의 단가 결정 방법 중 매출 시점에서 해당 재고자산의 실제 취득원가를 기록하여 매출원가로 대응시킴으로써 가장 정확하게 원가 흐름을 파악할 수 있는 재고자산의 단가 결정 방법은 무엇인가?

① 개별법 ② 선입선출법
③ 후입선출법 ④ 총평균법

06 다음 중 영업이익에 영향을 주는 거래로 옳은 것은?

① 거래처에 대한 대여금의 전기분 이자를 받았다.
② 창고에 보관하고 있던 상품이 화재로 인해 소실되었다.
③ 차입금에 대한 전기분 이자를 지급하였다.
④ 일용직 직원에 대한 수당을 지급하였다.

07 다음의 거래를 적절하게 회계처리하였을 경우, 당기순이익의 증감액은 얼마인가? 단, 주어진 자료 외의 거래는 없다고 가정한다.

- 매도가능증권 : 장부금액 5,000,000원, 결산일 공정가치 4,500,000원
- 단기매매증권 : 장부금액 3,000,000원, 결산일 공정가치 3,300,000원
- 투자부동산 : 장부금액 9,000,000원, 처분금액 8,800,000원

① 100,000원 감소 ② 100,000원 증가 ③ 400,000원 감소 ④ 400,000원 증가

08 (주)수암골의 재무상태가 다음과 같다고 가정할 때, 기말자본은 얼마인가?

기초		기말		당기 중 추가출자	이익 배당액	총수익	총비용
자산	부채	부채	자본				
900,000원	500,000원	750,000원	( )	100,000원	50,000원	1,100,000원	900,000원

① 500,000원 ② 550,000원 ③ 600,000원 ④ 650,000원

09 다음 중 원가회계에 대한 설명이 아닌 것은?

① 외부의 정보이용자들에게 유용한 정보를 제공하기 위한 정보이다.
② 원가통제에 필요한 정보를 제공하기 위함이다.
③ 제품원가계산을 위한 원가정보를 제공한다.
④ 경영계획수립과 통제를 위한 원가정보를 제공한다.

10 다음 중 원가행태에 따라 변동원가와 고정원가로 분류할 때 이에 대한 설명으로 올바른 것은?

① 변동원가는 조업도가 증가할수록 총원가도 증가한다.
② 변동원가는 조업도가 증가할수록 단위당 원가도 증가한다.
③ 고정원가는 조업도가 증가할수록 총원가도 증가한다.
④ 고정원가는 조업도가 증가할수록 단위당 원가도 증가한다.

11 다음 중 보조부문의 원가 배분에 대한 설명으로 옳지 않은 것은?

① 보조부문의 원가 배분방법으로는 직접배분법, 단계배분법 및 상호배분법이 있으며, 어떤 방법을 사용하더라도 전체 보조부문의 원가는 차이가 없다.
② 상호배분법을 사용할 경우, 부문 간 상호수수를 고려하여 계산하기 때문에 어떤 배분방법보다 정확성이 높다고 할 수 있다.
③ 단계배분법을 사용할 경우, 배분 순서를 어떻게 하더라도 각 보조부문에 배분되는 금액은 차이가 없다.
④ 직접배분법을 사용할 경우, 보조부문 원가 배분액의 계산은 쉬우나 부문 간 상호수수에 대해서는 전혀 고려하지 않는다.

12 다음 중 개별원가계산과 종합원가계산에 대한 설명으로 옳지 않은 것은?

① 개별원가계산은 작업지시서에 의한 원가계산을 한다.
② 개별원가계산은 주문형 소량 생산 방식에 적합하다.
③ 종합원가계산은 공정별 대량 생산 방식에 적합하다.
④ 종합원가계산은 여러 공정에 걸쳐 생산하는 경우 적용할 수 없다.

13 다음 중 부가가치세법상 사업자등록 정정 사유가 아닌 것은?

① 상호를 변경하는 경우
② 사업장을 이전하는 경우
③ 사업의 종류에 변동이 있는 경우
④ 증여로 인하여 사업자의 명의가 변경되는 경우

14 다음 중 부가가치세법상 영세율에 대한 설명으로 가장 옳지 않은 것은?

① 수출하는 재화에 대해서는 영세율이 적용된다.
② 영세율은 수출산업을 지원하는 효과가 있다.
③ 영세율을 적용하더라도 완전면세를 기대할 수 없다.
④ 영세율은 소비지국과세원칙이 구현되는 제도이다.

15 다음 중 영수증 발급 대상 사업자가 될 수 없는 업종에 해당하는 것은?

① 소매업
② 도매업
③ 목욕, 이발, 미용업
④ 입장권을 발행하여 영위하는 사업

▶합격강의

오영상사(주)(회사코드 : 1103)은 가방 등의 제조 · 도소매업 및 부동산임대업을 영위하는 중소기업으로 당기(제9기) 회계기간은 2025.1.1.~2025.12.31.이다. 전산세무회계 수험용 프로그램을 이용하여 다음 물음에 답하시오.

기본 전제

• 문제에서 한국채택국제회계기준을 적용하도록 하는 전세조건이 없는 경우, 일반기업회계기준을 적용하여 회계처리한다.
• 문제의 풀이와 답안작성은 제시된 문제의 순서대로 진행한다.

01 다음은 기초정보관리 및 전기분재무제표에 대한 자료이다. 각각의 요구사항에 대하여 답하시오.(10점)

1 다음 자료를 이용하여 거래처등록의 [신용카드] 탭에 추가로 입력하시오.(3점)

• 코드 : 99850
• 거래처명 : 하나카드
• 카드종류 : 사업용카드
• 유형 : 매입
• 카드번호 : 5531-8440-0622-2804

2 [계정과목및적요등록] 메뉴에서 여비교통비(판매비및일반관리비) 계정에 아래의 적요를 추가로 등록하시오.(3점)

• 현금적요 6번 : 야근 시 퇴근택시비 지급
• 대체적요 3번 : 야근 시 퇴근택시비 정산 인출

3 전기분손익계산서를 검토한 결과 다음과 같은 오류가 발견되었다. 해당 오류와 연관된 재무제표를 모두 올바르게 정정하시오.(4점)

공장 생산직 사원들에게 지급한 명절 선물 세트 1,000,000원이 회계 담당 직원의 실수로 인하여 본사 사무직 사원들에게 지급한 것으로 회계처리되어 있음을 확인하다.

02 [일반전표입력] 메뉴를 이용하여 다음의 거래 자료를 입력하시오.(일반전표입력의 모든 거래는 부가가치세를 고려하지 말 것)(18점)

입력 시 유의사항

- 일반적인 적요의 입력은 생략하지만, 타계정 대체거래는 적요번호를 선택하여 입력한다.
- 채권·채무와 관련된 거래는 별도의 요구가 없는 한 반드시 기 등록된 거래처코드를 선택하는 방법으로 거래처명을 입력한다.
- 제조경비는 500번대 계정코드를, 판매비와관리비는 800번대 계정코드를 사용한다.
- 회계처리 시 계정과목은 별도의 제시가 없는 한 등록된 계정과목 중 가장 적절한 과목으로 한다.

❶ 7월 4일 나노컴퓨터에 지급하여야 할 외상매입금 5,000,000원과 나노컴퓨터로부터 수취하여야 할 외상매출금 3,000,000원을 상계하여 처리하고, 잔액은 당좌수표를 발행하여 지급하였다.(3점)

❷ 9월 15일 투자 목적으로 보유 중인 단기매매증권(보통주 1,000주, 1주당 액면금액 5,000원, 1주당 장부금액 9,000원)에 대하여 1주당 1,000원씩의 현금배당이 보통예금 계좌로 입금되었으며, 주식배당 20주를 수령하였다.(3점)

❸ 10월 5일 제품을 판매하고 (주)영춘으로부터 받은 받을어음 5,000,000원을 만기 이전에 주거래은행인 토스뱅크에 할인하고, 할인료 55,000원을 차감한 나머지 금액을 보통예금 계좌로 입금받았다. 단, 어음의 할인은 매각거래에 해당한다.(3점)

❹ 10월 30일 영업부에서 대한상공회의소 회비 500,000원을 보통예금 계좌에서 지급하고 납부영수증을 수취하였다.(3점)

❺ 12월 12일 자금 조달을 위하여 발행하였던 사채(액면금액 10,000,000원, 장부금액 10,000,000원)를 9,800,000원에 조기 상환하면서 보통예금 계좌에서 지급하였다.(3점)

❻ 12월 21일 보통예금 계좌를 확인한 결과, 결산이자 500,000원에서 원천징수세액 77,000원을 차감한 금액이 입금되었음을 확인하였다(단, 원천징수세액은 자산으로 처리할 것).(3점)

[매입매출전표입력] 메뉴를 이용하여 다음의 거래 자료를 입력하시오.(18점)

• 일반적인 적요의 입력은 생략하지만, 타계정 대체거래는 적요번호를 선택하여 입력한다.
• 채권 · 채무와 관련된 거래는 별도의 요구가 없는 한 반드시 기 등록된 거래처코드를 선택하는 방법으로 거래처명을 입력한다.
• 제조경비는 500번대 계정코드를, 판매비와관리비는 800번대 계정코드를 사용한다.
• 회계처리 시 계정과목은 별도의 제시가 없는 한 등록된 계정과목 중 가장 적절한 과목으로 한다.
• 입력화면 하단의 분개까지 처리하고, 전자세금계산서 및 전자계산서는 전자입력으로 반영한다.

1 7월 11일 성심상사에 제품을 판매하고 아래의 전자세금계산서를 발급하였다.(3점)

전자세금계산서						승인번호			
공급자	등록번호	124-87-05224	종사업장번호		공급받는자	등록번호	134-86-81692	종사업장번호	
	상호(법인명)	오영상사(주)	성명	김하현		상호(법인명)	성심상사	성명	황성심
	사업장주소	경기도 성남시 분당구 서판교로6번길 24				사업장주소	경기도 화성시 송산면 마도북로 40		
	업태	제조, 도소매	종목	가방		업태	제조	종목	자동차특장
	이메일					이메일			

작성일자	공급가액	세액	수정사유	비고
2025.7.11	3,000,000	300,000	해당 없음	

월	일	품목	규격	수량	단가	공급가액	세액	비고
7	11	제품				3,000,000	300,000	

합계금액	현금	수표	어음	외상미수금	위 금액을 (영수) 함 (청구)
3,300,000	1,000,000			2,300,000	

❷ 8월 25일 본사 사무실로 사용하기 위하여 (주)대관령으로부터 상가를 취득하고, 대금은 다음과 같이 지급하였다(단, 하나의 전표로 입력할 것).(3점)

- 총매매대금은 370,000,000원으로 토지분 매매금액 150,000,000원과 건물분 매매금액 220,000,000원(부가가치세 포함)이다.
- 총매매대금 중 계약금 37,000,000원은 계약일인 7월 25일에 미리 지급하였으며, 잔금은 8월 25일에 보통예금 계좌에서 이체하여 지급하였다.
- 건물분에 대하여 전자세금계산서를 잔금 지급일에 수취하였으며, 토지분에 대하여는 별도의 계산서를 발급받지 않았다.

❸ 9월 15일 총무부가 사용하기 위한 소모품을 골드팜(주)으로부터 총 385,000원(부가가치세 포함)에 구매하고 보통예금 계좌에서 이체하였으며, 지출증빙용 현금영수증을 발급받았다. 단, 소모품은 구입 즉시 비용으로 처리한다.(3점)

❹ 9월 30일 경하자동차(주)로부터 본사에서 업무용으로 사용할 승용차(5인승, 배기량 998cc, 개별소비세 과세 대상 아님)를 구입하고 아래의 전자세금계산서를 발급받았다.(3점)

전자세금계산서						승인번호			
공급자	등록번호	610-81-51299	종사업장번호		공급받는자	등록번호	124-87-05224	종사업장번호	
	상호(법인명)	경하자동차(주)	성명	정선달		상호(법인명)	오영상사(주)	성명	김하현
	사업장주소	울산 중구 태화동 150				사업장주소	경기도 성남시 분당구 서판교로6번길 24		
	업태	제조, 도소매	종목	자동차		업태	제조, 도소매	종목	가방
	이메일					이메일			

작성일자	공급가액	세액	수정사유	비고
2025.9.30	15,000,000	1,500,000		

월	일	품목	규격	수량	단가	공급가액	세액	비고
9	30	승용차(배기량 998cc)		1		15,000,000	1,500,000	

합계금액	현금	수표	어음	외상미수금	위 금액을 (**청구**) 함
16,500,000				16,500,000	

5 10월 17일 미국에 소재한 MIRACLE사에서 원재료 8,000,000원(부가가치세 별도)을 수입하면서 인천세관으로부터 수입전자세금계산서를 발급받고 부가가치세는 보통예금 계좌에서 지급하였다(단, 재고자산에 대한 회계처리는 생략할 것).(3점)

6 10월 20일 개인 소비자에게 제품을 판매하고 현금 99,000원(부가가치세 포함)을 받았다. 단, 판매와 관련하여 어떠한 증빙도 발급하지 않았다.(3점)

04 [일반전표입력] 및 [매입매출전표입력] 메뉴에 입력된 내용 중 다음과 같은 오류가 발견되었다. 입력된 내용을 확인하여 정정하시오.(6점)

1 8월 31일 운영자금 조달을 위해 개인으로부터 차입한 부채에 대한 이자비용 362,500원을 보통예금 계좌에서 이체하고 회계처리하였으나 해당 거래는 이자비용 500,000원에서 원천징수세액 137,500원을 차감하고 지급한 것으로 이에 대한 회계처리가 누락되었다(단, 원천징수세액은 부채로 처리하고, 하나의 전표로 입력할 것).(3점)

2 11월 30일 제품생산공장 출입문의 잠금장치를 수리하고 영포상회에 지급한 770,000원(부가가치세 포함)을 자본적 지출로 회계처리하였으나 수익적 지출로 처리하는 것이 옳은 것으로 판명되었다.(3점)

05 결산정리사항은 다음과 같다. 관련 메뉴를 이용하여 결산을 완료하시오.(9점)

1 2월 11일에 소모품 3,000,000원을 구입하고 모두 자산으로 처리하였으며, 12월 31일 현재 창고에 남은 소모품은 500,000원으로 조사되었다. 부서별 소모품 사용 비율은 영업부 25%, 생산부 75%이며, 그 사용 비율에 따라 배부한다.(3점)

2 기중에 현금시재 잔액이 장부금액보다 부족한 것을 발견하고 현금과부족으로 계상하였던 235,000원 중 150,000원은 영업부 업무용 자동차의 유류대금을 지급한 것으로 확인되었으나 나머지는 결산일까지 그 원인이 파악되지 않아 당기의 비용으로 대체하다.(3점)

3 12월 31일 결산일 현재 재고자산의 기말재고액은 다음과 같다.(3점)

원재료	재공품	제품
• 장부수량 10,000개(단가 1,000원) • 실제수량 9,500개(단가 1,000원) • 단, 수량차이는 모두 정상적으로 발생한 것이다.	8,500,000원	13,450,000원

06 다음 사항을 조회하여 답안을 [이론문제 답안작성] 메뉴에 입력하시오.(9점)

1 5월 말 외상매출금과 외상매입금의 차액은 얼마인가?(단, 양수로 기재할 것)(3점)

2 제1기 부가가치세 확정신고기간(4월~6월)의 영세율 적용 대상 매출액은 모두 얼마인가?(3점)

3 6월에 발생한 판매비와일반관리비 중 발생액이 가장 적은 계정과목과 그 금액은 얼마인가?(3점)

다음 문제를 보고 알맞은 것을 골라 [이론문제 답안작성] 메뉴에 입력하시오.(객관식 문항당 2점)

기본 전제

문제에서 한국채택국제회계기준을 적용하도록 하는 전제조건이 없는 경우, 일반기업회계기준을 적용한다.

---

01 회계분야 중 재무회계에 대한 설명으로 적절한 것은?

① 관리자에게 경영활동에 필요한 재무정보를 제공한다.
② 국세청 등의 과세관청을 대상으로 회계정보를 작성한다.
③ 법인세, 소득세, 부가가치세 등의 세무 보고서 작성을 목적으로 한다.
④ 일반적으로 인정된 회계원칙에 따라 작성하며 주주, 투자자 등이 주된 정보이용자이다.

02 유가증권 중 단기매매증권에 대한 설명으로 옳지 않은 것은?

① 시장성이 있어야 하고, 단기시세차익을 목적으로 하여야 한다.
② 단기매매증권은 당좌자산으로 분류된다.
③ 기말평가방법은 공정가치법이다.
④ 단기매매증권은 투자자산으로 분류된다.

03 다음 중 재고자산의 평가에 대한 설명으로 옳지 않은 것은?

① 성격이 상이한 재고자산을 일괄 구입하는 경우에는 공정가치 비율에 따라 안분하여 취득원가를 결정한다.
② 재고자산의 취득원가에는 취득과정에서 발생한 할인, 에누리는 반영하지 않는다.
③ 저가법을 적용할 경우 시가가 취득원가보다 낮아지면 시가를 장부금액으로 한다.
④ 저가법을 적용할 경우 발생한 차액은 전부 매출원가로 회계처리한다.

04 다음 중 유형자산의 자본적 지출을 수익적 지출로 잘못 처리했을 경우 당기의 자산과 자본에 미치는 영향으로 올바른 것은?

	자산	자본
①	과대	과소
②	과소	과소
③	과소	과대
④	과대	과대

05 (주)재무는 자기주식 200주(1주당 액면금액 5,000원)를 1주당 7,000원에 매입하여 소각하였다. 소각일 현재 자본잉여금에 감자차익 200,000원을 계상하고 있는 경우 주식소각 후 재무상태표상에 계상되는 감자차손익은 얼마인가?

① 감자차손 200,000원   ② 감자차손 400,000원
③ 감자차익 200,000원   ④ 감자차익 400,000원

06 다음 중 손익계산서에 대한 설명으로 옳지 않은 것은?

① 매출원가는 제품, 상품 등의 매출액에 대응되는 원가로서 판매된 제품이나 상품 등에 대한 제조원가 또는 매입원가이다.
② 영업외비용은 기업의 주된 영업활동이 아닌 활동으로부터 발생한 비용과 차손으로서 기부금, 잡손실 등이 이에 해당한다.
③ 손익계산서는 일정기간의 기업의 경영성과에 대한 유용한 정보를 제공한다.
④ 수익과 비용은 각각 순액으로 보고하는 것을 원칙으로 한다.

07 (주)서울은 (주)제주와 제품 판매계약을 맺고 (주)제주가 발행한 당좌수표 500,000원을 계약금으로 받아 아래와 같이 회계처리하였다. 다음 중 (주)서울의 재무제표에 나타난 영향으로 옳은 것은?

(차) 당좌예금	500,000원	(대) 제품매출	500,000원

① 당좌자산 과소계상   ② 당좌자산 과대계상
③ 유동부채 과소계상   ④ 당기순이익 과소계상

08 (주)한국상사의 1월 1일 자본금은 50,000,000원(발행주식 수 10,000주, 1주당 액면금액 5,000원)이다. 10월 1일 1주당 6,000원에 2,000주를 유상증자하였을 경우, 기말 자본금은 얼마인가?

① 12,000,000원   ② 50,000,000원
③ 60,000,000원   ④ 62,000,000원

09 원가 및 비용의 분류항목 중 제조원가에 해당하는 것은 무엇인가?

① 생산공장의 전기요금   ② 영업용 사무실의 전기요금
③ 마케팅부의 교육연수비   ④ 생산공장 기계장치의 처분손실

10 다음 중 보조부문 상호 간의 용역수수관계를 고려하여 보조부문원가를 제조부문과 보조부문에 배분함으로써 보조부문 간의 상호 서비스 제공을 완전히 반영하는 방법으로 옳은 것은?

① 직접배분법   ② 단계배분법   ③ 상호배분법   ④ 총배분법

11 다음의 자료에 의한 당기직접재료원가는 얼마인가?

• 기초원재료	1,200,000원	• 기말원재료	850,000원
• 기초재공품	200,000원	• 기초제품	400,000원
• 당기원재료매입액	900,000원	• 기말제품	500,000원
• 기말재공품	300,000원	• 직접노무원가	500,000원

① 1,150,000원   ② 1,250,000원   ③ 1,350,000원   ④ 1,650,000원

12 (주)성진은 직접원가를 기준으로 제조간접원가를 배부한다. 다음 자료에 의하여 계산한 제조지시서 no.1의 제조간접원가 배부액은 얼마인가?

공장전체 발생원가	제조지시서 no.1
• 총생산수량 : 10,000개	• 총생산수량 : 5,200개
• 기계시간 : 24시간	• 기계시간 : 15시간
• 직접재료원가 : 800,000원	• 직접재료원가 : 400,000원
• 직접노무원가 : 200,000원	• 직접노무원가 : 150,000원
• 제조간접원가 : 500,000원	• 제조간접원가 : (?)원

① 250,000원   ② 260,000원   ③ 275,000원   ④ 312,500원

13 다음 중 부가가치세법상 과세기간에 대한 설명으로 옳지 않은 것은?

① 간이과세자의 과세기간은 1월 1일부터 12월 31일까지이다.
② 사업자가 폐업하는 경우의 과세기간은 폐업일이 속하는 과세기간의 개시일부터 폐업일까지로 한다.
③ 일반과세자가 간이과세자로 변경되는 경우에 그 변경되는 해의 간이과세자 과세기간은 7월 1일부터 12월 31일까지이다.
④ 간이과세자가 일반과세자로 변경되는 경우에 그 변경되는 해의 간이과세자 과세기간은 1월 1일부터 12월 31일까지이다.

14 다음 중 세금계산서의 필요적 기재사항에 해당하지 않는 것은?

① 공급연월일
② 공급하는 사업자의 등록번호와 성명 또는 명칭
③ 공급받는자의 등록번호
④ 공급가액과 부가가치세액

15 다음 중 부가가치세법에 따른 재화 또는 용역의 공급시기에 대한 설명으로 적절하지 않은 것은?

① 위탁판매의 경우 수탁자가 공급한 때이다.
② 상품권의 경우 상품권이 판매되는 때이다.
③ 장기할부판매의 경우 대가의 각 부분을 받기로 한 때이다.
④ 내국물품을 외국으로 반출하는 경우 수출재화를 선적하는 때이다.

▶합격강의

정민상사(주)(회사코드 : 1093)는 전자제품의 제조제조 및 도·소매업을 영위하는 중소기업으로 당기(제9기)의 회계기간은 2025.1.1.~2025.12.31.이다. 전산세무회계 수험용 프로그램을 이용하여 다음 물음에 답하시오.

기본 전제

• 문제에서 한국채택국제회계기준을 적용하도록 하는 전제조건이 없는 경우, 일반기업회계기준을 적용하여 회계처리한다.
• 문제의 풀이와 답안작성은 제시된 문제의 순서대로 진행한다.

01 다음은 기초정보관리 및 전기분재무제표에 대한 자료이다. 각각의 요구사항에 대하여 답하시오.(10점)

❶ 다음 자료를 이용하여 [거래처등록] 메뉴에 등록하시오.(3점)

• 거래처코드 : 01230   • 거래처명 : 태형상사   • 유형 : 동시
• 종목 : 사무기기   • 대표자 : 김상수   • 업태 : 도소매
• 사업자등록번호 : 107-36-25785   • 사업장주소 : 서울시 동작구 여의대방로10가길 1(신대방동)
※ 주소 입력 시 우편번호 입력은 생략해도 무방함

❷ 정민상사(주)의 전기 말 거래처별 채권 및 채무의 올바른 잔액은 다음과 같다. 주어진 자료를 검토하여 잘못된 부분은 오류를 정정하고, 누락된 부분은 추가하여 입력하시오.(3점)

채권 및 채무	거래처	금액
받을어음	(주)원수	15,000,000원
	(주)케스터	2,000,000원
단기차입금	(주)이태백	10,000,000원
	(주)빛날통신	13,000,000원
	Champ사	12,000,000원

❸ 전기분손익계산서를 검토한 결과 다음과 같은 오류가 발견되었다. 전기분재무제표 중 관련 재무제표를 모두 적절하게 수정 또는 삭제 및 추가 입력하시오.(4점)

계정과목	오류 내용
보험료	제조원가 1,000,000원을 판매비와관리비로 회계처리

02 [일반전표입력] 메뉴를 이용하여 다음의 거래 자료를 입력하시오(일반전표입력의 모든 거래는 부가가치세를 고려하지 말 것).(18점)

입력 시 유의사항

- 일반적인 적요의 입력은 생략하지만, 타계정 대체거래는 적요번호를 선택하여 입력한다.
- 채권·채무와 관련된 거래는 별도의 요구가 없는 한 반드시 기 등록된 거래처코드를 선택하는 방법으로 거래처명을 입력한다.
- 제조경비는 500번대 계정코드를, 판매비와관리비는 800번대 계정코드를 사용한다.
- 회계처리 시 계정과목은 별도의 제시가 없는 한 등록된 계정과목 중 가장 적절한 과목으로 한다.

1 8월 20일 인근 주민센터에 판매용 제품(원가 2,000,000원, 시가 3,500,000원)을 기부하였다.(3점)

2 9월 2일 대주주인 전마나 씨로부터 차입한 단기차입금 20,000,000원 중 15,000,000원은 보통예금 계좌에서 이체하여 상환하고, 나머지 금액은 면제받기로 하였다.(3점)

3 10월 19일 (주)용인의 외상매입금 2,500,000원에 대해 타인이 발행한 당좌수표 1,500,000원과 (주)수원에 제품을 판매하고 받은 (주)수원 발행 약속어음 1,000,000원을 배서하여 지급하다.(3점)

4 11월 6일 전월분 고용보험료를 다음과 같이 현금으로 납부하다(단, 하나의 전표로 처리하고, 회사부담금은 보험료로 처리할 것).(3점)

고용보험 납부내역

사원명	소속	직원부담금	회사부담금	합계
김정직	제조부	180,000원	221,000원	401,000원
이성실	마케팅부	90,000원	110,500원	200,500원
합계		270,000원	331,500원	601,500원

5 11월 11일 영업부 직원에 대한 확정기여형(DC) 퇴직연금 7,000,000원을 하나은행 보통예금 계좌에서 이체하여 납입하였다. 이 금액에는 연금운용에 대한 수수료 200,000원이 포함되어 있다.(3점)

6 12월 3일 일시보유목적으로 취득하였던 시장성 있는 (주)세무의 주식 500주(1주당 장부금액 8,000원, 1주당 액면금액 5,000원, 1주당 처분금액 10,000원)를 처분하고 수수료 250,000원을 제외한 금액을 보통예금 계좌로 이체받았다.(3점)

03 [매입매출전표입력] 메뉴를 이용하여 다음의 거래 자료를 입력하시오.(18점)

> 입력 시 유의사항
>
> • 일반적인 적요의 입력은 생략하지만, 타계정 대체거래는 적요번호를 선택하여 입력한다.
> • 채권·채무와 관련된 거래는 별도의 요구가 없는 한 반드시 기 등록된 거래처코드를 선택하는 방법으로 거래
>   처명을 입력한다.
> • 제조경비는 500번대 계정코드를, 판매비와관리비는 800번대 계정코드를 사용한다.
> • 회계처리 시 계정과목은 별도의 제시가 없는 한 등록된 계정과목 중 가장 적절한 과목으로 한다.
> • 입력화면 하단의 분개까지 처리하고, 전자세금계산서 및 전자계산서는 전자입력으로 반영한다.

1 7월 28일 총무부 직원들의 야식으로 저팔계산업(일반과세자)에서 도시락을 주문하고, 하나카드로 결제
하였다.(3점)

신용카드매출전표

가 맹 점 명 : 저팔계산업
사 업 자 번 호 : 127-10-12343
대 표 자 명 : 김돈육
주   소 : 서울 마포구 상암동 332
롯 데 카 드 : 신용승인
거 래 일 시 : 07-28 20:08:54
카 드 번 호 : 3256-6455-****-1324
유 효 기 간 : 12/24
가맹점번호 : 123412341
매 입 사 : 하나카드(전자서명전표)

상품명	금액
도시락세트	220,000

공 급 가 액 : 200,000
부 가 세 액 : 20,000
합   계 : 220,000

---

❷ 9월 3일 공장에서 사용하던 기계장치(취득원가 50,000,000원, 처분 시점까지의 감가상각누계액 38,000,000원)를 보람테크(주)에 처분하고 아래의 전자세금계산서를 발급하였다(당기의 감가상각비는 고려하지 말고 하나의 전표로 입력할 것).(3점)

전자세금계산서							승인번호			
공급자	등록번호	680-81-32549	종사업장번호			공급받는자	등록번호	110-81-02129	종사업장번호	
	상호(법인명)	정민상사(주)	성명	최정민			상호(법인명)	보람테크(주)	성명	김종대
	사업장주소	경기도 수원시 권선구 평동로79번길 45					사업장주소	경기도 안산시 단원구 광덕서로 100		
	업태	제조, 도소매	종목	전자제품			업태	제조	종목	반도체
	이메일						이메일			
작성일자		공급가액		세액		수정사유		비고		
2025.9.3		13,500,000		1,350,000		해당 없음				

월	일	품목	규격	수량	단가	공급가액	세액	비고
9	3	기계장치 매각				13,500,000	1,350,000	

합계금액	현금	수표	어음	외상미수금	위 금액을 (**청구**) 함
14,850,000	4,850,000			10,000,000	

❸ 9월 22일 마산상사로부터 원재료 5,500,000원(부가가치세 포함)을 구입하고 전자세금계산서를 발급받았다. 대금은 (주)서울에 제품을 판매하고 받은 (주)서울 발행 약속어음 2,000,000원을 배서하여 지급하고, 잔액은 외상으로 하다.(3점)

❹ 10월 31일 NICE Co.,Ltd의 해외수출을 위한 구매확인서에 따라 전자제품 100개(@700,000원)를 납품하고 영세율전자세금계산서를 발행하였다. 대금 중 50%는 보통예금 계좌로 입금받고 잔액은 1개월 후에 받기로 하다.(3점)

5 11월 4일 영업부 거래처의 직원에게 선물할 목적으로 선물세트를 외상으로 구입하고 아래와 같은 전자세금계산서를 발급받았다.(3점)

전자세금계산서							승인번호		
공급자	등록번호	113-18-77299	종사업장번호		공급받는자	등록번호	680-81-32549	종사업장번호	
	상호(법인명)	손오공상사	성명	황범식		상호(법인명)	정민상사(주)	성명	최정민
	사업장주소	서울특별시 서초구 명달로 102				사업장주소	경기도 수원시 권선구 평동로79번길 45		
	업태	도매	종목	잡화류		업태	제조, 도소매	종목	전자제품
	이메일					이메일			

작성일자	공급가액	세액	수정사유	비고
2025.11.4	1,500,000	150,000	해당 없음	

월	일	품목	규격	수량	단가	공급가액	세액	비고
11	4	선물세트		1	1,500,000	1,500,000	150,000	

합계금액	현금	수표	어음	외상미수금	위 금액을 (**청구**) 함
1,650,000				1,650,000	

6 12월 5일 공장 신축 목적으로 취득한 토지의 토지정지 등을 위한 토목공사를 하고 (주)만듬건설로부터 아래의 전자세금계산서를 발급받았다. 대금 지급은 기지급한 계약금 5,500,000원을 제외하고 외상으로 하였다.(3점)

전자세금계산서						승인번호			
공급자	등록번호	105-81-23608	종사업장 번호		공급받는자	등록번호	680-81-32549	종사업장 번호	
	상호(법인명)	(주)만듬건설	성명	다만듬		상호(법인명)	정민상사(주)	성명	최정민
	사업장주소	서울특별시 동작구 여의대방로 24가길 28				사업장주소	경기도 수원시 권선구 평동로79번길 45		
	업태	건설	종목	토목공사		업태	제조, 도소매	종목	전자제품
	이메일					이메일			

작성일자	공급가액	세액	수정사유	비고
2025.12.5	50,000,000	5,000,000	해당 없음	

월	일	품목	규격	수량	단가	공급가액	세액	비고
12	5	공장토지 토지정지 등			50,000,000	50,000,000	5,000,000	

합계금액	현금	수표	어음	외상미수금	위 금액을 (**청구**) 함
55,000,000		5,500,000		49,500,000	

04 [일반전표입력] 및 [매입매출전표입력] 메뉴에 입력된 내용 중 다음과 같은 오류가 발견되었다. 입력된 내용을 확인하여 정정하시오.(6점)

1 11월 10일 공장 에어컨 수리비로 가나상사에 보통예금 계좌에서 송금한 880,000원을 수선비로 회계처리하였으나, 해당 수선비는 10월 10일 미지급금으로 회계처리한 것을 결제한 것이다.(3점)

2 12월 15일 당초 제품을 $10,000에 직수출하고 선적일 당시 환율 1,000원/$을 적용하여 제품매출 10,000,000원을 외상판매한 것으로 회계처리하였으나, 수출 관련 서류 검토 결과 직수출이 아니라 내국신용장에 의한 공급으로 (주)강서기술에 전자영세율세금계산서를 발급한 외상매출인 것으로 확인되었다.(3점)

05 결산정리사항은 다음과 같다. 관련 메뉴를 이용하여 결산을 완료하시오.(9점)

1 거래처 (주)태명에 4월 1일 대여한 50,000,000원(상환회수일 2027년 3월 31일, 연 이자율 6%)에 대한 기간경과분 이자를 계상하다. 단, 이자는 월할 계산하고, 매년 3월 31일에 받기로 약정하였다.(3점)

2 제조공장의 창고 임차기간은 2025.04.01.~2026.03.31.으로 임차개시일에 임차료 3,600,000원을 전액 지급하고 즉시 당기 비용으로 처리하였다. 결산정리분개를 하시오.(3점)

3 당기 중 단기간 시세차익을 목적으로 시장성이 있는 유가증권을 75,000,000원에 취득하였다. 당기 말 해당 유가증권의 시가는 73,000,000원이다.(3점)

06 다음 사항을 조회하여 답안을 [이론문제 답안작성] 메뉴에 입력하시오.(9점)

1 상반기(1월~6월) 중 판매비및관리비의 급여 발생액이 가장 많은 월(月)과 가장 적은 월(月)의 차액은 얼마인가?(단, 양수로만 기재할 것)(3점)

2 일천상사에 대한 제품매출액은 3월 대비 4월에 얼마나 감소하였는가?(단, 음수로 입력하지 말 것)(3점)

3 제1기 예정신고기간(1월~3월) 중 (주)서산상사에 발행한 세금계산서의 총발행매수와 공급가액은 얼마인가?(3점)

▶ 합격강의

다음 문제를 보고 알맞은 것을 골라 [이론문제 답안작성] 메뉴에 입력하시오.(객관식 문항당 2점)

기본 전제

문제에서 한국채택국제회계기준을 적용하도록 하는 전제조건이 없는 경우, 일반기업회계기준을 적용한다.

01 자기주식을 취득원가보다 낮은 금액으로 처분한 경우, 다음 중 재무제표상 자기주식의 취득금액과 처분금액의 차액이 표기되는 항목으로 옳은 것은?

① 영업외비용　　② 자본잉여금　　③ 기타포괄손익누계액　　④ 자본조정

02 (주)전주는 (주)천안에 제품을 판매하기로 약정하고, 계약금으로 제3자인 (주)철원이 발행한 당좌수표 100,000원을 받았다. 다음 중 회계처리로 옳은 것은?

① (차) 현금　　　100,000　(대) 선수금　　100,000
② (차) 당좌예금　100,000　(대) 선수금　　100,000
③ (차) 현금　　　100,000　(대) 제품매출　100,000
④ (차) 당좌예금　100,000　(대) 제품매출　100,000

03 다음 중 기말재고자산을 실제보다 과대계상한 경우 재무제표에 미치는 영향으로 잘못된 것은?

① 자산이 실제보다 과대계상된다.
② 자본총계가 실제보다 과소계상된다.
③ 매출총이익이 실제보다 과대계상된다.
④ 매출원가가 실제보다 과소계상된다.

04 다음 중 일반기업회계기준상 무형자산의 상각에 관한 내용으로 옳지 않은 것은?

① 무형자산의 상각방법은 정액법, 체감잔액법 등 합리적인 방법을 적용할 수 있으며, 합리적인 방법을 정할 수 없는 경우에는 정액법을 적용한다.
② 내부적으로 창출한 영업권은 원가의 신뢰성 문제로 인하여 자산으로 인정되지 않는다.
③ 무형자산의 상각기간은 독점적 · 배타적인 권리를 부여하고 있는 관계 법령이나 계약에 정해진 경우에도 20년을 초과할 수 없다.
④ 무형자산의 잔존가치는 없는 것을 원칙으로 하나, 예외도 존재한다.

05 다음 자료를 이용하여 단기투자자산의 합계액을 계산한 것으로 옳은 것은?

> • 현금 5,000,000원   • 1년 만기 정기예금 3,000,000원   • 단기매매증권 4,000,000원
> • 당좌예금 3,000,000원   • 우편환증서 50,000원   • 외상매출금 7,000,000원

① 7,000,000원   ② 8,000,000원   ③ 10,000,000원   ④ 11,050,000원

06 다음 중 비유동부채에 해당하는 것은 모두 몇 개인가?

| 가. 사채 | 나. 퇴직급여충당부채 | 다. 유동성장기부채 | 라. 선수금 |

① 1개   ② 2개   ③ 3개   ④ 4개

07 일반기업회계기준에 근거하여 다음의 재고자산을 평가하는 경우 재고자산평가손익은 얼마인가?

상품명	기말재고수량	취득원가	추정판매가격 (순실현가능가치)
비누	100개	75,000원	65,000원
세제	200개	50,000원	70,000원

① 재고자산평가이익 3,000,000원   ② 재고자산평가이익 4,000,000원
③ 재고자산평가손실 3,000,000원   ④ 재고자산평가손실 1,000,000원

08 다음 중 수익의 인식에 대한 설명으로 가장 옳은 것은?

① 시용판매의 경우 수익의 인식은 구매자의 구매의사 표시일이다.
② 예약판매계약의 경우 수익의 인식은 자산의 건설이 완료되어 소비자에게 인도한 시점이다.
③ 할부판매의 경우 수익의 인식은 항상 소비자로부터 대금을 회수하는 시점이다.
④ 위탁판매의 경우 수익의 인식은 위탁자가 수탁자에게 제품을 인도한 시점이다.

09 당기의 원재료 매입액은 20억 원이고, 기말 원재료 재고액이 기초 원재료 재고액보다 3억 원이 감소한 경우, 당기의 원재료원가는 얼마인가?

① 17억 원   ② 20억 원   ③ 23억 원   ④ 25억 원

10 다음 중 제조원가명세서의 구성요소로 옳은 것을 모두 고른 것은?

가. 기초재공품재고액　　　나. 기말원재료재고액　　　다. 기말제품재고액
라. 당기제품제조원가　　　마. 당기총제조비용

① 가, 나　　　　② 가, 나, 라　　　　③ 가, 나, 다, 라　　　　④ 가, 나, 라, 마

11 당사는 직접노무시간을 기준으로 제조간접원가를 배부하고 있다. 당기의 제조간접원가 실제 발생액은 500,000원이고, 예정배부율은 200원/직접노무시간이다. 당기의 실제 직접노무시간이 3,000시간일 경우, 다음 중 제조간접원가 배부차이로 옳은 것은?

① 100,000원 과대배부　　　　　　② 100,000원 과소배부
③ 200,000원 과대배부　　　　　　④ 200,000원 과소배부

12 다음 중 종합원가계산에 대한 설명으로 옳지 않은 것은?

① 각 공정별로 원가가 집계되므로 원가에 대한 책임소재가 명확하다.
② 일반적으로 원가를 재료원가와 가공원가로 구분하여 원가계산을 한다.
③ 기말재공품이 존재하지 않는 경우 평균법과 선입선출법의 당기완성품원가는 일치한다.
④ 모든 제품 단위가 완성되는 시점을 별도로 파악하기가 어려우므로 인위적인 기간을 정하여 원가를 산정한다.

13 다음 중 세금계산서 발급 의무가 면제되는 경우로 틀린 것은?

① 간주임대료　　　　　　　　　　② 사업상 증여
③ 구매확인서에 의하여 공급하는 재화　　④ 폐업 시 잔존 재화

14 다음 중 부가가치세법상 업종별 사업장의 범위로 맞지 않는 것은?

① 제조업은 최종제품을 완성하는 장소
② 사업장을 설치하지 않은 경우 사업자의 주소 또는 거소
③ 운수업은 개인인 경우 사업에 관한 업무를 총괄하는 장소
④ 부동산매매업은 법인의 경우 부동산의 등기부상 소재지

15 다음 중 부가가치세에 대한 설명으로 옳지 않은 것은?

① 법률상 면세 대상으로 열거된 것을 제외한 모든 재화나 용역의 소비행위에 대하여 과세한다.
② 납세의무자는 개인사업자나 영리법인으로 한정되어 있다.
③ 매출세액에서 매입세액을 차감하여 납부(환급)세액을 계산한다.
④ 납세의무자는 재화 또는 용역을 공급하는 사업자이지만, 담세자는 최종소비자가 된다.

▶ 합격강의

고성상사(주)(회사코드 : 1083)는 가방 등의 제조 · 도소매업 및 부동산임대업을 영위하는 중소기업으로 당기 (제8기) 회계기간은 2025.1.1.~2025.12.31.이다. 전산세무회계 수험용 프로그램을 이용하여 다음 물음에 답하시오.

────── 기본 전제 ──────

• 문제에서 한국채택국제회계기준을 적용하도록 하는 전제조건이 없는 경우, 일반기업회계기준을 적용하여 회계처리한다.
• 문제의 풀이와 답안작성은 제시된 문제의 순서대로 진행한다.

01 다음은 기초정보관리 및 전기분재무제표에 대한 자료이다. 각각의 요구사항에 대하여 답하시오.(10점)

❶ [거래처등록] 메뉴를 이용하여 다음의 신규 거래처를 추가로 등록하시오.(3점)

• 거래처코드 : 3000   • 거래처명 : (주)나우전자   • 유형 : 동시
• 사업자등록번호 : 108-81-13579   • 대표자성명 : 김나우   • 업태 : 제조
• 종목 : 전자제품   • 사업장주소 : 서울특별시 서초구 명달로 104(서초동)
※ 주소 입력 시 우편번호 입력은 생략해도 무방함

❷ 다음 자료를 이용하여 [계정과목및적요등록]을 하시오.(3점)

• 계정과목 : 퇴직연금운용자산
• 대체적요 1. 제조 관련 임직원 확정급여형 퇴직연금부담금 납입

❸ 전기분재무상태표 작성 시 기업은행의 단기차입금 20,000,000원을 신한은행의 장기차입금으로 잘못 분류하였다. [전기분재무상태표] 및 [거래처별초기이월]을 수정, 삭제 또는 추가 입력하시오.(4점)

02 [일반전표입력] 메뉴를 이용하여 다음의 거래 자료를 입력하시오(일반전표입력의 모든 거래는 부가
가치세를 고려하지 말 것).(18점)

입력 시 유의사항

- 일반적인 적요의 입력은 생략하지만, 타계정 대체거래는 적요번호를 선택하여 입력한다.
- 채권 · 채무와 관련된 거래는 별도의 요구가 없는 한 반드시 기 등록된 거래처코드를 선택하는 방법으로 거래
  처명을 입력한다.
- 제조경비는 500번대 계정코드를, 판매비와관리비는 800번대 계정코드를 사용한다.
- 회계처리 시 계정과목은 별도의 제시가 없는 한 등록된 계정과목 중 가장 적절한 과목으로 한다.

1 8월 1일 미국은행으로부터 2024년 10월 31일에 차입한 외화장기차입금 중 $30,000를 상환하기 위하여
보통예금 계좌에서 39,000,000원을 이체하여 지급하였다. 일자별 적용환율은 아래와 같다.(3점)

2024.10.31 (차입일)	2024.12.31 (직전연도 종료일)	2025.8.1 (상환일)
1,210/$	1,250/$	1,300/$

2 8월 12일 금융기관으로부터 매출거래처인 (주)모모가방이 발행한 어음 50,000,000원이 부도처리되었다
는 통보를 받았다.(3점)

3 8월 23일 임시주주총회에서 6월 29일 결의하고 미지급한 중간배당금 10,000,000원에 대하여 원천징수
세액 1,540,000원을 제외한 금액을 보통예금 계좌에서 지급하였다.(3점)

4 8월 31일 제품의 제조공장에서 사용할 기계장치(공정가치 5,500,000원)를 대주주로부터 무상으로 받았
다.(3점)

5 9월 11일 단기매매차익을 목적으로 주권상장법인인 (주)대호전자의 주식 2,000주를 1주당 2,000원(1주당
액면금액 1,000원)에 취득하고, 증권거래수수료 10,000원을 포함한 대금을 모두 보통예금 계좌에서 지
급하였다.(3점)

6 9월 13일 (주)다원의 외상매출금 4,000,000원 중 1,000,000원은 현금으로 받고, 나머지 잔액은 (주)다원
이 발행한 약속어음으로 받았다.(3점)

03 다음 거래 자료를 매입매출전표입력 메뉴에 입력하시오.(18점)

입력 시 유의사항

- 일반적인 적요의 입력은 생략하지만, 타계정 대체거래는 적요번호를 선택하여 입력한다.
- 채권·채무와 관련된 거래는 별도의 요구가 없는 한 반드시 기 등록된 거래처코드를 선택하는 방법으로 거래처명을 입력한다.
- 제조경비는 500번대 계정코드를, 판매비와관리비는 800번대 계정코드를 사용한다.
- 회계처리 시 계정과목은 별도의 제시가 없는 한 등록된 계정과목 중 가장 적절한 과목으로 한다.
- 입력화면 하단의 분개까지 처리하고, 전자세금계산서 및 전자계산서는 전자입력으로 반영한다.

1 7월 13일 (주)남양가방에 제품을 판매하고, 대금은 신용카드(비씨카드)로 결제받았다(단, 신용카드 판매액은 매출채권으로 처리할 것).(3점)

신용카드 매출전표

결제정보

카드종류	비씨카드	카드번호	1234-5050-4646-8525
거래종류	신용구매	거래일시	07-13
할부개월	0	승인번호	98465213

구매정보

주문번호	511-B	과세금액	5,000,000원
구매자명	(주)남양가방	비과세금액	0원
상품명	크로스백	부가세	500,000원
		합계금액	5,500,000원

이용상점정보

판매자상호	(주)남양가방
판매자 사업자등록번호	105-81-23608
판매자 주소	서울특별시 동작구 여의대방로 28

2 9월 5일 특별주문제작하여 매입한 기계장치가 완성되어 특수운송전문업체인 쾌속운송을 통해 기계장치를 인도받았다. 운송비 550,000원(부가가치세 포함)을 보통예금 계좌에서 이체하여 지급하고 쾌속운송으로부터 전자세금계산서를 수취하였다.(3점)

170 PART 03 · 최신 기출문제

❸ 9월 6일 정도정밀로부터 제품임가공계약에 따른 제품을 납품받고 전자세금계산서를 수취하였다. 제품 임가공비용은 10,000,000원(부가가치세 별도)이며, 전액 보통예금 계좌에서 이체하여 지급하였다(단, 제 품임가공비용은 외주가공비 계정으로 처리할 것).(3점)

❹ 9월 25일 제조공장 인근 육군부대에 3D프린터기를 외상으로 구입하여 기증하였고, 아래와 같은 전자세 금계산서를 발급받았다.(3점)

전자세금계산서										승인번호		
공 급 자	등록 번호	220-81-55976		종사업장 번호		공 급 받 는 자	등록 번호	128-81-32658		종사업장 번호		
	상호 (법인명)	(주)목포전자		성명	정찬호		상호 (법인명)	고성상사(주)		성명	현정민	
	사업장 주소	서울특별시 서초구 명달로 101					사업장 주소	서울시 중구 창경궁로5다길 13-4				
	업태	도소매		종목	전자제품		업태	제조, 도소매		종목	가방 등	
	이메일						이메일					

작성일자	공급가액	세액	수정사유	비고		
2025.9.25	3,500,000	350,000	해당 없음			

월	일	품목	규격	수량	단가	공급가액	세액	비고
9	25	3D 프린터		1	3,500,000	3,500,000	350,000	

합계금액	현금	수표	어음	외상미수금	위 금액을 (청구) 함
3,850,000				3,850,000	

5 10월 6일 본사 영업부에서 사용할 복합기를 구입하고, 대금은 하나카드로 결제하였다.(3점)

매출전표

단말기번호 A – 1000 전표번호 56421454

회원번호(CARD NO)		
3152–3155–****–****		
카드종류	유효기간	거래일자
하나카드	12/25	10.6.
거래유형	취소 시 원 거래일자	
신용구매		
결제방법	판 매 금 액	1,500,000원
일시불	부 가 가 치 세	150,000원
매입처	봉 사 료	
매입사제출	합 계(TOTAL)	1,650,000원
전표매입사	승인번호(APPROVAL NO)	
하나카드	35745842	
가맹점명	가맹점번호	
(주)ok사무	5864112	
대표자명	사업자번호	
김사무	204–81–76697	
주소		
경기도 화성시 동탄대로 537, 101호		

서명(SIGNATURE)

고성상사(주)

6 12월 1일 (주)국민가죽으로부터 고급핸드백 가방 제품의 원재료인 양가죽을 매입하고, 아래의 전자세금 계산서를 수취하였다. 부가가치세는 현금으로 지급하였으며, 나머지는 외상거래이다.(3점)

전자세금계산서							승인번호		
공급자	등록번호	204-81-35774	종사업장번호		공급받는자	등록번호	128-81-32658	종사업장번호	
	상호(법인명)	(주)국민가죽	성명	김국민		상호(법인명)	고성상사(주)	성명	현정민
	사업장주소	경기도 안산시 단원구 석수로 555				사업장주소	서울시 중구 창경궁로5다길 13-4		
	업태	도소매	종목	가죽		업태	제조, 도소매	종목	가방 등
	이메일					이메일			
작성일자		공급가액		세액		수정사유	비고		
2025.12.1		2,500,000		250,000		해당 없음			
월	일	품목	규격	수량	단가	공급가액	세액	비고	
12	1	양가죽			2,500,000	2,500,000	250,000		
합계금액		현금		수표		어음		외상미수금	위 금액을 (**청구**) 함
2,750,000		250,000						2,500,000	

04 [일반전표입력] 및 [매입매출전표입력] 메뉴에 입력된 내용 중 다음과 같은 오류가 발견되었다. 입력된 내용을 확인하여 정정하시오.(6점)

1 7월 22일 제일자동차로부터 영업부의 업무용승용차(공급가액 15,000,000원, 부가가치세 별도)를 구입하여 대금은 전액 보통예금 계좌에서 지급하고 전자세금계산서를 받았다. 해당 업무용승용차의 배기량은 1,990cc이나 회계담당자는 990cc로 판단하여 부가가치세를 공제받는 것으로 회계처리하였다.(3점)

2 9월 15일 매출거래처 (주)댕댕오디오의 파산선고로 인하여 외상매출금 3,000,000원을 회수불능으로 판단하고 전액 대손상각비로 대손처리하였으나, 9월 15일 파산선고 당시 외상매출금에 관한 대손충당금 잔액 1,500,000원이 남아있던 것으로 확인되었다.(3점)

05 결산정리사항은 다음과 같다. 관련 메뉴를 이용하여 결산을 완료하시오.(9점)

❶ 9월 16일에 지급된 2,550,000원은 그 원인을 알 수 없어 가지급금으로 처리하였던바, 결산일인 12월 31일에 2,500,000원은 하나무역의 외상매입금을 상환한 것으로 확인되었으며 나머지 금액은 그 원인을 알 수 없어 당기 비용(영업외비용)으로 처리하기로 하였다.(3점)

❷ 결산일 현재 필립전자에 대한 외화 단기대여금($30,000)의 잔액은 60,000,000원이다. 결산일 현재 기준환율은 $1당 2,200원이다(단, 외화 단기대여금도 단기대여금 계정과목을 사용할 것).(3점)

❸ 대손충당금은 결산일 현재 미수금(기타 채권은 제외)에 대하여만 1%를 설정한다. 보충법에 의하여 대손충당금 설정 회계처리를 하시오(단, 대손충당금 설정에 필요한 정보는 관련 데이터를 조회하여 사용할 것).(3점)

06 다음 사항을 조회하여 답안을 [이론문제 답안작성] 메뉴에 입력하시오.(9점)

❶ 당해연도 제1기 부가가치세 예정신고기간(1월~3월) 중 카드과세매출의 공급대가 합계액은 얼마인가?(3점)

❷ 당기 6월의 영업외비용 총지출액은 얼마인가?(3점)

❸ 제1기 부가가치세 확정신고기간의 공제받지못할매입세액은 얼마인가?(3점)

다음 문제를 보고 알맞은 것을 골라 [이론문제 답안작성] 메뉴에 입력하시오.(객관식 문항당 2점)

기본 전제

문제에서 한국채택국제회계기준을 적용하도록 하는 전제조건이 없는 경우, 일반기업회계기준을 적용한다.

---

01 다음 중 재무제표에 대한 설명으로 가장 올바른 것은?

① 자산은 현재 사건의 결과로 기업이 통제하고 있고 미래경제적효익이 기업에 유입될 것으로 기대되는 자원이다.

② 부채는 과거 사건에 의하여 발생하였으며, 경제적효익이 기업으로부터 유출됨으로써 이행될 것으로 기대되는 미래의무이다.

③ 수익은 자산의 유입 또는 부채의 감소에 따라 자본의 증가를 초래하는 특정 회계기간 동안에 발생한 경제적효익의 증가로서 지분참여자에 대한 출연과 관련된 것은 제외한다.

④ 비용은 자산의 유출 또는 부채의 증가에 따라 자본의 감소를 초래하는 특정 회계기간 동안에 발생한 경제적효익의 감소로서 지분참여자에 대한 분배를 제외하며, 정상영업활동의 일환이나 그 이외의 활동에서 발생할 수 있는 차손은 포함하지 않는다.

02 다음 중 기말재고자산의 수량 결정 방법으로 옳은 것을 모두 고른 것은?

가. 총평균법	나. 계속기록법	다. 선입선출법	라. 후입선출법	마. 실지재고조사법

① 가, 다   ② 나, 마   ③ 가, 나, 다   ④ 다, 라, 마

03 기업이 보유하고 있는 수표 중 현금및현금성자산으로 분류되지 아니하는 것은?

① 선일자수표   ② 당좌수표   ③ 타인발행수표   ④ 자기앞수표

04 다음 중 유형자산에 대한 설명으로 옳은 것은?

① 기업이 보유하고 있는 토지는 기업의 보유목적에 상관없이 모두 유형자산으로 분류된다.
② 유형자산의 취득 시 발생한 부대비용은 취득원가로 처리한다.
③ 유형자산을 취득한 후에 발생하는 모든 지출은 발생 시 당기 비용으로 처리한다.
④ 모든 유형자산은 감가상각을 한다.

05 다음은 (주)한국의 단기매매증권 관련 자료이다. (주)한국의 당기 손익계산서에 반영되는 영업외손익의 금액은 얼마인가?

> • A사 주식의 취득원가는 500,000원이고, 기말공정가치는 700,000원이다.
> • B사 주식의 취득원가는 300,000원이고, 기말공정가치는 200,000원이다.
> • 당기 중 A사로부터 현금배당금 50,000원을 받았다.
> • 당기 초 250,000원에 취득한 C사 주식을 당기 중 300,000원에 처분하였다.

① 200,000원   ② 250,000원   ③ 300,000원   ④ 400,000원

06 다음 중 사채의 발행과 관련한 내용으로 옳은 것은?

① 사채를 할인발행한 경우 매년 액면이자는 동일하다.
② 사채를 할증발행한 경우 매년 유효이자(시장이자)는 증가한다.
③ 사채발행 시 발행금액에서 사채발행비를 차감하지 않고 사채의 차감계정으로 처리한다.
④ 사채의 할인발행 또는 할증발행 시 발행차금의 상각액 또는 환입액은 매년 감소한다.

07 다음 중 계정과목과 자본 항목의 분류가 올바르게 연결된 것은?

① 주식발행초과금 : 이익잉여금   ② 자기주식처분손실 : 자본조정
③ 자기주식 : 자본잉여금   ④ 매도가능증권평가손익 : 자본조정

08 유형자산의 자본적 지출을 수익적 지출로 잘못 처리했을 경우, 당기의 당기순이익과 차기의 당기순이익에 미치는 영향으로 올바른 것은?

	당기 당기순이익	차기 당기순이익
①	과대	과소
②	과소	과소
③	과소	과대
④	과대	과대

09 다음 중 매몰원가에 해당하지 않는 것은?

① 전기승용차 구입 결정을 함에 있어 사용하던 승용차 처분 시 기존 승용차의 취득원가
② 과거 의사결정으로 발생한 원가로 향후 의사결정을 통해 회수할 수 없는 취득원가
③ 사용하고 있던 기계장치의 폐기 여부를 결정할 때, 해당 기계장치의 취득원가
④ 공장의 원재료 운반용 화물차를 판매 제품의 배송용으로 전환하여 사용할지 여부를 결정할 때, 새로운 화물차의 취득가능금액

10 다음 중 제조원가에 관한 설명으로 옳지 않은 것은?

① 간접원가는 제조과정에서 발생하는 원가이지만 특정 제품 또는 특정 부문에 직접 추적할 수 없는 원가를 의미한다.
② 조업도의 증감에 따라 총원가가 증감하는 원가를 변동원가라 하며, 직접재료원가와 직접노무원가가 여기에 속한다.
③ 고정원가는 관련범위 내에서 조업도가 증가할수록 단위당 고정원가가 감소한다.
④ 변동원가는 관련범위 내에서 조업도가 증가할수록 단위당 변동원가가 증가한다.

11 (주)대한은 평균법에 의한 종합원가계산을 채택하고 있다. 재료원가는 공정 초기에 모두 투입되며, 가공원가는 공정 전반에 걸쳐 고르게 투입되는 경우 완성품환산량으로 맞는 것은?

- 기초재공품 : 100개(완성도 50%)
- 당기완성수량 : 1,800개
- 당기착수수량 : 2,000개
- 기말재공품 : 300개(완성도 70%)

	재료원가 완성품환산량	가공원가 완성품환산량
①	2,100개	2,010개
②	2,100개	2,100개
③	2,100개	1,960개
④	2,100개	1,950개

12 다음은 제조기업의 원가 관련 자료이다. 매출원가 금액으로 옳은 것은?

- 당기총제조원가   1,500,000원
- 기초제품재고액   800,000원
- 기말제품재고액   300,000원
- 기초재공품재고액   500,000원
- 기말재공품재고액   1,300,000원
- 직접재료원가   700,000원

① 700,000원   ② 800,000원   ③ 1,200,000원   ④ 2,000,000원

13 다음 중 부가가치세법상 면세에 해당하지 않는 것은?

① 도서대여 용역
② 여성용 생리 처리 위생용품
③ 주무관청에 신고된 학원의 교육 용역
④ 개인택시운송사업의 여객운송 용역

14 다음 중 부가가치세 신고와 납부에 대한 설명으로 옳지 않은 것은?

① 간이과세를 포기하는 경우 포기신고일이 속하는 달의 마지막 날로부터 25일 이내에 신고, 납부하여야 한다.
② 확정신고를 하는 경우 예정신고 시 신고한 과세표준은 제외하고 신고하여야 한다.
③ 신규로 사업을 시작하는 경우 사업개시일이 속하는 과세기간의 종료일로부터 25일 이내에 신고, 납부하여야 한다.
④ 폐업하는 경우 폐업일로부터 25일 이내에 신고, 납부하여야 한다.

15 다음 중 부가가치세법상 법인사업자의 사업자등록 정정 사유가 아닌 것은?

① 사업의 종류에 변경이 있는 때
② 상호를 변경하는 때
③ 주주가 변동되었을 때
④ 사업장을 이전할 때

세무사랑(주)(회사코드 : 1073)은 부동산임대업 및 전자제품의 제조·도소매업을 영위하는 중소기업으로 당기(제9기) 회계기간은 2025.1.1.~2025.12.31.이다. 전산세무회계 수험용 프로그램을 이용하여 다음 물음에 답하시오.

기본 전제

- 문제에서 한국채택국제회계기준을 적용하도록 하는 전제조건이 없는 경우, 일반기업회계기준을 적용하여 회계처리한다.
- 문제의 풀이와 답안작성은 제시된 문제의 순서대로 진행한다.

01 다음은 기초정보관리 및 전기분재무제표에 대한 자료이다. 각각의 요구사항에 대하여 답하시오.(10점)

1 다음 자료를 이용하여 [계정과목 및 적요등록] 메뉴에서 견본비(판매비및일반관리비) 계정과목의 현금적요를 추가로 등록하시오.(3점)

- 코드 : 842 • 계정과목 : 견본비 • 현금적요 : NO.2 전자제품 샘플 제작비 지급

2 세무사랑(주)의 기초 채권 및 채무의 올바른 잔액은 다음과 같다. 주어진 자료를 검토하여 잘못된 부분은 오류를 정정하고, 누락된 부분은 추가하여 입력하시오.(3점)

계정과목	거래처	금액
외상매출금	(주)홍금전기	30,000,000원
	(주)금강기업	10,000,000원
외상매입금	삼신산업	30,000,000원
	하나무역	26,000,000원
받을어음	(주)대호전자	25,000,000원

3 전기분재무제표 중 아래의 계정과목에서 다음과 같은 오류를 발견하였다. 관련 재무제표를 적절하게 수정하시오.(4점)

계정과목	관련 부서	수정 전 잔액	수정 후 잔액
전력비	생산부	2,000,000원	4,200,000원
수도광열비	영업부	3,000,000원	1,100,000원

02 다음 거래 자료를 [일반전표입력] 메뉴를 이용하여 입력하시오(일반전표입력의 모든 거래는 부가가치세를 고려하지 말 것).(18점)

> **입력 시 유의사항**
>
> • 일반적인 적요의 입력은 생략하지만, 타계정 대체거래는 적요번호를 선택하여 입력한다.
> • 채권·채무와 관련된 거래는 별도의 요구가 없는 한 반드시 기 등록된 거래처코드를 선택하는 방법으로 거래처명을 입력한다.
> • 제조경비는 500번대 계정코드를, 판매비와관리비는 800번대 계정코드를 사용한다.
> • 회계처리 시 계정과목은 별도의 제시가 없는 한 등록된 계정과목 중 가장 적절한 과목으로 한다.

1 7월 3일 영업부 사무실로 사용하기 위하여 세무빌딩과 사무실 임대차계약을 체결하고, 보증금 6,000,000원 중 계약금 600,000원을 보통예금(우리은행) 계좌에서 이체하여 지급하였다. 잔금은 다음 달에 지급하기로 하였다.(3점)

2 8월 1일 하나카드의 7월분 매출대금 3,500,000원에서 가맹점수수료 2%를 차감한 금액이 당사의 보통예금 계좌로 입금되었다(단, 신용카드 매출대금은 외상매출금으로 처리하고 있다).(3점)

3 8월 16일 영업부 직원의 퇴직으로 인해 발생한 퇴직금은 8,800,000원이다. 당사는 모든 직원에 대해 전액 확정급여형(DB형) 퇴직연금에 가입하고 있으며, 현재 퇴직연금운용자산의 잔액은 52,000,000원이다. 단, 퇴직급여충당부채와 퇴직연금충당부채는 설정하지 않았다.(3점)

4 8월 23일 나라은행으로부터 차입한 대출금 20,000,000원(대출기간 : 2023.01.01.~2026.12.31.)을 조기 상환하기로 하고, 이자 200,000원과 함께 보통예금 계좌에서 이체하여 지급하다.(3점)

5 11월 5일 (주)다원의 제품매출 외상대금 4,000,000원 중 3,000,000원은 동점 발행 약속어음으로 받고, 1,000,000원은 금전소비대차계약(1년 대여)으로 전환하였다.(3점)

6 11월 20일 사업용 중고트럭 취득과 관련된 취득세 400,000원을 현금으로 납부하였다.(3점)

03 다음 거래 자료를 [매입매출전표입력] 메뉴에 입력하시오.(18점)

1 8월 17일 구매확인서에 의해 수출용 제품의 원재료를 (주)직지상사로부터 매입하고 영세율전자세금계산서를 발급받았다. 매입대금 중 10,000,000원은 외상으로 하고, 나머지 금액은 당사가 발행한 3개월 만기 약속어음으로 지급하였다.(3점)

영세율전자세금계산서						승인번호			
공급자	등록번호	136-81-29187		종사업장번호	공급받는자	등록번호	123-81-95681		종사업장번호
	상호(법인명)	(주)직지상사	성명	나인세		상호(법인명)	세무사랑(주)	성명	이진우
	사업장주소	서울특별시 동작구 여의대방로 35				사업장주소	울산광역시 중구 종가로 405-3		
	업태	도소매	종목	전자제품		업태	제조 외	종목	전자제품 외
	이메일					이메일			

작성일자	공급가액	세액	수정사유	비고
2025.8.17	15,000,000	0	해당 없음	

월	일	품목	규격	수량	단가	공급가액	세액	비고
8	17	원재료			15,000,000	15,000,000		

합계금액	현금	수표	어음	외상미수금	위 금액을 (**청구**) 함
15,000,000			5,000,000	10,000,000	

2 8월 28일 제조부 직원들에게 지급할 작업복을 이진컴퍼니로부터 공급가액 1,000,000원(부가가치세 별도)에 외상으로 구입하고 종이세금계산서를 발급받았다.(3점)

3 9월 15일 우리카센타에서 공장용 화물트럭을 수리하고 수리대금 242,000원(부가가치세 포함)은 현금으로 결제하면서 지출증빙용 현금영수증을 받았다(단, 수리대금은 차량유지비로 처리할 것).(3점)

4 9월 27일 인사부가 사용할 직무역량 강화용 책을 (주)대한도서에서 구입하면서 전자계산서를 수취하고 대금은 외상으로 하다.(3점)

전자계산서						승인번호		
공급자	등록번호	120-81-32052	종사업장번호		공급받는자	등록번호	123-81-95681	종사업장번호	
	상호(법인명)	(주)대한도서	성명	박대한		상호(법인명)	세무사랑(주)	성명	이진우
	사업장주소	인천시 남동구 서해2길				사업장주소	울산광역시 중구 종가로 405-3		
	업태	도소매	종목	도서		업태	제조	종목	전자제품
	이메일					이메일			

작성일자	공급가액	수정사유	비고
2025.9.27	200,000	해당 없음	

월	일	품목	규격	수량	단가	공급가액	비고
9	27	도서(직장생활 노하우 외)			200,000	200,000	

합계금액	현금	수표	어음	외상미수금	위 금액을 (**청구**) 함
200,000				200,000	

5 9월 30일 (주)세무렌트로부터 영업부에서 거래처 방문용으로 사용하는 승용차(배기량 2,000cc, 5인승)의 당월분 임차료에 대한 전자세금계산서를 수취하였다. 당월분 임차료는 다음 달에 결제될 예정이다.(3점)

전자세금계산서						승인번호			
공급자	등록번호	105-81-23608	종사업장번호		공급받는자	등록번호	123-81-95681	종사업장번호	
	상호(법인명)	(주)세무렌트	성명	왕임차		상호(법인명)	세무사랑(주)	성명	이진우
	사업장주소	서울시 강남구 강남대로 8				사업장주소	울산광역시 중구 종가로 405-3		
	업태	서비스	종목	임대		업태	제조	종목	전자제품
	이메일					이메일			

작성일자	공급가액	세액	수정사유	비고
2025.9.30	700,000	70,000	해당 없음	

월	일	품목	규격	수량	단가	공급가액	세액	비고
9	30	차량렌트대금 (5인승)	2,000cc			700,000	70,000	

합계금액	현금	수표	어음	외상미수금	위 금액을 (**청구**) 함
770,000				770,000	

6 10월 15일 우리자동차(주)에 공급한 제품 중 일부가 불량으로 판정되어 반품 처리되었으며, 수정전자세금계산서를 발행하였다. 대금은 해당 매출 관련 외상매출금과 상계하여 처리하기로 하였다(단, 음수(−)로 회계처리할 것).(3점)

전자세금계산서						승인번호		
공급자	등록번호	123−81−95681	종사업장번호		공급받는자	등록번호	130−86−55834	종사업장번호	
	상호(법인명)	세무사랑(주)	성명	이진우		상호(법인명)	우리자동차(주)	성명	신방자
	사업장주소	울산광역시 중구 종가로 405−3				사업장주소	서울특별시 강남구 논현로 340		
	업태	제조	종목	전자제품		업태	제조	종목	자동차(완성차)
	이메일					이메일			

작성일자	공급가액	세액	수정사유	비고
2025.10.15	−10,000,000	−1,000,000	해당 없음	품질 불량으로 인한 반품

월	일	품목	규격	수량	단가	공급가액	세액	비고
10	15	제품				−10,000,000	−1,000,000	

합계금액	현금	수표	어음	외상미수금	위 금액을 (**청구**) 함
−11,000,000				−11,000,000	

04 [일반전표입력] 및 [매입매출전표입력] 메뉴에 입력된 내용 중 다음과 같은 오류가 발견되었다. 입력된 내용을 확인하여 정정하시오.(6점)

1 7월 6일 (주)상문의 외상매입금 3,000,000원을 보통예금 계좌에서 이체한 것이 아니라 제품을 판매하고 받은 상명상사 발행 약속어음 3,000,000원을 배서하여 지급한 것으로 밝혀졌다.(3점)

2 12월 13일 영업부 사무실의 전기요금 121,000원(공급대가)을 현금 지급한 것으로 일반전표에 회계처리하였으나, 이는 제조공장에서 발생한 전기요금으로 한국전력공사로부터 전자세금계산서를 수취한 것으로 확인되었다.(3점)

05 결산정리사항은 다음과 같다. 해당 메뉴에 입력하시오.(9점)

1 결산일을 기준으로 대한은행의 장기차입금 50,000,000원에 대한 상환기일이 1년 이내에 도래할 것으로 확인되었다.(3점)

2 무형자산인 특허권(내용연수 5년, 정액법)의 전기 말 상각후잔액은 24,000,000원이다. 특허권은 전기 1월 10일에 취득하였으며, 매년 법정 상각범위액까지 무형자산상각비로 인식하고 있다. 특허권에 대한 당기분 무형자산상각비(판)를 계상하시오.(3점)

3 당기 법인세비용은 13,500,000원으로 산출되었다(단, 법인세 중간예납세액은 선납세금을 조회하여 처리할 것).(3점)

06 다음 사항을 조회하여 답안을 [이론문제 답안작성] 메뉴에 입력하시오.(9점)

1 6월 30일 현재 현금및현금성자산의 전기 말 현금및현금성자산 대비 증감액은 얼마인가? 단, 감소한 경우에도 음의 부호(−)를 제외하고 양수로만 입력하시오.(3점)

2 제1기 부가가치세 확정신고기간(04.01.~06.30.)의 매출액 중 세금계산서발급분 공급가액의 합계액은 얼마인가?(3점)

3 6월(6월 1일~6월 30일) 중 지예상사에 대한 외상매입금 결제액은 얼마인가?(3점)

▶합격강의

다음 문제를 보고 알맞은 것을 골라 [이론문제 답안작성] 메뉴에 입력하시오.(객관식 문항당 2점)

기본 전제

> 문제에서 한국채택국제회계기준을 적용하도록 하는 전제조건이 없는 경우, 일반기업회계기준을 적용한다.

01 다음 중 회계정보의 질적 특성과 관련된 설명으로 잘못된 것은?

① 유형자산을 역사적 원가로 평가하면 측정의 신뢰성은 저하되나 목적적합성은 제고된다.
② 회계정보는 기간별 비교가 가능해야 하고, 기업실체 간 비교가능성도 있어야 한다.
③ 회계정보의 질적 특성은 회계정보의 유용성을 판단하는 기준이 된다.
④ 회계정보가 갖추어야 할 가장 중요한 질적 특성은 목적적합성과 신뢰성이다.

02 다음 중 재무상태표가 제공할 수 있는 재무정보로 올바르지 않은 것은?

① 타인자본에 대한 정보
② 자기자본에 대한 정보
③ 자산총액에 대한 정보
④ 경영성과에 관한 정보

03 다음 중 유형자산의 취득원가에 포함하지 않는 것은?

① 토지의 취득세
② 새로운 상품과 서비스를 소개하는 데 소요되는 원가
③ 유형자산의 취득과 관련하여 불가피하게 매입한 국공채의 매입금액과 현재가치와의 차액
④ 설계와 관련하여 전문가에게 지급하는 수수료

04 다음 중 유가증권과 관련한 내용으로 가장 옳은 것은?

① 만기보유증권은 유가증권 형태상 주식 및 채권에 적용된다.
② 매도가능증권은 만기가 1년 이상인 경우에 투자자산으로 분류하며 주식 형태만 가능하다.
③ 단기매매증권은 주식 및 채권에 적용되며 당좌자산으로 분류한다.
④ 만기보유증권은 주식에만 적용되며 투자자산으로 분류한다.

05 다음 중 자본조정항목으로 분류할 수 없는 계정과목은?

① 감자차익　　　② 주식할인발행차금　　　③ 자기주식　　　④ 자기주식처분손실

06 다음 중 수익의 측정에 대한 설명으로 옳지 않은 것은?

① 로열티수익은 관련된 계약의 경제적 실질을 반영하여 발생기준에 따라 인식한다.
② 이자수익은 원칙적으로 유효이자율을 적용하여 발생기준에 따라 인식한다.
③ 배당금수익은 배당금을 받을 권리와 금액이 확정되는 시점에 인식한다.
④ 수익은 권리의무확정주의에 따라 합리적으로 인식한다.

07 다음 자료에 의할 때 당기의 매출원가는 얼마인가?

• 기초상품재고액	500,000원	• 기말상품재고액	1,500,000원
• 매입에누리금액	750,000원	• 총매입액	8,000,000원
• 타계정대체금액	300,000원	• 판매대행수수료	1,100,000원

① 7,050,000원　　　② 6,950,000원　　　③ 6,250,000원　　　④ 5,950,000원

08 (주)연무는 당기 12월 26일 거래처에 상품을 인도하였으나 상품 판매대금 전액이 차기 1월 5일에 입금되어 동일자에 전액 수익으로 인식하였다. 위 회계처리가 당기의 재무제표에 미치는 영향으로 올바른 것은?(단, 매출원가에 대해서는 고려하지 않는다)

① 자산의 과소계상　　　② 비용의 과대계상　　　③ 부채의 과소계상　　　④ 수익의 과대계상

09 아래의 자료에서 설명하는 원가행태에 해당하는 것은?

조업도의 변동과 관계없이 총원가 일정한 고정원가와 조업도의 변동에 비례하여 총원가가 변동하는 변동원가가 혼합된 원가

① 전화요금　　　② 직접재료원가　　　③ 감가상각비　　　④ 화재보험료

10 다음 중 개별원가계산에 대한 설명으로 옳지 않은 것은?

① 단일 종류의 제품을 연속생산, 대량생산하는 업종에 적합한 원가계산 방법이다.
② 조선업, 건설업이 개별원가계산에 적합한 업종에 해당한다.
③ 직접원가와 제조간접원가의 구분이 중요하며, 제조간접원가의 배부가 핵심과제이다.
④ 각 제조지시서별로 원가계산을 해야 하므로 많은 시간과 비용이 발생한다.

11 다음의 자료를 보고 영업외비용으로 처리해야 할 공손의 수량을 구하시오.

- 기초재공품   400개
- 당기착수량   1,000개
- 정상공손은 완성품 수량의 5%로 한다.
- 기말재공품   200개
- 공손수량   200개

① 50개   ② 100개   ③ 150개   ④ 200개

12 다음 자료를 이용하여 당기총제조원가를 구하면 얼마인가?

- 기초 재공품 원가   100,000원
- 기말 재공품 원가   80,000원
- 공장 전력비   50,000원
- 직접재료원가   180,000원
- 직접노무원가   320,000원
- 공장 임차료   200,000원

① 500,000원   ② 600,000원
③ 730,000원   ④ 750,000원

13 다음 중 부가가치세법상 과세 대상으로 볼 수 없는 것은?

① 재화의 공급   ② 용역의 공급
③ 재화의 수입   ④ 용역의 수입

14 다음 중 부가가치세법상 사업자등록에 관한 설명으로 잘못된 것은?

① 사업자는 사업장마다 사업개시일부터 20일 이내에 사업자등록을 신청해야 한다.
② 사업자는 사업자등록의 신청을 사업장 관할 세무서장에게만 할 수 있다.
③ 신규로 사업을 시작하려는 자는 사업개시일 이전이라도 사업자등록을 신청할 수 있다.
④ 사업자는 등록사항이 변경되면 지체 없이 사업장 관할 세무서장에게 신고하여야 한다.

15 다음 중 부가가치세법상 간이과세에 대한 설명으로 가장 옳지 않은 것은?

① 직전 1역년의 재화·용역의 공급대가의 합계액이 1억 400만 원 미만인 개인사업자가 간이과세자에 해당한다.
② 해당 과세기간의 공급대가의 합계액이 4천 800만 원 미만인 경우에는 납부세액의 납부의무가 면제된다.
③ 직전연도의 공급대가의 합계액이 4천 800만 원 미만인 간이과세자는 세금계산서를 발급할 수 없다.
④ 매출세액보다 매입세액이 클 경우 환급을 받을 수 있다.

남다른패션(주)(회사코드 : 1063)은 스포츠의류 등의 제조업 및 도소매업을 영위하는 중소기업으로 당기 (제7기) 회계기간은 2025.1.1.~2025.12.31.이다. 전산세무회계 수험용 프로그램을 이용하여 다음 물음에 답하시오.

> **기본 전제**
>
> • 문제에서 한국채택국제회계기준을 적용하도록 하는 전제조건이 없는 경우, 일반기업회계기준을 적용하여 회계처리한다.
> • 문제의 풀이와 답안작성은 제시된 문제의 순서대로 진행한다.

01 다음은 기초정보관리 및 전기분재무제표에 대한 자료이다. 각각의 요구사항에 대하여 답하시오.(10점)

❶ 아래의 자료를 바탕으로 다음 계정과목에 대한 적요를 추가 등록하시오.(3점)

> • 코드 : 0511
> • 현금적요 : NO 9. 생산직원 독감 예방접종비 지급
> • 계정과목 : 복리후생비
> • 대체적요 : NO 3. 직원 휴가비 보통예금 인출

❷ 다음 자료를 보고 [거래처등록] 메뉴에서 신규 거래처를 등록하시오.(3점)

> • 거래처코드 : 00450
> • 사업자등록번호 : 403-81-51065
> • 종목 : 원단
> • 거래처명 : (주)대박
> • 대표자명 : 박대박
> • 사업장주소 : 경상북도 칠곡군 지천면 달서원길 16
> • 유형 : 동시
> • 업태 : 제조
> ※ 주소 입력 시 우편번호 입력은 생략해도 무방함

❸ 전기분손익계산서를 검토한 결과 다음과 같은 오류가 발견되었다. 전기분손익계산서, 전기분잉여금처분계산서, 전기분재무상태표 중 관련된 부분을 수정하시오.(4점)

계정과목	틀린 금액	올바른 금액
광고선전비	3,800,000원	5,300,000원

02 다음 거래 자료를 [일반전표입력] 메뉴를 이용하여 입력하시오(일반전표입력의 모든 거래는 부가가치세를 고려하지 말 것).(18점)

입력 시 유의사항

- 일반적인 적요의 입력은 생략하지만, 타계정 대체거래는 적요번호를 선택하여 입력한다.
- 채권 · 채무와 관련된 거래는 별도의 요구가 없는 한 반드시 기 등록된 거래처코드를 선택하는 방법으로 거래처명을 입력한다.
- 제조경비는 500번대 계정코드를, 판매비와관리비는 800번대 계정코드를 사용한다.
- 회계처리 시 계정과목은 별도의 제시가 없는 한 등록된 계정과목 중 가장 적절한 과목으로 한다.

1 7월 18일 (주)괴안공구에 지급할 외상매입금 33,000,000원 중 일부는 아래의 전자어음을 발행하고 나머지는 보통예금 계좌에서 지급하였다.(3점)

전 자 어 음

(주)괴안공구 귀하   00512151020123456789

금 이천삼백만 원정   <u>23,000,000원</u>

위의 금액을 귀하 또는 귀하의 지시인에게 지급하겠습니다.

지급기일 2025년 8월 30일   발행일 2025년 7월 18일

지 급 지 하나은행   발행지

지급장소 신중동역지점   주 소   세종특별자치시 가름로 232

                                        발행인 남다른패션(주)

2 7월 30일 매출거래처인 (주)지수포장의 파산으로 인해 외상매출금 1,800,000원이 회수 불가능할 것으로 판단하여 대손 처리하였다. 대손 발생일 직전 외상매출금에 대한 대손충당금 잔액은 320,000원이다.(3점)

3 8월 30일 사무실 이전을 위하여 형제상사와 체결한 건물 임대차계약의 잔금 지급일이 도래하여 임차보증금 5,000,000원 중 계약금 1,500,000원을 제외한 금액을 보통예금 계좌에서 지급하였다.(3점)

4 10월 18일 대표이사로부터 차입한 잔액 19,500,000원에 대하여 채무를 면제받았다(해당 차입금은 단기차입금으로 계상되어 있다).(3점)

5 10월 25일 시장조사를 위해 호주로 출장을 다녀온 영업부 사원 누리호에게 10월 4일에 지급하였던 출장비 3,000,000원(가지급금으로 처리함) 중 실제 여비교통비로 지출한 2,850,000원에 대한 영수증과 잔액 150,000원을 현금으로 수령하였다(단, 거래처를 입력할 것).(3점)

6 11월 4일 확정기여형(DC형) 퇴직연금 불입액 5,000,000원(영업부 2,000,000원, 생산부 3,000,000원)이 보통예금 계좌에서 이체되었다.(3점)

03 다음 거래 자료를 [매입매출전표입력] 메뉴에 입력하시오.(18점)

- 일반적인 적요의 입력은 생략하지만, 타계정 대체거래는 적요번호를 선택하여 입력한다.
- 채권·채무와 관련된 거래는 별도의 요구가 없는 한 반드시 기 등록된 거래처코드를 선택하는 방법으로 거래처명을 입력한다.
- 제조경비는 500번대 계정코드를, 판매비와관리비는 800번대 계정코드를 사용한다.
- 회계처리 시 계정과목은 별도의 제시가 없는 한 등록된 계정과목 중 가장 적절한 과목으로 한다.
- 입력화면 하단의 분개까지 처리하고, 전자세금계산서 및 전자계산서는 전자입력으로 반영한다.

❶ 7월 14일 미국에 소재한 HK사에 제품(공급가액 50,000,000원)을 직수출하고, 6월 30일에 수령한 계약금 10,000,000원을 제외한 대금은 외상으로 하였다.(3점)

❷ 8월 5일 (주)동도유통에 제품을 판매하고 다음과 같이 전자세금계산서를 발급하였다. 대금 중 10,000,000원은 (주)서도상사가 발행한 어음을 배서양도 받고, 나머지는 다음 달에 받기로 하였다.(3점)

전자세금계산서										승인번호		
공급자	등록번호	320-87-12226		종사업장번호		공급받는자	등록번호	115-81-19867		종사업장번호		
	상호(법인명)	남다른패션(주)		성명	고길동		상호(법인명)	(주)동도유통		성명		남길도
	사업장주소	세종특별자치시 가름로 232					사업장주소	서울시 서초구 강남대로 291				
	업태	제조, 도소매, 무역	종목	스포츠의류 외			업태	도소매		종목		의류
	이메일						이메일					
작성일자		공급가액		세액		수정사유		비고				
2025.8.5		10,000,000		1,000,000		해당 없음						
월	일	품목	규격	수량	단가		공급가액	세액		비고		
8	5	의류					10,000,000	1,000,000				
합계금액		현금		수표		어음		외상미수금		위 금액을 (**청구**) 함		
11,000,000						10,000,000		1,000,000				

❸ 8월 20일 일반과세자인 함안전자로부터 영업부 직원들에게 지급할 업무용 휴대전화(유형자산) 3대를 4,840,000원(부가가치세 포함)에 구입하고, 법인 명의의 국민카드로 결제하였다.(3점)

❹ 11월 11일 (주)더람에 의뢰한 마케팅전략특강 교육을 본사 영업부 직원(10명)들을 대상으로 실시하고, 교육훈련비 5,000,000원에 대한 전자계산서를 발급받았다. 교육훈련비는 11월 1일 지급한 계약금을 제외한 나머지를 보통예금 계좌에서 지급하였다(단, 관련 계정을 조회하여 전표 입력할 것).(3점)

❺ 11월 26일 (주)미래상사로부터 기술연구소의 연구개발에 사용하기 위한 연구용 재료를 10,000,000원(부가가치세 별도)에 구입하면서 전자세금계산서를 발급받고, 대금은 보통예금 계좌에서 지급하였다(단, 연구용 재료와 관련하여 직접 지출한 금액은 무형자산으로 처리할 것).(3점)

❻ 12월 4일 생산부가 사용하는 업무용승용차(2,000cc)의 엔진오일과 타이어를 차차카센터에서 교환하고 전자세금계산서를 발급받았다. 교환비용 825,000원(부가가치세 포함)은 전액 보통예금 계좌에서 이체하였다(단, 교환비용은 차량유지비(제조원가)로 처리할 것).(3점)

04 [일반전표입력] 및 [매입매출전표입력] 메뉴에 입력된 내용 중 다음과 같은 오류가 발견되었다. 입력된 내용을 확인하여 정정하시오.(6점)

❶ 8월 2일 보통예금 계좌에서 지급한 800,000원은 외상으로 매입하여 영업부에서 업무용으로 사용 중인 컴퓨터(거래처 : 온누리)에 대한 대금 지급액으로 확인되었다. 잘못된 항목을 올바르게 수정하시오.(3점)

❷ 11월 19일 차차운송에 현금으로 지급한 운송비 330,000원(부가가치세 포함)은 원재료를 매입하면서 지급한 것으로 회계팀 신입사원의 실수로 일반전표에 입력하였다. 운송 관련하여 별도의 전자세금계산서를 발급받았다.(3점)

05 결산정리사항은 다음과 같다. 해당 메뉴에 입력하시오.(9점)

❶ 결산일 현재 재고자산을 실사하던 중 도난, 파손의 사유로 수량 부족이 발생한 제품의 원가는 2,000,000원으로 확인되었다(단, 수량 부족의 원인은 비정상적으로 발생한 것이다).(3점)

❷ 홍보용 계산기를 구매하고 전액 광고선전비(판매비와관리비)로 비용처리하였다. 결산 시 미사용한 2,500,000원에 대해 올바른 회계처리를 하시오(단, 소모품 계정을 사용하며 음수로 입력하지 말 것).(3점)

❸ 당기의 법인세등으로 계상할 금액은 10,750,000원이다(법인세 중간예납세액은 선납세금으로 계상되어 있으며, 이를 조회하여 회계처리할 것).(3점)

06 다음 사항을 조회하여 답안을 [이론문제 답안작성] 메뉴에 입력하시오.(9점)

❶ 6월 말 현재 외상매입금 잔액이 가장 큰 거래처명과 그 금액은 얼마인가?(3점)

❷ 부가가치세 제1기 확정신고 기간(4월~6월)의 차가감하여 납부할 부가가치세액은 얼마인가?(3점)

❸ 2분기(4월~6월) 중 판매비와관리비 항목의 광고선전비 지출액이 가장 많이 발생한 월과 그 금액은 얼마인가?(3점)

이론시험

다음 문제를 보고 알맞은 것을 골라 [이론문제 답안작성] 메뉴에 입력하시오.(객관식 문항당 2점)

기본 전제

문제에서 한국채택국제회계기준을 적용하도록 하는 전제조건이 없는 경우. 일반기업회계기준을 적용한다.

01 다음 중 기말재고자산 단가 결정 방법이 아닌 것은?

① 선입선출법   ② 총평균법
③ 연수합계법   ④ 이동평균법

02 다음 자료를 참고로 현금및현금성자산의 금액을 계산하면 얼마인가?

• 현금 1,000,000원	• 우편환증서 50,000원	• 보통예금 500,000원
• 정기예금 3,000,000원	• 당좌예금 400,000원	• 단기매매증권 1,000,000원

① 900,000원   ② 1,950,000원
③ 2,900,000원   ④ 4,950,000원

03 다음 중 유형자산 취득 후의 지출과 관련하여 성격이 다른 것은?

① 건물의 엘리베이터 설치
② 건물의 외벽 도색작업
③ 파손된 타일의 원상회복을 위한 수선
④ 보일러 부속품의 교체

04 다음 중 무형자산과 관련된 설명으로 잘못된 것은?

① 내부 창출된 무형자산이 인식기준에 부합하는지 평가하기 위해 연구단계와 개발단계로 구분한다.

② 산업재산권, 저작권, 개발비 등이 대표적이며 사업결합에서 발생한 영업권은 포함하지 않는다.

③ 물리적 형체는 없지만 식별가능하고, 기업이 통제하고 있으며, 미래경제적 효익이 있는 비화폐성 자산이다.

④ 내부 프로젝트를 연구단계와 개발단계로 구분할 수 없는 경우 모두 연구단계에서 발생한 것으로 본다.

05 다음 중 유가증권의 취득원가 및 평가에 대한 설명으로 옳지 않은 것은?

① 단기매매증권은 공정가치로 평가하며 평가손익을 당기손익으로 인식한다.

② 매도가능증권은 시장성이 있는 경우 공정가치로 평가하며 평가손익을 당기손익으로 인식한다.

③ 단기매매증권의 취득부대비용은 발생 즉시 비용으로 처리한다.

④ 만기보유증권의 취득부대비용은 취득원가에 가산한다.

06 다음 중 자기주식거래와 관련하여 자본항목의 성격이 올바르게 짝지어진 것은?

① 자기주식처분이익 : 자본조정

② 자기주식처분손실 : 기타포괄손익누계액

③ 감자차익 : 자본조정

④ 감자차손 : 자본조정

07 다음 자료는 12월 31일 결산자료이다. 상품 매출원가를 계산하고 이에 대한 회계처리로 옳은 것은?

• 기초상품재고액 10,000,000원	• 기말상품재고액 4,000,000원
• 당기상품매입액 5,000,000원	• 매입에누리 및 매입환출 700,000원

① (차) 상품   11,000,000원   (대) 상품매출원가   11,000,000원

② (차) 상품매출원가   10,300,000원   (대) 상품   10,300,000원

③ (차) 상품   11,300,000원   (대) 상품매출원가   11,300,000원

④ (차) 상품매출원가   10,000,000원   (대) 상품   10,000,000원

08 다음 중 거래의 8요소와 그 예시로 가장 적절하지 않은 것은?

① (차) 비용발생 (대) 자산감소 : 신용카드 연회비 1만 원이 신용카드로 결제되다.
② (차) 자산증가 (대) 수익발생 : 보통예금의 결산이자 100만 원이 입금되다.
③ (차) 자산증가 (대) 부채증가 : 원재료 2,000만 원을 외상으로 구입하다.
④ (차) 부채감소 (대) 부채증가 : 외상매입금 1,000만 원을 신용카드로 결제하다.

09 다음 중 제조원가명세서에서 확인할 수 없는 것은?

① 기말원재료재고액　　　　　　　　② 기초재공품재고액
③ 당기제품제조원가　　　　　　　　④ 기말제품재고액

10 다음 중 원가의 분류 방법과 종류가 잘못 짝지어진 것은?

① 원가의 행태에 따른 분류 : 변동원가와 고정원가
② 통제가능성에 따른 분류 : 역사적원가와 예정원가
③ 추적가능성에 따른 분류 : 직접원가와 간접원가
④ 의사결정과의 관련성에 따른 분류 : 관련원가와 매몰원가

11 다음의 자료를 이용하여 기초원가와 가공원가를 계산한 것으로 옳은 것은?

구분	직접원가	간접원가
재료원가	100,000원	50,000원
노무원가	200,000원	100,000원
제조경비	0원	50,000원

	기초원가	가공원가
①	300,000원	200,000원
②	200,000원	250,000원
③	300,000원	400,000원
④	450,000원	50,000원

12 제조간접원가 예정배부율은 기계작업시간당 80원이고, 실제기계작업시간이 50,000시간일 때 제조간접원가 배부차이가 130,000원 과대배부인 경우 제조간접원가 실제발생액은 얼마인가?

① 2,500,000원　　　　　　　　② 3,870,000원
③ 4,000,000원　　　　　　　　④ 4,130,000원

13 다음 중 부가가치세법상 재화의 공급에 해당하는 것은?

① 부동산의 담보제공
② 사업장별로 사업에 관한 모든 권리와 의무 중 일부를 승계하는 사업양도
③ 사업용 자산을 지방세법에 따라 물납하는 것
④ 도시 및 주거환경정비법에 따른 수용 및 국세징수법에 따른 공매

14 다음 중 부가가치세법상 과세표준에 포함하는 것은?

① 공급에 대한 대가의 지급이 지체되었음을 이유로 받는 연체이자
② 매출에누리, 매출환입 및 매출할인
③ 수입하는 재화에 대한 관세의 과세가격과 관세 및 개별소비세
④ 공급받는 자에게 도달하기 전에 파손·훼손 또는 멸실된 재화의 가액

15 부가가치세법상 부동산임대용역을 공급하는 경우, 전세금 또는 임대보증금에 대한 간주임대료의 공급시기로 옳은 것은?

① 대가의 각 부분을 받기로 한 때
② 용역의 공급이 완료된 때
③ 대가를 받은 때
④ 예정신고기간 또는 과세기간 종료일

(주)광주기계(회사코드 : 1043)은 기계부품을 제조하여 판매하는 중소기업이며, 당기(제8기) 회계기간은 2025.1.1.~2025.12.31.이다. 전산세무회계 수험용 프로그램을 이용하여 다음 물음에 답하시오.

기본 전제

- 문제에서 한국채택국제회계기준을 적용하도록 하는 전제조건이 없는 경우, 일반기업회계기준을 적용하여 회계처리한다.
- 문제의 풀이와 답안작성은 제시된 문제의 순서대로 진행한다.

01 다음은 기초정보관리 및 전기분재무제표에 대한 자료이다. 각각의 요구사항에 대하여 답하시오.(10점)

1 다음의 신규거래처를 [거래처등록] 메뉴를 이용하여 추가로 등록하시오.(3점)

- 거래처코드 : 1001
- 거래처명 : (주)보석상사
- 유형 : 동시
- 사업자등록번호 : 108-81-13579
- 대표자 : 송달인
- 업태 : 제조
- 종목 : 금속가공
- 사업장주소 : 경기도 여주시 세종로 14(홍문동)
※ 주소 입력 시 우편번호 입력은 생략해도 무방함

2 [계정과목및적요등록] 메뉴에서 복리후생비(판매비및일반관리비) 계정의 대체적요 3번에 "임직원피복비 미지급"을 등록하시오.(3점)

3 전기분재무제표를 검토한 결과 다음과 같은 오류를 확인하였다. 이와 관련된 전기분재무제표를 적절히 수정하시오.(4점)

외주가공비(제조원가에 속함) 5,500,000원이 누락된 것으로 확인된다.

02 다음 거래 자료를 [일반전표입력] 메뉴에 추가 입력하시오(일반전표입력의 모든 거래는 부가가치세를 고려하지 말 것).(18점)

입력 시 유의사항

- 일반적인 적요의 입력은 생략하지만, 타계정 대체거래는 적요번호를 선택하여 입력한다.
- 채권·채무와 관련된 거래는 별도의 요구가 없는 한 반드시 기 등록된 거래처코드를 선택하는 방법으로 거래처명을 입력한다.
- 제조경비는 500번대 계정코드를, 판매비와관리비는 800번대 계정코드를 사용한다.
- 회계처리 시 계정과목은 별도의 제시가 없는 한 등록된 계정과목 중 가장 적절한 과목으로 한다.

1 7월 10일 (주)서창상사의 외상매출금 10,000,000원을 (주)서창상사가 보유하고 있던 약속어음((주)신흥 기전 발행) 10,000,000원으로 배서양도 받다.(3점)

2 8월 8일 지난달 근로소득 지급액에 대한 원천징수세액인 예수금 220,000원 중 200,000원은 보통예금으로 납부하고, 나머지는 현금으로 납부하다(단, 하나의 전표로 처리하되, 거래처명은 기재하지 말 것).(3점)

3 9월 30일 창고에 보관 중인 제품 7,200,000원이 화재로 인하여 소실되다. 당사는 화재보험에 가입되어 있지 않다.(3점)

4 10월 20일 (주)상록에 판매한 제품을 화물차로 발송하면서 운임비 250,000원을 현금으로 지급하고 운송장을 발급받다.(3점)

5 11월 8일 보유하고 있던 자기주식 중 300주(주당 액면금액 1,000원, 주당 취득원가 1,500원)를 주당 1,300원에 처분하고, 처분대금은 모두 현금으로 수취하다(처분 전 자기주식처분이익 계정 잔액은 없는 것으로 하며, 하나의 전표로 처리할 것).(3점)

6 12월 26일 연말 불우이웃돕기 성금으로 현금 3,000,000원을 지급하다.(3점)

03 다음 거래 자료를 [매입매출전표입력] 메뉴에 입력하시오.(18점)

입력 시 유의사항

- 일반적인 적요의 입력은 생략하지만, 타계정 대체거래는 적요번호를 선택하여 입력한다.
- 채권·채무와 관련된 거래는 별도의 요구가 없는 한 반드시 기 등록된 거래처코드를 선택하는 방법으로 거래처명을 입력한다.
- 제조경비는 500번대 계정코드를, 판매비와관리비는 800번대 계정코드를 사용한다.
- 회계처리 시 계정과목은 별도의 제시가 없는 한 등록된 계정과목 중 가장 적절한 과목으로 한다.
- 입력화면 하단의 분개까지 처리하고, 전자세금계산서 및 전자계산서는 전자입력으로 반영한다.

1 8월 25일 영업부의 거래처인 맘모스 물산의 사업장 확장 이전을 축하하기 위하여 축하 화환을 현금으로 구입하고 아래의 전자계산서를 발급받다.(3점)

전자계산서(공급받는자 보관용)							승인번호		
공급자	사업자등록번호	105-92-25728	종사업장번호		공급받는자	사업자등록번호	211-87-10230	종사업장번호	
	상호(법인명)	남동꽃도매시장	성명	한다발		상호(법인명)	(주)광주기계	성명	안효섭
	사업장주소	인천광역시 남동구 인하로 501				사업장주소	서울시 송파구 도곡로 434		
	업태	도소매	종목	화훼류		업태	제조	종목	기계부품
	이메일					이메일			
작성일자		공급가액		수정사유		비고			
2025.8.25		200,000							

월	일	품목	규격	수량	단가	공급가액	비고
8	25	화환				200,000	

합계금액	현금	수표	어음	외상미수금	이 금액을 (**영수**) 함 (**청구**)
200,000	200,000				

2 9월 5일 공장부지로 사용할 토지의 취득으로 발생한 중개수수료 5,500,000원(부가가치세 포함)을 (주)한화공인중개법인에 보통예금으로 지급하고 전자세금계산서를 발급받다.(3점)

3 11월 15일 최종소비자인 이영수씨에게 제품을 현금으로 판매하고 다음과 같은 현금영수증을 발급하다(단, 거래처를 입력할 것).(3점)

(주)광주기계		
사업자번호 211-87-10230		안효섭
서울시 송파구 도곡로 434		TEL : 02-520-1234
현금영수증(소득공제용)		
구매 11/15/10:46		거래번호 : 0026-0107
상품명	수량	금액
2043655000009	1	968,000원
	과 세 물 품 가 액	880,000원
	부 가 가 치 세 액	88,000원
	합 계	968,000원
	받 은 금 액	968,000원

4 11월 19일 (주)연기실업에 당사가 사용하던 차량운반구(취득원가 50,000,000원, 처분일 현재 감가상각누계액 35,000,000원)를 12,500,000원(부가가치세 별도)에 처분하다. 대금은 보통예금 계좌로 입금되었으며, 전자세금계산서를 발급하다.(3점)

5 12월 6일 임대인 하우스랜드로부터 생산부의 11월분 임차료 2,500,000원(부가가치세 별도)에 대한 전자세금계산서를 발급받다.(3점)

전자세금계산서(공급받는자 보관용)						승인번호		
공급자	사업자등록번호	130-41-27190	종사업장번호		공급받는자	사업자등록번호	211-87-10230	종사업장번호	
	상호(법인명)	하우스랜드	성명	김하우		상호(법인명)	(주)광주기계	성명	안효섭
	사업장주소	경기도 부천시 오정구 오정동 129				사업장주소	서울시 송파구 도곡로 434		
	업태	부동산	종목	임대		업태	제조	종목	기계부품
	이메일					이메일			

작성일자	공급가액	세액	수정사유	비고
2025.12.6	2,500,000	250,000		

월	일	품목	규격	수량	단가	공급가액	세액	비고
12	6	11월 임대료				2,500,000	250,000	

합계금액	현금	수표	어음	외상미수금	이 금액을 (영수)(청구) 함
2,750,000				2,750,000	

6 12월 11일 구매확인서에 의해 (주)아카디상사에 제품 11,000,000원을 납품하고 영세율전자세금계산서를 발급하다. 대금 중 7,000,000원은 외상으로 하고, 나머지는 약속어음으로 수령하였다(단, 서류번호 입력은 생략할 것).(3점)

04 [일반전표입력] 및 [매입매출전표입력] 메뉴에 입력된 내용 중 다음과 같은 오류가 발견되었다. 입력된 내용을 확인하여 정정하시오.(6점)

1 8월 31일 (주)현대전자로부터 차입한 운영자금에 대한 이자비용 500,000원 중 원천징수세액 137,500원을 제외하고 보통예금 계좌에서 이체한 금액인 362,500원에 대해서만 회계처리하였음이 확인되었다. 올바른 회계처리를 하시오(원천징수세액은 부채로 처리하고, 하나의 전표로 입력할 것).(3점)

2 10월 2일 영국의 TOMS사에 직수출하고 제품매출액 $3,000를 $1당 1,200원으로 환산하여 계상하였으나, 검토 결과 선적일 당시 기준환율은 $1당 1,250원으로 확인되었다.(3점)

05 결산정리사항은 다음과 같다. 해당 메뉴에 입력하시오.(9점)

1 영업부의 소모품 구입 시 전액 소모품으로 자산화하고, 결산 시 사용분을 비용으로 계상해오고 있다. 결산 시 영업부로부터 미사용분인 소모품은 1,000,000원으로 통보받았다(단, 전산을 조회하여 처리하고 금액은 음수로 입력하지 말 것).(3점)

2 12월 11일 실제 현금보유액이 장부상 현금보다 570,000원이 많아서 현금과부족으로 처리하였던바, 결산일에 340,000원은 선수금((주)건영상사)으로 밝혀졌으나, 230,000원은 그 원인을 알 수 없다.(3점)

3 기업회계기준에 의하여 퇴직급여충당부채(퇴직급여추계액의 100%)를 설정하고 있다. 퇴직급여충당부채와 관련한 자료는 다음과 같다(단, 퇴직금 지급 시 퇴직급여충당부채와 상계하기로 할 것).(3점)

구분	기초금액	당기설정액	기중 사용금액 (퇴직금 지급액)	퇴직급여추계액
판매관리부	25,000,000원	13,000,000원	8,000,000원	30,000,000원
제조생산부	30,000,000원	15,000,000원	10,000,000원	35,000,000원

06 다음 사항을 조회하여 답안을 [이론문제 답안작성] 메뉴에 입력하시오.(9점)

1 4월의 롯데카드 사용금액은 얼마인가?(단, 미지급금으로 계상하였으며 카드대금 결제일은 다음 달 10일임)(3점)

2 5월 한 달 동안 판매비와관리비 총 지출금액은 얼마인가?(3점)

3 제1기 부가가치세 확정신고기간(4월~6월)의 전자세금계산서 발급분 중 주민등록번호발급분의 공급가액은 얼마인가?(3점)

▶합격강의

다음 문제를 보고 알맞은 것을 골라 [이론문제 답안작성] 메뉴에 입력하시오.(객관식 문항당 2점)

기본 전제

> 문제에서 한국채택국제회계기준을 적용하도록 하는 전제조건이 없는 경우, 일반기업회계기준을 적용한다.

01 다음 중 일반기업회계기준에서 말하는 재무제표에 해당하는 것을 모두 고르면 몇 개인가?

- 재무상태표
- 수입금액조정명세서
- 현금흐름표
- 손익계산서
- 자본변동표
- 제조원가명세서
- 합계잔액시산표
- 주석
- 주주명부

① 5개   ② 4개   ③ 3개   ④ 2개

02 다음 자료는 당기 12월 31일 현재 재무상태표의 각 계정의 잔액이다. 외상매입금은 얼마인가?

- 보통예금 : 300,000원
- 외상매출금 : 700,000원
- 외상매입금 :   ?
- 미지급금 : 150,000원
- 자본금 : 300,000원
- 이익잉여금 : 100,000원

① 450,000원   ② 550,000원   ③ 750,000원   ④ 850,000원

03 도소매업을 영위하는 (주)미래가 기말 결산 시 영업활동에 사용 중인 차량에 대한 아래의 회계처리를
누락한 경우 재무상태표와 손익계산서에 미치는 영향을 설명한 것으로 옳은 것은?

(차) 감가상각비 1,000,000원   (대) 감가상각누계액 1,000,000원

① 재무상태표상 유동자산이 1,000,000원 과대 표시된다.
② 재무상태표상 비유동자산이 1,000,000원 과소 표시된다.
③ 손익계산서상 영업이익이 1,000,000원 과대 표시된다.
④ 손익계산서상 영업외수익이 1,000,000원 과대 표시된다.

04 다음 중 기말 결산 시 원장의 잔액을 차기로 이월하는 방법을 통하여 장부를 마감하는 계정과목이 아닌 것은?

① 선수금   ② 기부금   ③ 개발비   ④ 저장품

05 다음 중 회계정보의 질적 특성에 대한 설명으로 잘못된 것은?

① 회계정보의 질적 특성이란 회계정보가 유용하기 위해 갖추어야 할 주요 속성을 말한다.
② 회계정보의 질적 특성은 회계정보의 유용성의 판단기준이 된다.
③ 회계정보가 갖추어야 할 가장 중요한 질적 특성은 목적적합성과 신뢰성이다.
④ 비교가능성은 목적적합성과 신뢰성보다 중요한 질적 특성이다.

06 다음 거래에 대한 회계처리 시 나타나는 거래요소의 결합관계를 아래의 보기에서 모두 고른 것은?

> 단기대여금 50,000원과 그에 대한 이자 1,000원을 현금으로 회수하다.

〈보기〉

| 가. 자산의 증가 | 나. 자산의 감소 | 다. 부채의 증가 |
| 라. 부채의 감소 | 마. 수익의 발생 | 바. 비용의 발생 |

① 가, 나, 바   ② 나, 다, 마   ③ 나, 라, 바   ④ 가, 나, 마

07 다음 중 자본에 대한 설명으로 가장 옳지 않은 것은?

① 자본은 기업의 자산에서 모든 부채를 차감한 후의 잔여지분을 의미한다.
② 잉여금은 자본거래에 따라 이익잉여금, 손익거래에 따라 자본잉여금으로 구분한다.
③ 주식의 발행금액 중 주권의 액면을 초과하여 발행한 금액을 주식발행초과금이라 한다.
④ 주식으로 배당하는 경우 발행주식의 액면금액을 배당액으로 하여 자본금의 증가와 이익잉여금의 감소로 회계처리한다.

08 다음 중 일반기업회계기준에 의한 수익인식기준으로 가장 옳지 않은 것은?

① 상품권 판매 : 물품 등을 제공 또는 판매하여 상품권을 회수한 때 수익을 인식한다.
② 위탁판매 : 위탁자는 수탁자가 해당 재화를 제3자에게 판매한 시점에 수익을 인식한다.
③ 광고매체수수료 : 광고 또는 상업방송이 대중에게 전달될 때 수익을 인식한다.
④ 주문형 소프트웨어의 개발 수수료 : 소프트웨어 전달 시에 수익을 인식한다.

09 원가 및 비용의 분류 중 제조원가에 해당하는 것은?

① 원재료 운반용 차량의 처분손실   ② 영업용 차량의 처분손실
③ 생산부 건물 경비원의 인건비   ④ 영업부 사무실의 소모품비

10 다음 중 보조부문원가의 배분방법이 아닌 것은?

① 직접배분법　　　② 비례배분법　　　③ 상호배분법　　　④ 단계배분법

11 다음 자료를 이용하여 당기제품제조원가를 구하시오.

> • 기초제품재고액 : 90,000원　　　　　• 기말제품재고액 : 70,000원
> • 당기총제조원가 : 1,220,000원　　　　• 매출원가 : 1,300,000원

① 1,280,000원　　② 1,400,000원　　③ 2,680,000원　　④ 2,860,000원

12 다음 중 공손에 대한 설명으로 옳지 않은 것은?

① 공손품은 정상품에 비하여 품질이나 규격이 미달하는 불합격품을 말한다.
② 공손품은 원재료의 불량, 작업자의 부주의 등의 원인에 의해 발생한다.
③ 정상공손이란 효율적인 생산과정에서도 발생하는 공손을 말한다.
④ 정상 및 비정상 공손품의 원가는 발생한 기간의 손실로서 영업외비용으로 처리한다.

13 다음 중 부가가치세에 대한 설명으로 잘못된 것은?

① 부가가치세 납부세액은 매출세액에서 매입세액을 뺀 금액으로 한다.
② 법인사업자는 부가가치세법상 전자세금계산서 의무발급 대상자이다.
③ 금전 외의 대가를 받은 경우 공급가액은 자기가 공급받은 재화 또는 용역의 시가로 한다.
④ 부가가치세는 납세의무자와 담세자가 다를 것을 예정하고 있는 세목에 해당한다.

14 다음 중 부가가치세법에 따른 재화 또는 용역의 공급시기에 대한 설명으로 옳지 않은 것은?

① 현금판매, 외상판매의 경우 재화가 인도되거나 이용 가능하게 되는 때이다.
② 장기할부판매의 경우 대가의 각 부분을 받기로 한 때이다.
③ 반환조건부 판매의 경우 조건이 성취되거나 기한이 지나 판매가 확정되는 때이다.
④ 폐업 시 잔존재화의 경우 재화가 실제 사용하거나 판매되는 때이다.

15 다음 중 부가가치세법상 납세지에 대한 설명으로 옳지 않은 것은?

① 사업자의 납세지는 각 사업장의 소재지로 한다.
② 제조업의 납세지는 최종제품을 완성하는 장소를 원칙으로 한다.
③ 광업의 납세지는 광구 내에 있는 광업사무소의 소재지를 원칙으로 한다.
④ 무인자동판매기를 통하여 재화를 공급하는 사업의 납세지는 무인자동판매기를 설치한 장소로 한다.

(주)일진자동차(회사코드 : 1033)는 자동차특장을 제조하여 판매하는 중소기업으로, 당기(제7기)의 회계기간은 2025.1.1.~2025.12.31.이다. 전산세무회계 수험용 프로그램을 이용하여 다음 물음에 답하시오.

기본 전제

- 문제에서 한국채택국제회계기준을 적용하도록 하는 전제조건이 없는 경우, 일반기업회계기준을 적용하여 회계처리한다.
- 문제의 풀이와 답안작성은 제시된 문제의 순서대로 진행한다.

01 다음은 기초정보관리 및 전기분재무제표에 대한 자료이다. 각각의 요구사항에 대하여 답하시오.(10점)

❶ 다음은 (주)일진자동차의 사업자등록증이다. [회사등록] 메뉴에 입력된 내용을 검토하여 누락분은 추가입력하고 잘못된 부분은 정정하시오(주소 입력 시 우편번호는 입력하지 않아도 무방함).(3점)

사 업 자 등 록 증

(법인사업자)

등록번호 : 134-86-81692

1. 법인명(단체명) : (주)일진자동차
2. 대　　표　　자 : 김일진
3. 개 업 연 월 일 : 2019년 5월 6일
4. 법 인 등 록 번 호 : 110111-1390212
5. 사 업 장 소 재 지 : 경기도 화성시 송산면 마도북로 40
6. 본 점 소 재 지 : 경기도 화성시 송산면 마도북로 40
7. 사 업 의　종　류 : [업태] 제조업 [종목] 자동차특장
8. 발　급　사　유 : 신규
9. 사업자 단위 과세 적용사업자 여부 : 여( ) 부(V)
10. 전자세금계산서 전용 전자우편주소 :

2019년 5월 4일

화성세무서장 인

---

2 다음 자료를 이용하여 아래의 계정과목에 대한 적요를 추가로 등록하시오.(3점)

> • 계정과목 : 831. 수수료비용   • 현금적요 : (적요NO. 8) 오픈마켓 결제대행 수수료

3 전기분재무제표 중 아래의 계정과목에서 다음과 같은 오류를 발견하였다. 수정 후 잔액이 되도록 적절하게 관련 재무제표를 모두 수정하시오.(4점)

부서	계정과목	수정 전 잔액	수정 후 잔액
영업부	수도광열비	3,300,000원	2,750,000원
생산부	가스수도료	7,900,000원	8,450,000원

02 다음 거래 자료를 [일반전표입력] 메뉴에 추가 입력하시오(일반전표입력의 모든 거래는 부가가치세를 고려하지 말 것).(18점)

입력 시 유의사항

- 일반적인 적요의 입력은 생략하지만, 타계정 대체거래는 적요번호를 선택하여 입력한다.
- 채권·채무와 관련된 거래는 별도의 요구가 없는 한 반드시 기 등록된 거래처코드를 선택하는 방법으로 거래처명을 입력한다.
- 제조경비는 500번대 계정코드를, 판매비와관리비는 800번대 계정코드를 사용한다.
- 회계처리 시 계정과목은 별도의 제시가 없는 한 등록된 계정과목 중 가장 적절한 과목으로 한다.

1 7월 30일 제품을 판매하고 (주)초코로부터 받은 약속어음 5,000,000원을 만기가 도래하기 전에 보람은행에 할인하고, 할인료 30,000원을 차감한 후 보통예금 계좌로 입금되었다(단, 매각거래로 처리할 것).(3점)

2 8월 10일 7월분 국민연금보험료를 현금으로 납부하였다. 납부한 총금액은 540,000원이며, 이 중 50%는 직원 부담분이고, 나머지 50%는 회사부담분(제조부문 직원분 : 180,000원, 관리부문 직원분 : 90,000원)이다(단, 회사부담분은 세금과공과로 처리할 것).(3점)

❸ 9월 26일 우리은행에 예치한 정기예금 50,000,000원의 만기일이 도래하여 정기예금 이자에 대한 원천 징수세액을 차감한 후 보통예금 계좌로 입금되었다(단, 원천징수세액은 자산으로 처리할 것).(3점)

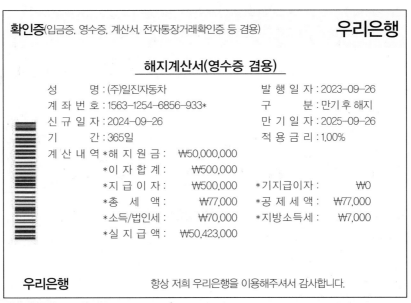

* 거래처 우리은행 정기예금계좌 유일함. 데이터상 정기예금 계정 잔액은 5천만 원, 거래처 없음.

❹ 10월 26일 주당 발행금액 6,000원에 유상증자를 실시하여 신주 10,000주(주당 액면금액 5,000원)를 발 행하였으며, 주금납입액은 보통예금 계좌에 입금되었다. 단, 증자 전 주식할인발행차금 계정의 잔액은 1,000,000원이다.(3점)

❺ 10월 29일 아주중고로부터 매입한 원재료에 대한 매입운임 50,000원을 현금으로 지급하였다.(3점)

❻ 11월 8일 제조부문이 사용하고 있는 건물의 증축공사에서 발생한 인건비 15,000,000원을 보통예금 계좌 에서 이체하여 지급하였다(단, 해당 비용은 자본적 지출에 해당하며, 해당 인건비에 대해 원천징수를 하 지 않는다고 가정할 것).(3점)

03 다음 거래 자료를 [매입매출전표입력] 메뉴에 입력하시오.(18점)

- 일반적인 적요의 입력은 생략하지만, 타계정 대체거래는 적요번호를 선택하여 입력한다.
- 채권·채무와 관련된 거래는 별도의 요구가 없는 한 반드시 기 등록된 거래처코드를 선택하는 방법으로 거래처명을 입력한다.
- 제조경비는 500번대 계정코드를, 판매비와관리비는 800번대 계정코드를 사용한다.
- 회계처리 시 계정과목은 별도의 제시가 없는 한 등록된 계정과목 중 가장 적절한 과목으로 한다.
- 입력화면 하단의 분개까지 처리하고, 전자세금계산서 및 전자계산서는 전자입력으로 반영한다.

1 9월 30일 제조부문이 사용하는 기계장치의 원상회복을 위한 수선을 하고 수선비 330,000원을 전액 하나카드로 결제하고 다음의 매출전표를 수취하였다(미지급금으로 회계처리할 것).(3점)

신용카드 매출전표

단말기번호	11213692	전표번호	234568

카드종류		거래종류	결제방법
하나카드		신용구매	일시불
회원번호(Card No)		취소시 원거래일자	
4140-0202-3245-9959			
유효기간		거래일시 9.30	품명 기계수선
전표제출		금 액/AMOUNT	300,000
		부 가 세/VAT	30,000
전표매입사		봉 사 료/TIPS	
		합 계/TOTAL	330,000
거래번호		승인번호/(Approval No.)	
		98421147	

가맹점	(주)다고쳐		
대표자	김세무	TEL	031-628-8624
가맹점번호	3685062	사업자번호	204-19-76690
주소	경기 성남시 수정구 고등동 525-5		

서명(Signature)

(주)일진자동차

---

❷ 10월 11일 아재자동차로부터 원재료 운반용 화물자동차를 매입하고 전자세금계산서를 발급받았으며, 대금 중 3,300,000원은 보관 중인 (주)삼진의 약속어음을 배서하여 지급하고, 잔액은 외상으로 하였다.(3점)

전자세금계산서(공급받는자 보관용)						승인번호			
공급자	사업자 등록번호	519-15-00319	종사업장 번호		공급받는자	사업자 등록번호	134-86-81692	종사업장 번호	
	상호 (법인명)	아재자동차	성명	김아재		상호 (법인명)	(주)일진자동차	성명	김일진
	사업장 주소					사업장 주소	경기도 화성시 송산면 마도북로 40		
	업태	제조,도소매	종목	자동차, 부품		업태	제조	종목	자동차특장
	이메일					이메일			

작성일자	공급가액	세액	수정사유	비고
2025.10.11	6,000,000	600,000		

월	일	품목	규격	수량	단가	공급가액	세액	비고
10	11	화물자동차				6,000,000	600,000	

합계금액	현금	수표	어음	외상미수금	이 금액을 **(영수)** **(청구)** 함
6,600,000			3,300,000	3,300,000	

❸ 10월 15일 미국에 소재한 ANGEL사로부터 수입한 원재료에 대하여 수입전자세금계산서(공급가액 5,000,000원, 부가가치세 500,000원)를 인천세관으로부터 발급받고, 이에 관한 부가가치세를 보통예금 계좌에서 이체하였다.(3점)

4 11월 4일 (주)삼양안전으로부터 제조부문에서 사용할 안전용품을 구입하고 아래의 전자세금계산서를 발급받았다(단, 안전용품은 소모품(자산)계정을 사용하여 회계처리할 것).(3점)

		전자세금계산서(공급받는자 보관용)						승인번호		
공급자	사업자 등록번호	109-81-33618		종사업장 번호		공급받는자	사업자 등록번호	134-86-81692		종사업장 번호
	상호 (법인명)	(주)삼양안전		성명	이수진		상호 (법인명)	(주)일진자동차	성명	김일진
	사업장 주소	경기도 의정부시 부자로 11					사업장 주소	경기도 화성시 송산면 마도북로 40		
	업태	도소매		종목	목재		업태	제조	종목	자동차특장
	이메일						이메일			

작성일자	공급가액	세액	수정사유	비고		
2025.11.4	1,600,000	160,000				

월	일	품목	규격	수량	단가	공급가액	세액	비고
11	4	안전용품				1,600,000	160,000	

합계금액	현금	수표	어음	외상미수금	이 금액을 **(영수)** 함 **(청구)**
1,760,000	300,000			1,460,000	

5 11월 14일 제조부문에서 사용하던 기계장치(취득원가 50,000,000원, 감가상각누계액 43,000,000원)를 인천상사에 5,000,000원(부가가치세 별도)에 매각하면서 전자세금계산서를 발급하였으며, 대금 중 부가가치세는 현금으로 받고, 나머지는 전액 인천상사가 발행한 약속어음으로 수령하였다.(3점)

6 11월 22일 매출처인 (주)성남의 야유회에 증정할 물품으로 미래마트에서 음료수 550,000원(부가가치세 포함)을 구입하고 전자세금계산서를 발급받고, 대금은 보통예금 계좌에서 이체하여 지급하였다.(3점)

04 [일반전표입력] 및 [매입매출전표입력] 메뉴에 입력된 내용 중 다음과 같은 오류가 발견되었다. 입력된 내용을 확인하여 정정하시오.(6점)

1 7월 3일 (주)한성전자의 부도로 미수금 잔액 10,000,000원이 회수불능되어 전액 대손 처리하였으나, 확인 결과 (주)한성전자의 미수금이 아니라 (주)성한전기의 미수금이며, 부도 시점에 미수금에 대한 대손충당금 잔액 1,000,000원이 있었던 것으로 확인된다.(3점)

2 11월 29일 일시 보유목적으로 시장성 있는 태평상사의 주식 100주를 주당 10,000원에 취득하면서 취득 과정에서 발생한 수수료 10,000원도 취득원가로 회계처리하였다.(3점)

05 결산정리사항은 다음과 같다. 해당 메뉴에 입력하시오.(9점)

1 국민은행의 정기예금에 대한 기간경과분 이자수익을 인식하다(단, 월할로 계산할 것).(3점)

- 예금금액 : 60,000,000원
- 연이자율 : 2%
- 예금기간 : 2년(2025.10.01.~2027.09.30.)
- 이자지급일 : 연 1회(매년 9월 30일)

2 10월 5일 영업부문에서 사용할 소모품 500,000원을 구입하고 자산으로 회계처리하였다. 결산일 현재 소모품 사용액은 350,000원이다.(3점)

3 결산일 현재 외상매출금 잔액의 1%에 대하여 대손이 예상된다. 보충법에 의하여 대손충당금 설정 회계처리를 하시오(단, 대손충당금 설정에 필요한 정보는 관련 데이터를 조회하여 사용할 것).(3점)

06 다음 사항을 조회하여 답안을 [이론문제 답안작성] 메뉴에 입력하시오.(9점)

1 제1기 부가가치세 확정신고기간(4월~6월) 중 매입세액을 공제받지 않은 공급가액은 얼마인가?(3점)

2 제1기 부가가치세 예정신고기간(1월~3월)과 확정신고기간(4월~6월)의 매출세금계산서 발급매수의 차이는 얼마인가?(단, 답이 음수인 경우에도 양수로 입력할 것)(3점)

3 4월(4월 1일~4월 30일) 중 외상매출금 회수액은 얼마인가?(3점)

▶ 합격강의

다음 문제를 보고 알맞은 것을 골라 [이론문제 답안작성] 메뉴에 입력하시오.(객관식 문항당 2점)

기본 전제

문제에서 한국채택국제회계기준을 적용하도록 하는 전제조건이 없는 경우, 일반기업회계기준을 적용한다.

---

01 다음 중 거래의 8요소와 그 예시로 가장 적절하지 않은 것은?

① 자산증가/자본증가 : 회사의 설립을 위한 자본금 1,000만 원을 보통예금에 입금하다.
② 자산증가/자산감소 : 마스크 생산에 사용되는 원단 구입대금 3,000만 원을 현금으로 지급하다.
③ 자산증가/부채증가 : 직원의 주택구입자금 1억 원을 보통예금에서 이체하여 대여하다.
④ 부채감소/부채증가 : 약속어음을 발행하여 외상매입금을 지급하다.

02 다음 자료를 이용하여 선입선출법에 따라 계산한 (주)서울의 기말재고자산 금액은 얼마인가?

일자	적요	수량	단가
5월 6일	매입	200개	200원
9월 21일	매출	150개	500원
12월 12일	매입	100개	300원

① 30,000원 ② 35,000원 ③ 40,000원 ④ 45,000원

03 다음 중 영업외비용으로 처리되는 계정과목은?

① 개발비   ② 경상연구개발비
③ 무형자산손상차손   ④ 소모품비

04 다음 중 유형자산과 무형자산에 대한 설명으로 맞는 것은?

① 유형자산은 모두 감가상각을 해야 한다.
② 무형자산은 화폐성자산이다.
③ 무형자산은 미래 경제적 효익이 없다.
④ 무형자산은 물리적 실체가 없다.

05 다음 거래를 모두 반영하였을 경우 나타날 결과에 대한 설명으로 옳지 않은 것은?

- 2월 1일 : 시장성 있는 (주)한국의 주식(액면금액 4,000원) 100주를 단기간 보유할 목적으로 주당 4,200원에 취득하였다. 취득과정에서 별도의 수수료 20,000원이 발생하였다.
- 7월 1일 : (주)한국의 주식 100주를 주당 4,300원에 처분하였다.

① 단기매매증권처분이익이 10,000원이 발생한다.
② 단기매매증권을 취득할 때 발생한 수수료는 자산처리하지 않고, 비용처리한다.
③ 당기순이익이 10,000원 증가한다.
④ 당기순이익이 10,000원 감소한다.

06 다음 중 부채를 인식하는 요건에 대한 설명으로 옳지 않은 것은?

① 과거 사건이나 거래의 결과로 현재 의무가 존재한다.
② 당해 의무를 이행하기 위하여 자원이 유출될 가능성이 매우 높다.
③ 당해 의무의 이행에 사용되는 금액을 신뢰성 있게 추정할 수 있다.
④ 우발부채는 부채로 인식하지 않아 의무를 이행하기 위하여 자원이 유출될 가능성이 높은 경우에도 주석으로 기재하지 않는다.

07 재무상태표의 기본요소 중 하나인 자본에 대한 설명으로 잘못된 것은?

① 자본이란 기업실체의 자산에 대한 소유주의 잔여청구권이다.
② 배당금 수령이나 청산 시에 주주간의 권리가 상이한 경우 주주지분을 구분 표시할 수 있다.
③ 재무상태표상 자본의 총액은 자산 및 부채를 인식, 측정함에 따라 결정된다.
④ 재무상태표상 자본의 총액은 주식의 시가총액과 일치하는 것이 일반적이다.

08 다음 자료를 이용하여 아래의 (가)를 계산하면 얼마인가?

• 영업무 종업원의 급여	50,000원
• 상거래채권의 대손상각비	20,000원
• 상거래채권 외의 대손상각비	50,000원
• 이자비용	20,000원
• 기부금	40,000원

매출총이익 − (가) = 영업이익

① 70,000원　　　② 90,000원　　　③ 130,000원　　　④ 140,000원

09 다음 중 제조기업의 원가계산 산식으로 가장 옳은 것은?

① 당기제품제조원가＝직접재료원가＋직접노무원가＋제조간접원가
② 직접재료원가＝기초원재료재고액＋당기원재료순매입액－기말원재료재고액
③ 당기총제조원가＝기초재공품재고액＋당기총제조원가－기말재공품재고액
④ 매출원가＝기초제품재고액－당기제품제조원가＋기말제품재고액

10 다음 중 개별원가계산과 종합원가계산의 비교 내용으로 잘못된 것은?

① 종합원가계산은 소품종 대량생산의 경우에 주로 사용된다.
② 종합원가계산은 원가를 제조공정별로 집계한다.
③ 개별원가계산은 원가보고서를 개별작업별로 작성한다.
④ 개별원가계산이 사용되는 산업은 정유업, 화학업, 제지업 등이 대표적이다.

11 다음 자료에 의하여 평균법에 따라 재료원가와 가공원가 각각의 완성품환산량을 구하시오.

• 기초재공품 100개(완성도 25%)	• 당기착수 400개
• 기말재공품 200개(완성도 50%)	• 당기완성 300개
• 재료는 공정 초기에 투입되며, 가공원가는 공정 전반에 걸쳐 균등하게 발생한다.	

	재료원가	가공원가
①	475개	300개
②	475개	400개
③	500개	400개
④	500개	300개

12 다음 중 보조부문의 원가를 배부하는 방법에 대한 설명으로 옳지 않은 것은?

① 상호배분법은 보조부문 상호 간의 용역제공 관계를 완전히 고려하여 배부하므로 사전에 배부금액을 결정하는 방법이다.
② 단계배분법은 보조부문 상호 간의 용역제공 관계에 대해 우선순위를 정하고 배부하는 방법이다.
③ 직접배분법은 보조부문 상호 간의 용역제공 관계를 무시하고 배부하는 방법이다.
④ 원가계산의 정확성은 상호배분법 〉 단계배분법 〉 직접배분법 순이다.

13 다음 중 부가가치세법상 세금계산서 및 영수증 발급의무면제 대상이 아닌 것은?(단, 주사업장총괄납부 및 사업자단위과세 사업자가 아님)

① 용역의 국외공급
② 무인자동판매기를 이용한 재화의 공급
③ 다른 사업장에 판매목적으로 반출되어 공급으로 의제되는 재화
④ 부동산임대용역 중 간주임대료에 해당하는 부분

14 다음 중 부가가치세법상 세금계산서의 필요적 기재사항에 해당하는 것은?

① 공급연월일
② 공급받는 자의 상호, 성명, 주소
③ 공급품목
④ 공급받는 자의 사업자등록번호

15 다음 중 부가가치세법상 면세되는 용역이 아닌 것은?

① 은행법에 따른 은행 업무 및 금융용역
② 주무관청의 허가 또는 인가 등을 받은 교육용역
③ 철도건설법에 따른 고속철도에 의한 여객운송용역
④ 주택임대용역

(주)금왕전자(회사코드 : 1023)는 전자제품을 제조하여 판매하는 중소기업으로, 당기(제8기)의 회계기간은 2025.1.1.~2025.12.31.이다. 전산세무회계 수험용 프로그램을 이용하여 다음 물음에 답하시오.

기본 전제

- 문제에서 한국채택국제회계기준을 적용하도록 하는 전제조건이 없는 경우, 일반기업회계기준을 적용하여 회계처리한다.
- 문제의 풀이와 답안작성은 제시된 문제의 순서대로 진행한다.

---

01 다음은 기초정보관리 및 전기분재무제표에 대한 자료이다. 각각의 요구사항에 대하여 답하시오.(10점)

❶ 다음의 자료를 이용하여 [거래처등록] 메뉴에서 신규거래처를 등록하시오(단, 주어진 자료 외의 다른 항목은 입력할 필요 없음).(3점)

- 거래처코드 : 7171
- 거래처명 : (주)천천상사
- 유형 : 매출
- 사업자등록번호 : 129-86-78690
- 대표자성명 : 이부천
- 업태 : 도매
- 종목 : 전자제품
- 사업장주소 : 인천광역시 계양구 경명대로 1077 로얄프라자 201호(계산동)
- ※ 주소 입력 시 우편번호 입력은 생략해도 무방함

❷ (주)금왕전자의 기초 채권 및 채무의 올바른 잔액은 다음과 같다. [거래처별초기이월] 자료를 검토하여 오류가 있으면 삭제 또는 수정, 추가 입력하여 올바르게 정정하시오.(3점)

계정과목	거래처	금액
외상매출금	(주)대전전자	3,000,000원
	(주)목포전자	2,000,000원
외상매입금	손오공상사	1,500,000원
	사오정산업	800,000원
받을어음	(주)대구전자	300,000원

3 전기분손익계산서를 검토한 결과 다음과 같은 오류가 발견되었다. [전기분재무상태표], [전기분손익계산서], [전기분원가명세서], [전기분잉여금처분계산서] 중 관련된 부분을 수정하시오.(4점)

계정과목	틀린 내용	올바른 내용
소모품비	판매비와관리비로 2,000,000원을 과다 계상함	제조원가로 2,000,000원을 추가 반영할 것

02 다음 거래 자료를 [일반전표입력] 메뉴에 추가 입력하시오(일반전표입력의 모든 거래는 부가가치세를 고려하지 말 것).(18점)

입력 시 유의사항

- 일반적인 적요의 입력은 생략하지만, 타계정 대체거래는 적요번호를 선택하여 입력한다.
- 채권·채무와 관련된 거래는 별도의 요구가 없는 한 반드시 기 등록된 거래처코드를 선택하는 방법으로 거래처명을 입력한다.
- 제조경비는 500번대 계정코드를, 판매비와관리비는 800번대 계정코드를 사용한다.
- 회계처리 시 계정과목은 별도의 제시가 없는 한 등록된 계정과목 중 가장 적절한 과목으로 한다.

1 7월 20일 회사가 보유하고 있던 매도가능증권(투자자산)을 다음과 같은 조건으로 처분하고 대금은 보통예금으로 회수하였다(단, 전기의 기말평가는 일반기업회계기준에 따라 처리하였음).(3점)

취득원가	전기 말 공정가치	처분금액	비고
24,000,000원	28,000,000원	29,000,000원	시장성이 있다.

2 9월 26일 창고에 보관 중인 원재료 550,000원(원가)을 공장에서 사용 중인 기계장치의 수리를 위하여 사용하였다.(3점)

3 11월 4일 세금계산서를 발급할 수 없는 간이과세자인 일백토스트에서 공장 생산직 직원들의 간식용 토스트를 주문하였다. 대금은 현금으로 지급하고, 아래와 같은 영수증을 받았다.(3점)

일백토스트

121-15-12340   김일백
경기도 이천시 가좌로1번길   TEL:031-400-1158
홈페이지 http://www.kacpta.or.kr

현금(지출증빙용)

구매 11/04/10:06   거래번호 : 150

상품명	수량	단가	금액
햄토스트	2,500원	4	10,000원
치즈토스트	2,000원	5	10,000원
합　　　계			20,000원
받 은 금 액			20,000원

4 11월 5일 전기에 대손이 확정되어 대손충당금과 상계처리하였던 (주)대전전자의 외상매출금 500,000원이 회수되어 당사의 보통예금 계좌에 입금되었다.(3점)

5 11월 8일 기계장치 구입으로 인하여 부가가치세 제2기 예정신고기간에 발생한 부가가치세 환급금 10,300,000원이 보통예금 계좌로 입금되었다. 부가가치세 제2기 예정신고기간의 부가가치세 환급금은 미수금으로 회계처리를 하였다.(3점)

6 11월 30일 해외거래처인 ACE에 수출(선적일 : 11월 1일)한 제품에 대한 외상매출금 $2,000를 회수하였다. 외화로 회수한 외상매출금은 즉시 원화로 환전하여 당사 보통예금 계좌에 입금하였다.(3점)

- 11월 1일 환율 : 1,100원/$　　　　　　　　　　• 11월 30일 환율 : 1,150원/$

다음 거래 자료를 [매입매출전표입력] 메뉴에 입력하시오.(18점)

입력 시 유의사항

- 일반적인 적요의 입력은 생략하지만, 타계정 대체거래는 적요번호를 선택하여 입력한다.
- 채권·채무와 관련된 거래는 별도의 요구가 없는 한 반드시 기 등록된 거래처코드를 선택하는 방법으로 거래 처명을 입력한다.
- 제조경비는 500번대 계정코드를, 판매비와관리비는 800번대 계정코드를 사용한다.
- 회계처리 시 계정과목은 별도의 제시가 없는 한 등록된 계정과목 중 가장 적절한 과목으로 한다.
- 입력화면 하단의 분개까지 처리하고, 전자세금계산서 및 전자계산서는 전자입력으로 반영한다.

1 10월 16일 (주)한국마트에서 대표이사 신윤철이 업무와 무관하게 개인적으로 이용하기 위하여 노트북 1대를 2,500,000원(부가가치세 별도)에 외상으로 구매하고 전자세금계산서를 받았다(단, 거래처를 입력할 것).(3점)

전자세금계산서(공급받는자 보관용)						승인번호			
공급자	사업자 등록번호	105-81-23608	종사업장 번호		공급받는자	사업자 등록번호	126-87-10121	종사업장 번호	
	상호 (법인명)	(주)한국마트	성명	한만군		상호 (법인명)	(주)금왕전자	성명	신윤철
	사업장 주소	서울특별시 동작구 여의대방로 28				사업장 주소	경기도 이천시 가좌로1번길 21-26		
	업태	도소매	종목	전자제품		업태	제조, 도소매	종목	전자제품
	이메일					이메일			

작성일자	공급가액	세액	수정사유	비고	
2025.10.16	2,500,000	250,000			

월	일	품목	규격	수량	단가	공급가액	세액	비고
10	16	노트북		1		2,500,000	250,000	

합계금액	현금	수표	어음	외상미수금	이 금액을 (영수) 함 (청구)
2,750,000				2,750,000	

2 10월 21일 (주)송송유통에 제품을 판매하고 다음과 같이 전자세금계산서를 발급하였다. 판매대금 중 10,000,000원은 지주상사가 발행한 어음으로 받았고, 나머지는 다음 달에 받기로 하였다.(3점)

전자세금계산서(공급받는자 보관용)						승인번호			
공급자	사업자 등록번호	126-87-10121	종사업장 번호		공급받는자	사업자 등록번호	110-81-19066	종사업장 번호	
	상호 (법인명)	(주)금왕전자	성명	신윤철		상호 (법인명)	(주)송송유통	성명	이송
	사업장 주소	경기도 이천시 가좌로1번길 21-26				사업장 주소	서울특별시 강남구 강남대로 30		
	업태	제조, 도소매	종목	전자제품		업태	도소매	종목	전자제품
	이메일					이메일			

작성일자	공급가액	세액	수정사유	비고
2025.10.21	40,000,000	4,000,000		

월	일	품목	규격	수량	단가	공급가액	세액	비고
10	21	전자제품				40,000,000	4,000,000	

합계금액	현금	수표	어음	외상미수금	이 금액을 (영수) 함 (청구)
44,000,000			10,000,000	34,000,000	

3 11월 2일 (주)이에스텍으로부터 공장 시설보호를 목적으로 CCTV 설치를 완료하고 전자세금계산서를 발급받았다. 대금 총액 3,300,000원(부가가치세 포함) 중 현금으로 300,000원을 지급하였고, 나머지는 10회에 걸쳐 매달 말 균등 지급하기로 하였다(계정과목은 시설장치 과목을 사용할 것).(3점)

4 11월 27일 당사는 본사의 사옥을 신축할 목적으로 기존 건물이 있는 토지를 취득하고 즉시 건물을 철거한 후 (주)철거로부터 전자세금계산서를 발급받았다. 구건물 철거 비용 33,000,000원(공급가액 30,000,000원, 세액 3,000,000원) 중 15,000,000원은 보통예금으로 지급하고, 나머지는 외상으로 하였다.(3점)

⑤ 12월 1일 개인 소비자인 권지우씨에게 제품을 2,400,000원(부가가치세 별도)에 판매하고, 판매대금은 신용카드로 결제받았다(단, 신용카드에 의한 판매는 매출채권으로 처리할 것).(3점)

신용카드매출전표

────────────────

카드종류 : 국민카드
회원번호 : 2224 – 1222 – **** – 1345
거래일시 : 12.1. 16:05:16
거래유형 : 신용승인
매　　출 : 2,400,000원
부 가 세 :　240,000원
합　　계 : 2,640,000원
결제방법 : 일시불
승인번호 : 71999995
은행확인 : 국민은행
가맹점명 : (주)금왕전자

────────────────

– 이 하 생 략 –

⑥ 12월 20일 미국 소재 법인 dongho와 8월 4일 직수출 계약을 체결한 제품 $5,000의 선적을 완료하고, 수출대금은 차후에 받기로 하였다. 직수출 계약일의 기준환율은 1,180원/$, 선적일의 기준환율은 1,185원/$이다(단, 수출신고번호 입력은 생략할 것).(3점)

04 [일반전표입력] 및 [매입매출전표입력] 메뉴에 입력된 내용 중 다음과 같은 오류가 발견되었다. 입력된 내용을 확인하여 정정하시오.(6점)

① 8월 25일 제1기 확정신고기간의 부가가치세 납부세액과 가산세 162,750원을 보통예금으로 납부하고 일반전표에서 세금과공과(판)로 회계처리하였다(단, 6월 30일의 부가가치세 회계처리를 확인하고, 가산세는 세금과공과(판)로 처리할 것).(3점)

② 10월 17일 (주)이플러스로부터 구매한 스피커의 대금 2,200,000원을 보통예금 계좌에서 이체하고 일반전표에서 상품으로 회계처리하였으나, 사실은 영업부 사무실에서 업무용으로 사용할 목적으로 구입하고 지출증빙용 현금영수증을 발급받은 것으로 확인되었다. 회사는 이를 비품으로 처리하고 매입세액공제를 받으려고 한다.(3점)

05 결산정리사항은 다음과 같다. 해당 메뉴에 입력하시오.(9점)

❶ 외상매입금 계정에는 중국에 소재한 거래처 상하이에 대한 외상매입금 2,200,000원($2,000)이 포함되어 있다(결산일 현재 적용환율 : 1,120원/$).(3점)

❷ 7월 1일 전액 비용으로 회계처리한 보험료(제조부문 : 2,400,000원, 영업부문 : 1,500,000원)는 1년분(2025.7.1.~2026.6.30.) 보험료를 일시에 지급한 것으로 보험료는 월할계산한다.(3점)

❸ 9월 15일 가수금으로 처리한 2,550,000원에 대한 원인을 조사한 결과, 그 중 2,530,000원은 (주)인천의 외상매출금을 회수한 것으로 밝혀졌다. 나머지 금액은 결산일 현재까지 그 차이의 원인을 알 수 없어 당기 수익(영업외수익)으로 처리하였다.(3점)

06 다음 사항을 조회하여 답안을 [이론문제 답안작성] 메뉴에 입력하시오.(9점)

❶ 1분기(1월~3월) 중 제품 매출이 가장 많은 달(月)과 가장 적은 달(月)의 차이는 얼마인가?(단, 음수로 입력하지 말 것)(3점)

❷ 부가가치세 제1기 예정신고기간(1월~3월) 중 신용카드로 매입한 사업용 고정자산의 공급가액은 얼마인가?(3점)

❸ 6월 중 한일상회에서 회수한 외상매출금은 얼마인가?(3점)

이론시험

다음 문제를 보고 알맞은 것을 골라 [이론문제 답안작성] 메뉴에 입력하시오.(객관식 문항당 2점)

기본 전제

문제에서 한국채택국제회계기준을 적용하도록 하는 전제조건이 없는 경우, 일반기업회계기준을 적용한다.

---

01 다음의 손익계산서 항목 중 유형자산처분손실이 발생할 경우 변동되는 것은?

① 매출원가   ② 매출총이익
③ 영업이익   ④ 법인세비용차감전순손익

02 다음 중 현금및현금성자산에 해당하지 않는 것은?

① 당좌예금
② 타인발행수표
③ 보통예금
④ 취득 당시 만기가 1년 이후에 도래하는 양도성예금증서

03 다음의 거래를 회계처리할 때 사용되지 않는 계정과목은 무엇인가?

업무용 승용차 20,000,000원을 취득하면서 먼저 지급한 계약금 2,000,000원을 제외한 나머지 잔액은 약속어음을 발행하여 지급하였다.

① 선급금   ② 지급어음
③ 미지급금   ④ 차량운반구

04 아래의 고정자산 관리대장에 의하여 기말결산 시 감가상각비(제조원가)로 인식할 금액은 얼마인가?(단, 월할 계산하고 소수점 미만 금액은 절사할 것)

구분	자산명	취득일	취득원가	잔존가치	상각 방법	내용 연수	상각률	사용 부서
차량 운반구	BMW520d	2025.03.01.	65,000,000	15,000,000	정액법	5	0.2	영업부
	포터2 더블캡	2022.05.02.	30,000,000	5,000,000	정액법	5	0.2	생산부

① 5,000,000원
② 6,000,000원
③ 8,333,333원
④ 15,000,000원

05 다음 중 무형자산에 대한 설명으로 옳지 않은 것은?

① 무형자산은 영업상 목적으로 획득 또는 보유하는 것으로, 물리적 형체가 없다.
② 식별가능성은 특정 무형자산을 다른 자산과 구분하여 별도로 인식할 수 있음을 의미한다.
③ 무형자산의 미래경제적효익은 재화의 매출이나 용역수익, 원가절감, 또는 자산의 사용에 따른 기타 효익의 형태로 발생한다.
④ 무형자산을 최초로 인식할 때에는 시가로 측정한다.

06 다음의 계정별원장을 분석하여 9월 1일 단기매매증권처분금액을 계산하면 얼마인가?

단기매매증권		단기매매증권처분이익	
8/1 현금 500,000원	9/1 현금 500,000원		9/1 현금 100,000원

① 400,000원
② 500,000원
③ 600,000원
④ 1,000,000원

07 아래의 분개를 각 계정별원장에 전기한 것으로 가장 적절한 것은?

12월 1일 (차) 급여 2,000,000원	(대) 미지급금 1,950,000원
	예수금 50,000원

① 예수금
12/1 급여   50,000 |

② 미지급금
| 12/1 예수금   50,000

③ 미지급금
12/1 급여 2,000,000 |

④ 미지급금
| 12/1 급여   1,950,000

08 다음의 계정과목 중 계정체계의 분류가 나머지와 다른 것은?

① 매도가능증권처분이익 ② 자산수증이익
③ 단기매매증권평가이익 ④ 자기주식처분이익

09 다음 중 제조원가명세서에 표시되지 않는 것은?

① 직접재료원가, 직접노무원가, 제조간접원가
② 당기총제조원가
③ 당기제품제조원가
④ 제품매출원가

10 다음은 종합원가계산과 개별원가계산에 대한 설명이다. 옳지 않은 것을 고르시오.

① 다품종 주문생산에 적합한 원가계산방법은 개별원가계산이다.
② 정유업, 제당업, 제분업은 종합원가계산이 적합하다.
③ 건설업, 주문에 의한 기계제조업, 항공기제조업은 개별원가계산이 적합하다.
④ 상대적으로 정확한 제품원가계산이 가능한 방법은 종합원가계산이다.

11 다음 자료를 이용하여 평균법에 의한 가공원가 완성품환산량을 계산하시오. 단, 재료원가는 공정 초기에 전량 투입되며, 가공원가는 공정 전반에 걸쳐 균등하게 발생한다.

• 기초재공품 수량 : 400개(완성도 20%)   • 당기완성품 수량 : 800개
• 당기착수 수량 : 450개   • 기말재공품 수량 : 50개(완성도 40%)

① 450개   ② 800개
③ 820개   ④ 850개

12 다음 중 원가와 관련된 설명으로 옳지 않은 것은?

① 당기총제조원가는 직접재료원가, 직접노무원가, 제조간접원가의 합계이다.
② 재공품의 기초, 기말재고가 없는 경우 당기총제조원가는 당기제품제조원가와 같다.
③ 매몰원가는 의사결정을 할 때 고려되지 않는 과거에 발생한 원가의 합계이다.
④ 기회원가는 여러 대안에 대한 의사결정을 하였을 때, 선택하지 않은 대안의 기대치 합계이다.

13 다음 중 부가가치세법상 세금계산서 및 거래징수와 관련된 설명으로 잘못된 것은?

① 사업자가 재화 또는 용역을 공급하는 경우에는 부가가치세를 재화 또는 용역을 공급받는 자로부터 징수하여야 한다.

② 세금계산서는 재화 또는 용역의 공급시기에 발급한다.

③ 세금계산서는 재화 또는 용역의 공급받는 자와 대가를 지급하는 자가 다른 경우 대가를 지급하는 자에게 발급하여야 한다.

④ 재화 또는 용역의 공급시기가 되기 전이라도 대가의 전부 또는 일부를 수령한 경우 세금계산서를 발급할 수 있다.

14 다음 중 부가가치세법상 면세 대상 용역에 해당하는 것은?

① 전세버스 운송 용역   ② 골동품 중개 용역
③ 도서대여 용역   ④ 자동차운전학원 교육 용역

15 다음 자료에 의하여 부가가치세 과세표준을 계산하면 얼마인가?

- 총매출액 : 1,000,000원
- 매출에누리액 : 16,000원
- 판매장려금(금전) 지급액 : 50,000원
- 외상매출금 연체이자 : 5,000원
- 매출할인액 : 30,000원
- 대손금 20,000원

① 929,000원   ② 934,000원
③ 954,000원   ④ 959,000원

▶합격강의

(주)동진상사(회사코드 : 1013)는 스포츠의류를 제조하여 판매하는 중소기업으로 당기(제7기)의 회계기간은 2025.1.1.~2025.12.31.이다. 전산세무회계 수험용 프로그램을 이용하여 다음 물음에 답하시오.

기본 전제

- 문제에서 한국채택국제회계기준을 적용하도록 하는 전제조건이 없는 경우, 일반기업회계기준을 적용하여 회계처리한다.
- 문제의 풀이와 답안작성은 제시된 문제의 순서대로 진행한다.

01 다음은 기초정보관리 및 전기분재무제표에 대한 자료이다. 각각의 요구사항에 대하여 답하시오.(10점)

1 제품 매출을 위해 소망카드와 신용카드가맹점 계약을 하였다. 다음의 자료를 이용하여 [거래처등록] 메뉴에서 거래처를 등록하시오(단, 주어진 자료 외의 다른 항목은 입력할 필요 없음).(3점)

- 코드 : 99605
- 가맹점번호 : 654800341
- 거래처명 : 소망카드
- 유형 : 매출

2 다음 자료를 이용하여 [계정과목및적요등록] 메뉴에서 계정과목을 등록하시오.(3점)

- 코드 : 855
- 성격 : 경비
- 계정과목 : 인적용역비
- 대체적요 : 1. 사업소득자 용역비 지급

3 (주)동진상사의 기초 채권 및 채무의 올바른 잔액은 다음과 같다. [거래처별초기이월] 자료를 검토하고 오류가 있으면 삭제 또는 수정, 추가 입력하여 올바르게 정정하시오.(4점)

계정과목	거래처	금액	재무상태표 금액
외상매출금	(주)부산무역	49,000,000원	82,000,000원
	(주)영월상사	33,000,000원	
외상매입금	(주)여주기업	51,000,000원	75,800,000원
	(주)부여산업	24,800,000원	

02 다음 거래 자료를 [일반전표입력] 메뉴에 추가 입력하시오(일반전표입력의 모든 거래는 부가가치세를 고려하지 말 것).(18점)

> **입력 시 유의사항**
> • 일반적인 적요의 입력은 생략하지만, 타계정 대체거래는 적요번호를 선택하여 입력한다.
> • 채권·채무와 관련된 거래는 별도의 요구가 없는 한 반드시 기 등록된 거래처코드를 선택하는 방법으로 거래처명을 입력한다.
> • 제조경비는 500번대 계정코드를, 판매비와관리비는 800번대 계정코드를 사용한다.
> • 회계처리 시 계정과목은 별도의 제시가 없는 한 등록된 계정과목 중 가장 적절한 과목으로 한다.

1 9월 18일 (주)강남에 지급하여야 하는 외상매입금 2,500,000원 중 1,300,000원은 3개월 만기 약속어음을 발행하여 지급하고, 나머지는 면제받았다.(3점)

2 10월 13일 제품 3,000,000원을 거래처 일만상사에 판매하기로 계약하고, 계약금으로 공급대가의 20%를 일만상사 발행 당좌수표로 받다.(3점)

3 10월 15일 추석 명절을 맞아 다음과 같이 직원 상여금을 보통예금 계좌에서 지급하였다.(3점)

성명	부서	상여금(원)	공제액(원)			차인지급액(원)
			근로소득세	지방소득세	공제합계	
김세무	영업부	500,000	50,000	5,000	55,000	445,000
이회계	생산부	900,000	90,000	9,000	99,000	801,000
계		1,400,000	140,000	14,000	154,000	1,246,000

4 11월 11일 9월 30일에 열린 주주총회에서 결의했던 금전 중간배당금 2,000,000원을 보통예금으로 지급하였다(단, 9월 30일의 회계처리는 적정하게 이루어졌으며, 원천징수는 없는 것으로 가정할 것).(3점)

5 12월 28일 사무실에서 사용할 비품으로 공기청정기를 구입하고 구입대금은 신용카드로 결제하였다(카드대금은 미지급금 계정을 사용할 것).(3점)

(주)윤서전자		
사업자번호 106-81-20225		이윤서
경기도 부천시 경인옛로 111		TEL : 3385-8085
홈페이지 http://www.kacpta.or.kr		

카드 매출전표		
구매 12/28/10:46		거래번호 : 0006-0007
상품명	수량	공급대가
공기청정기(25평형) 2543655000009	1	3,000,000원
합 계		3,000,000원
받 은 금 액		3,000,000원

****************** 결 제 카 드 ******************
씨티카드 5540-80**-****-**97
승인번호 : 00098867

6 12월 30일 (주)동진상사는 영업부 임직원의 퇴직금에 대하여 확정급여형(DB형) 퇴직연금에 가입하고 있으며, 12월분 퇴직연금 납입액 5,500,000원을 당사 보통예금 계좌에서 이체하였다. 단, 납입액 5,500,000원 중 2%는 금융기관에 지급하는 수수료이다. (3점)

03 다음 거래 자료를 [매입매출전표입력] 메뉴에 입력하시오.(18점)

입력 시 유의사항

- 일반적인 적요의 입력은 생략하지만, 타계정 대체거래는 적요번호를 선택하여 입력한다.
- 채권·채무와 관련된 거래는 별도의 요구가 없는 한 반드시 기 등록된 거래처코드를 선택하는 방법으로 거래처명을 입력한다.
- 제조경비는 500번대 계정코드를, 판매비와관리비는 800번대 계정코드를 사용한다.
- 회계처리 시 계정과목은 별도의 제시가 없는 한 등록된 계정과목 중 가장 적절한 과목으로 한다.
- 입력화면 하단의 분개까지 처리하고, 전자세금계산서 및 전자계산서는 전자입력으로 반영한다.

1 7월 25일 수출 관련 구매확인서에 근거하여 제품 10,000,000원(공급가액)을 (주)정남에 공급하고 영세율전자세금계산서를 발급하였다. 7월 15일에 기수령한 계약금 2,000,000원을 제외한 대금은 외상으로 하였다(단, 서류번호는 입력하지 말 것).(3점)

2 9월 20일 주경상사에서 원재료를 매입하고 다음의 전자세금계산서를 발급받았다.(3점)

	전자세금계산서(공급받는자 보관용)								승인번호		
공급자	사업자 등록번호	109-53-56618		종사업장 번호		공급받는자	사업자 등록번호	136-81-29187		종사업장 번호	
	상호 (법인명)	주경상사		성명 (대표자)	한수진		상호 (법인명)	(주)동진상사		성명	김동진
	사업장 주소	경기도 의정부시 망월로 11					사업장 주소	경기도 안산시 단원구 별망로 178			
	업태	도소매		종목	의류		업태	제조, 도소매	종목		스포츠의류
	이메일						이메일				

작성일자	공급가액	세액	수정사유	비고
2025.9.20	1,300,000	130,000		

비고	

월	일	품목	규격	수량	단가	공급가액	세액	비고
9	20	원단		100	13,000	1,300,000	130,000	

합계금액	현금	수표	어음	외상미수금	이 금액을 (**영수**) 함 (**청구**)
1,430,000	1,000,000		430,000		

3 10월 26일 영업사원을 대상으로 직장 내 성희롱 예방교육을 실시하고, (주)예인으로부터 전자계산서를 발급받았다. 대금 1,650,000원은 보통예금에서 이체하였다.(3점)

4 11월 11일 독일 왓츠자동차로부터 5인승 업무용 승용차(3,000cc)를 수입하면서 인천세관장으로부터 수입전자세금계산서를 다음과 같이 수취하고, 부가가치세는 당좌수표를 발행하여 즉시 납부하다(부가가치세만 회계처리할 것).(3점)

<table>
<tr><td colspan="6" align="center">수입전자세금계산서</td><td align="center">승인번호</td><td></td></tr>
<tr><td rowspan="8">세
관
명</td><td>사업자등록번호</td><td>128-88-12345</td><td>종사업장
번호</td><td></td><td rowspan="8">공
급
받
는
자</td><td>사업자
등록번호</td><td>136-81-29187</td><td>종사업장
번호</td><td></td></tr>
<tr><td>세관명</td><td>인천세관</td><td>성명</td><td>인천
세관장</td><td>상호
(법인명)</td><td>(주)동진상사</td><td>성명</td><td>김동진</td></tr>
<tr><td>세관주소</td><td colspan="3">인천광역시 남동구 구월남로 129</td><td>사업장
주소</td><td colspan="3">경기도 안산시 단원구 별망로 178</td></tr>
<tr><td rowspan="2">수입신고번호
또는 일괄발급
기간(총건)</td><td rowspan="2"></td><td rowspan="2"></td><td rowspan="2"></td><td>업태</td><td>제조, 도소매</td><td>종목</td><td>스포츠
의류</td></tr>
<tr><td>업태</td><td></td><td></td><td></td></tr>
</table>

<table>
<tr><td align="center">작성일자</td><td align="center">과세표준</td><td align="center">세액</td><td align="center">수정사유</td><td colspan="2" align="center">비고</td></tr>
<tr><td>2025.11.11</td><td>88,000,000원</td><td>8,800,000원</td><td>해당 없음</td><td colspan="2"></td></tr>
<tr><td align="center">비고</td><td colspan="5"></td></tr>
</table>

<table>
<tr><td>월</td><td>일</td><td>품목</td><td>규격</td><td>수량</td><td>단가</td><td>과세표준</td><td>세액</td><td>비고</td></tr>
<tr><td>11</td><td>11</td><td>승용차(3000cc)</td><td></td><td></td><td></td><td>88,000,000원</td><td>8,800,000원</td><td></td></tr>
<tr><td></td><td></td><td></td><td></td><td></td><td></td><td></td><td></td><td></td></tr>
<tr><td></td><td></td><td></td><td></td><td></td><td></td><td></td><td></td><td></td></tr>
<tr><td></td><td></td><td></td><td></td><td></td><td></td><td></td><td></td><td></td></tr>
<tr><td colspan="2" align="center">합계금액</td><td colspan="7">96,800,000원</td></tr>
</table>

5 12월 7일 영업부에서 회식을 하고 법인체크카드(하나카드)로 결제하자마자 바로 보통예금에서 인출되었다. (3점)

단말기번호	**전표번호**
502252251	120724128234
카드종류	
하나카드	신용승인
카드번호	
9451-1122-1314-1235	
판매일자	
12/07 11:12:36	
거래구분	금액 400,000원
일시불	세금 40,000원
은행확인	봉사료 0원
하나카드	합계 440,000원
판매자	
대표자	이성수
사업자등록번호	875-03-00273
가맹점명	명량
가맹점주소	
경기도 화성시 마도면 마도로620번길 79	
	서명
	(주)동진상사

6 12월 30일 개인사업자인 미래회계학원에 제품을 현금으로 판매하고 다음과 같은 현금영수증을 발급하였다(단, 거래처를 입력할 것).(3점)

(주)동진상사

사업자번호 136-81-29187   김동진
경기도 안산시 단원구 별망로 178   TEL:031-3289-8085

현금(지출증빙)

구매 12/30/10:46   거래번호 : 0026-0107

상품명	수량	금액
패딩셋트	3set	6,600,000원
	과 세 물 품 가 액	6,000,000원
	부 가 가 치 세 액	600,000원
	합 계	**6,600,000원**
	승 인 금 액	**6,600,000원**

04 [일반전표입력] 및 [매입매출전표입력] 메뉴에 입력된 내용 중 다음과 같은 오류가 발견되었다. 입력된 내용을 확인하여 정정하시오.(6점)

1 12월 10일 공장의 창문이 파손되어 유리창을 교체하면서 800,000원(부가가치세 별도)을 (주)글라스에 자기앞수표로 지급하고 전자세금계산서를 수령하였다. 이는 수익적 지출에 해당하나 자본적 지출로 잘못 회계처리하였다.(3점)

2 12월 18일 영업부 사무실의 수도광열비 74,500원을 현금으로 지급한 것으로 회계처리하였으나, 이는 제품 제조공장에서 발생한 전기요금으로 확인되었다.(3점)

05 결산정리사항은 다음과 같다. 해당 메뉴에 입력하시오.(9점)

1 결산일 현재 현금과부족에 대한 원인을 확인한 결과 영업부 직원의 출장경비 영수증이 누락된 것으로 판명되어 해당 직원으로부터 아래의 영수증을 제출받았다(출장경비는 여비교통비 계정을 사용할 것).(3점)

지방모텔		
사업자번호 106-28-20180　　　　이지안		
강원도 삼척시 세멘로 24　　TEL : 3285-8083		
영수증		
상품명	수량	금액
일반실	2	140,000원
합　　　계　　140,000원		
받 은 금 액　　140,000원		

이지방맛집		
사업자번호 106-11-10175　　　　이지방		
강원도 삼척시 동굴로 33　　TEL : 3285-3085		
영수증		
상품명	수량	금액
송이전골	3	90,000원
합　　　계　　90,000원		
받 은 금 액　　90,000원		

2 11월 25일 미국 K사로부터 차입한 외화장기차입금 36,000,000원($30,000)에 대하여 결산일 현재의 기준환율 1,150원/$을 적용하여 평가하다.(3점)

3 12월 31일 결산일 현재 재고자산의 기말재고액은 다음과 같다.(3점)

　　　• 원재료 : 4,400,000원　　　　• 재공품 : 5,000,000원　　　　• 제품 : 5,600,000원

06 다음 사항을 조회하여 답안을 [이론문제 답안작성] 메뉴에 입력하시오.(9점)

1 제1기 부가가치세 예정신고에 반영된 내용 중 3월 현금영수증 발행분 매출의 공급가액은 얼마인가?(3점)

2 상반기(1월~6월) 중 외상매출금이 가장 많이 감소한 거래처와 그 금액은 얼마인가?(3점)

3 4월 중 현금으로 지급한 도서인쇄비(판매비및일반관리비)의 금액은 얼마인가?(3점)

이론시험

다음 문제를 보고 알맞은 것을 골라 [이론문제 답안작성] 메뉴에 입력하시오.(객관식 문항당 2점)

> **기본 전제**
>
> 문제에서 한국채택국제회계기준을 적용하도록 하는 전제조건이 없는 경우, 일반기업회계기준을 적용한다.

01 다음 중 재무제표를 통해 제공되는 정보에 대한 설명으로 틀린 것은?

① 재무제표는 추정에 의한 측정치를 포함하지 않는다.
② 재무제표는 특정 기업실체에 관한 정보를 제공한다.
③ 재무제표는 화폐단위로 측정된 정보를 주로 제공한다.
④ 재무제표는 산업 또는 경제 전반에 관한 정보를 제공하지 않는다.

02 다음의 회계처리로 인하여 재무제표에 미치는 영향을 바르게 설명한 것은?

> 비품 7,000,000원을 소모품비로 회계처리하였다.

① 수익이 7,000,000원 과대계상된다.   ② 자산이 7,000,000원 과소계상된다.
③ 비용이 7,000,000원 과소계상된다.   ④ 순이익이 7,000,000원 과대계상된다.

03 다음은 (주)상무물산의 제1기(1.1.~12.31.) 재고자산에 대한 내역이다. 선입선출법에 의한 기말재고자산 금액은 얼마인가?

일자	적요	수량	단가
01.23	매입	3,000개	300원
04.30	매출	500개	500원
05.31	매출	1,500개	600원
08.15	매입	2,000개	400원
12.25	매출	500개	500원

① 750,000원   ② 850,000원   ③ 916,666원   ④ 950,000원

04 다음 중 무형자산으로 인식되기 위한 인식기준이 아닌 것은?

① 식별가능성   ② 통제가능성
③ 미래 경제적효익   ④ 판매가능성

05 다음은 (주)대한이 당기 중 취득하여 기말 현재 보유하고 있는 유가증권 관련 자료이다. 기말 회계처리로 적절한 것은 무엇인가?

- 취득원가 2,000,000원인 (주)미국의 주식은 단기보유목적으로 취득하였으며, 동 주식의 기말공정가치는 2,400,000원이다.
- 취득원가 1,800,000원인 (주)중국의 시장성 있는 주식을 장기투자목적으로 취득하였고, 동 주식의 기말 공정 가치는 1,700,000원이다.

① (차) 유가증권   300,000원   (대) 유가증권평가이익   300,000원
② (차) 단기매매증권   400,000원   (대) 단기매매증권평가이익   400,000원
③ (차) 단기매매증권   400,000원   (대) 단기매매증권평가이익   400,000원
        만기보유증권평가손실   100,000원   만기보유증권   100,000원
④ (차) 단기매매증권   400,000원   (대) 단기매매증권평가이익   400,000원
        매도가능증권평가손실   100,000원   매도가능증권   100,000원

06 다음은 기계장치에 대한 감가상각 관련 자료이다. 연수합계법에 의한 1차 연도의 감가상각비는 얼마인가?

- 취득원가 : 60,000,000원(1월 1일 취득)   - 잔존가치 : 취득원가의 10%, 내용연수 : 3년

① 9,000,000원   ② 15,000,000원
③ 18,000,000원   ④ 27,000,000원

07 다음 중 유형자산에 대한 특징이 아닌 것은?

① 물리적 형태가 있는 자산이다.
② 판매를 목적으로 취득한 자산이다.
③ 비화폐성 자산이다.
④ 여러 회계기간에 걸쳐 경제적 효익을 제공해주는 자산이다.

08 다음의 자료를 이용하여 매출원가를 구하시오.

- 기초상품재고액 5,000,000원
- 당기매입액 2,000,000원
- 매입할인 100,000원
- 매입운임 200,000원
- 기말상품재고액 2,000,000원

① 4,900,000원
② 5,000,000원
③ 5,100,000원
④ 5,200,000원

09 다음 중 보조부문원가의 배분방법에 대한 설명으로 옳지 않은 것은?

① 상호배분법은 가장 정확성이 높은 배분방법이다.
② 직접배분법은 배분순위를 고려하지 않는 가장 단순한 방법이다.
③ 직접배분법은 단계배분법에 비해 순이익을 높게 계상하는 배분방법이다.
④ 보조부문원가 배분방법 중 배분순위를 고려하여 배분하는 것은 단계배분법이다.

10 다음 자료를 이용하여 5월 노무원가 발생액을 계산하면 얼마인가?

- 노무원가 전월 선급액 : 500,000원
- 당월 선급액과 당월 미지급액은 없다.
- 노무원가 당월 지급액 : 200,000원

① 100,000원
② 300,000원
③ 400,000원
④ 700,000원

11 다음 중 개별원가계산과 종합원가계산에 대한 설명으로 옳은 것은?

① 개별원가계산은 표준화된 제품을 연속적이며 대량으로 생산하는 기업에 적합하다.
② 종합원가계산은 직접재료원가와 직접노무원가의 실제로 발생한 원가를 각 제품별로 대응시킨다.
③ 개별원가계산은 종합원가계산에 비해 각 제품별 정확한 원가계산이 가능하다.
④ 종합원가계산은 특정제조지시서를 사용한다.

12 직접재료원가와 직접노무원가는 실제원가로, 제조간접원가는 예정배부율로 계산하는 방법인 정상개별원가계산에 의하여 제조간접원가를 예정배부하는 경우 예정배부액 계산식으로 옳은 것은?

① 배부기준의 예정조업도 × 예정배부율
② 배부기준의 실제조업도 × 실제배부율
③ 배부기준의 예정조업도 × 실제배부율
④ 배부기준의 실제조업도 × 예정배부율

13 다음 중 부가가치세법상 영세율에 대한 설명으로 틀린 것은?

① 영세율은 부분면세제도이다.
② 영세율의 목적은 소비지국 과세원칙의 구현이다.
③ 영세율의 목적은 국제적 이중과세 방지를 위한 것이다.
④ 영세율이 적용되는 경우에도 세금계산서를 발급하는 경우가 있다.

14 다음 중 부가가치세법상 용역의 공급으로 과세하지 않는 것은?

① 고용관계에 의하여 근로를 제공하는 경우
② 사업자가 특수관계 있는 자에게 사업용 부동산의 임대용역을 무상공급하는 경우
③ 자기가 주요 자재를 전혀 부담하지 아니하고 상대방으로부터 인도받은 재화를 단순히 가공만 하는 경우
④ 건설사업자가 건설자재의 전부 또는 일부를 부담하고 공급하는 용역의 경우

15 다음 중 부가가치세법상 세금계산서에 대한 설명으로 가장 옳지 않은 것은?

① 법인사업자 및 개인사업자는 반드시 전자세금계산서를 발급하여야 한다.
② 세금계산서는 사업자가 원칙적으로 재화 또는 용역의 공급시기에 재화 또는 용역을 공급받는 자에게 발급하여야 한다.
③ 전자세금계산서를 발급하였을 때에는 발급일의 다음 날까지 전자세금계산서 발급명세를 국세청장에게 전송하여야 한다.
④ 세관장은 수입되는 재화에 대하여 부가가치세를 징수할 때에는 수입된 재화에 대한 수입세금계산서를 수입하는 자에게 발급하여야 한다.

세무사랑(주)(회사코드 : 1003)은 부동산임대업 및 전자제품의 제조 · 도소매업을 영위하는 중소기업으로 당기(제7기) 회계기간은 2025.1.1.~2025.12.31.이다. 전산세무회계 수험용 프로그램을 이용하여 다음 물음에 답하시오.

─────── 기본 전제 ───────

- 문제에서 한국채택국제회계기준을 적용하도록 하는 전제조건이 없는 경우, 일반기업회계기준을 적용하여 회계처리한다.
- 문제의 풀이와 답안작성은 제시된 문제의 순서대로 진행한다.

01 다음은 기초정보관리 및 전기분재무제표에 대한 자료이다. 각각의 요구사항에 대하여 답하시오.(10점)

❶ 당사는 현재 사용하고 있는 창고의 일부를 1년간 임대하기로 하고, 임차인으로부터 1년치 임대료를 현금으로 선수령하였다. [계정과목및적요등록] 메뉴에서 다음 사항을 추가로 입력하시오.(3점)

- 코드 : 274
- 성격 : 2.일반
- 계정과목 : 선수임대료
- 대체적요 : 1.기간미경과 임대료 계상

❷ 신한은행에서 통장을 신규 개설하였다. 다음의 자료를 이용하여 [거래처등록] 메뉴에 입력하시오.(3점)

- 코드번호 : 98004
- 유형 : 정기적금
- 계좌개설일 : 2025년 11월 10일
- 계좌번호 : 413-920-769077
- 계좌개설은행/지점 : 신한은행/마곡점

❸ 거래처별 초기이월 자료를 검토하여 수정 또는 추가 입력하시오.(4점)

계정과목	거래처	금액
받을어음	(주)하늘정밀	13,300,000원
	(주)일렉코리아	11,700,000원
지급어음	(주)프로테크	14,500,000원
	(주)부흥기업	13,500,000원

02 다음 거래 자료를 [일반전표입력] 메뉴에 추가 입력하시오(일반전표입력의 모든 거래는 부가가치세를 고려하지 말 것).(18점)

입력 시 유의사항

- 일반적인 적요의 입력은 생략하지만, 타계정 대체거래는 적요번호를 선택하여 입력한다.
- 채권·채무와 관련된 거래는 별도의 요구가 없는 한 반드시 기 등록된 거래처코드를 선택하는 방법으로 거래처명을 입력한다.
- 제조경비는 500번대 계정코드를, 판매비와관리비는 800번대 계정코드를 사용한다.
- 회계처리 시 계정과목은 별도의 제시가 없는 한 등록된 계정과목 중 가장 적절한 과목으로 한다.

---

1 7월 4일 공장 생산직 직원들의 업무능력 향상을 위한 외부강사 초빙교육에 따른 교육훈련비 500,000원 중 원천징수세액 16,500원을 차감한 금액을 보통예금 계좌에서 지급하였다.(3점)

2 7월 11일 원재료 보관용 창고의 화재와 도난에 대비하기 위하여 화재손해보험에 가입하고 3개월분 보험료 3,000,000원을 보통예금 계좌에서 이체하였다(단, 보험료는 전액 비용계정으로 회계처리할 것).(3점)

3 7월 25일 단기투자목적으로 보유 중인 (주)한국의 주식에 대하여 배당금 1,500,000원이 확정되었다. 배당금은 당일 당사의 보통예금 계좌로 입금되었다.(3점)

4 8월 16일 다음은 영업팀에서 거래처와의 식사비용을 법인카드(신한카드)로 결제하고 수령한 신용카드매출전표이다.(3점)

신용카드 매출전표			
단말기번호	10032158	전표번호	
카드종류		거래종류	결제방법
신한카드		신용구매	일시불
회원번호(Card No)		취소시 원거래일자	
1140-2303-4255-8956			
유효기간		거래일시 8.16	품명
전표제출		금 액/AMOUNT	300,000
		부 가 세/VAT	30,000
전표매입사		봉 사 료/TIPS	
		합 계/TOTAL	330,000
거래번호		승인번호/(Approval No.)	
		51874871	
가맹점	일등참치		
대표자	김이등	TEL	
가맹점번호		사업자번호	126-05-00480
주소	서울 성동구 상왕십리동 514-4		

서명(Signature)
세무사랑(주)

5 8월 25일 직원 김성실에 대한 8월분 급여명세서는 다음과 같으며, 공제내역을 제외한 차인지급액을 보통예금에서 계좌 이체하여 지급하였다.(3점)

8월 급여명세서
김성실(생산부) 귀하

지급내역	기본급	1,500,000원
	자격수당	100,000원
	직무수당	130,000원
	식대	100,000원
	월차수당	70,000원
	지급총액	**1,900,000원**
공제내역	소득세	15,560원
	지방소득세	1,550원
	국민연금	81,000원
	건강보험	61,740원
	고용보험	14,400원
	공제총액	**174,250원**
차인지급액		**1,725,750원**
귀하의 노고에 감사드립니다.		

6 9월 17일 유기견 보호단체에 기부금 2,500,000원을 보통예금 계좌에서 기부하였다.(3점)

03 다음 거래 자료를 [매입매출전표입력] 메뉴에 입력하시오.(18점)

입력 시 유의사항

- 일반적인 적요의 입력은 생략하지만, 타계정 대체거래는 적요번호를 선택하여 입력한다.
- 채권 · 채무와 관련된 거래는 별도의 요구가 없는 한 반드시 기 등록된 거래처코드를 선택하는 방법으로 거래
  처명을 입력한다.
- 제조경비는 500번대 계정코드를, 판매비와관리비는 800번대 계정코드를 사용한다.
- 회계처리 시 계정과목은 별도의 제시가 없는 한 등록된 계정과목 중 가장 적절한 과목으로 한다.
- 입력화면 하단의 분개까지 처리하고, 전자세금계산서 및 전자계산서는 전자입력으로 반영한다.

1 9월 3일 해피상사에 제품을 판매하고 다음과 같이 전자세금계산서를 발급하였다.(3점)

전자세금계산서(공급받는자 보관용)						승인번호			
공급자	사업자등록번호	214-87-10127	종사업장번호		공급받는자	사업자등록번호	120-35-68795	종사업장번호	
	상호(법인명)	세무사랑(주)	성명(대표자)	원경희		상호(법인명)	해피상사	성명	김수은
	사업장주소	서울시 서초구 명달로 105 (서초동)				사업장주소	서울시 마포구 상암동 331		
	업태	제조 외	종목	전자제품 외		업태	도매업	종목	컴퓨터
	이메일					이메일			
작성일자	공급가액		세액		수정사유				
2025.9.3	6,000,000		600,000						
비고									

월	일	품목	규격	수량	단가	공급가액	세액	비고
9	3	전자부품		100	60,000	6,000,000	600,000	

합계금액	현금	수표	어음	외상미수금	이 금액을 (영수) 함 (청구)
6,600,000원	3,300,000			3,300,000	

2 9월 25일 조아무역에 제품을 5,500,000원(부가가치세 포함)에 판매하고 신용카드(비씨카드)로 결제받았
다.(3점)

3 10월 15일 공장의 시설보호 목적으로 CCTV 설치를 완료하고 (주)에스콤으로부터 전자세금계산서를 발급받았다. 대금총액은 5,500,000원(부가가치세 포함)으로 당일에 500,000원을 현금으로 지급하였으며, 나머지는 10회에 걸쳐 매달 균등액을 지급하기로 하였다(단, 설비장치 계정과목을 사용하되 고정자산등록은 생략할 것).(3점)

4 10월 20일 대만에서 원재료를 공급가액 10,000,000원(부가가치세 별도)에 수입하고 수입전자세금계산서를 인천세관장으로부터 발급받았으며, 부가가치세액을 즉시 현금으로 납부하였다(부가가치세액에 대한 회계처리만 할 것).(3점)

<table>
<tr><td colspan="5" style="text-align:center">수입전자세금계산서</td><td colspan="2">승인번호</td><td></td></tr>
<tr><td rowspan="8">세
관
명</td><td>사업자등록번호</td><td>121-83-00561</td><td>종사업장
번호</td><td></td><td rowspan="8">공
급
받
는
자</td><td>사업자
등록번호</td><td>214-87-10127</td><td>종사업장
번호</td><td></td></tr>
<tr><td>세관명</td><td>인천세관</td><td>성명</td><td>인천세
관장</td><td>상호
(법인명)</td><td>세무사랑(주)</td><td>성명</td><td>원경희</td></tr>
<tr><td>세관주소</td><td colspan="3">인천광역시 중구 서해대로 339</td><td>사업장
주소</td><td colspan="3">서울시 서초구 명달로 105 (서초동)</td></tr>
<tr><td rowspan="2">수입신고번호
또는 일괄발급
기간(총건)</td><td colspan="3" rowspan="2">1234567890</td><td>업태</td><td>제조 외</td><td>종목</td><td>전자
제품 외</td></tr>
<tr><td>업태</td><td></td><td></td><td></td></tr>
</table>

<table>
<tr><td>작성일자</td><td>과세표준</td><td>세액</td><td colspan="2">수정사유</td></tr>
<tr><td>2025.10.20</td><td>10,000,000</td><td>1,000,000</td><td colspan="2">해당 없음</td></tr>
<tr><td>비고</td><td></td><td></td><td></td><td></td></tr>
</table>

<table>
<tr><td>월</td><td>일</td><td>품목</td><td>규격</td><td>수량</td><td>단가</td><td>과세표준</td><td>세액</td><td>비고</td></tr>
<tr><td>10</td><td>20</td><td>원재료</td><td></td><td></td><td></td><td>10,000,000</td><td>1,000,000</td><td></td></tr>
<tr><td></td><td></td><td></td><td></td><td></td><td></td><td></td><td></td><td></td></tr>
<tr><td></td><td></td><td></td><td></td><td></td><td></td><td></td><td></td><td></td></tr>
<tr><td colspan="2">합계금액</td><td colspan="7">11,000,000원</td></tr>
</table>

5 11월 30일 (주)리스로부터 영업직 직원들이 사용할 목적으로 업무용승용차를 리스하였다. 해당 리스는 운용리스이며, 리스계약일은 당기 11월 30일, 리스기간은 5년 약정, 월 리스료는 800,000원이다. (주)리스로부터 1회차 임차료(판)에 대한 전자계산서를 당일에 발급받았으며, 대금은 익월 초에 지급하기로 하였다.(3점)

6 12월 12일 해외거래처인 베스트인터내셔날에 제품 1,000개(1개당 $200)를 직수출하고, 대금은 외상으로 하였다. 선적일(12월 12일)의 기준환율은 1,300원/$이었다(단, 수출신고번호 입력은 생략할 것).(3점)

04 [일반전표입력] 및 [매입매출전표입력] 메뉴에 입력된 내용 중 다음과 같은 오류가 발견되었다. 입력된 내용을 확인하여 정정하시오.(6점)

❶ 8월 19일 영업부서에서 소모품(비용으로 처리) 550,000원(부가가치세 포함)을 (주)마트에서 구매하고 삼성카드로 결제하였다. 이를 제조원가의 소모품비로 회계처리하였다.(3점)

❷ 11월 19일 한성공업에 대한 외상매출금 25,000,000원을 전액 현금으로 회수한 것으로 일반전표에 회계처리를 하였으나, 15,000,000원은 동사 발행 약속어음(만기일 차기 6월 30일)으로 받고, 잔액만 현금으로 회수된 것으로 확인되었다.(3점)

05 결산정리사항은 다음과 같다. 해당 메뉴에 입력하시오.(9점)

❶ 결산일 현재 영업부 건물에 대하여 우진화재에 지급한 화재보험료의 상세 내역이다. 단, 보험료 지급액은 전부 판매비와관리비로 처리하였으며, 보험료는 월할 계산한다.(3점)

> • 보험기간 : 2025.7.1.～2026.6.30.   • 보험료 납부일 : 2025.7.1.   • 보험료 : 6,000,000원

❷ 12월 1일 장부상 현금보다 실제 현금 보유액이 30,000원 많은 것을 발견하여 현금과부족으로 회계처리하였으며, 현금과부족의 원인을 기말까지 파악할 수 없다.(3점)

❸ 기말 외상매입금 계정에 미국 Rose사에 대한 외상매입금 3,300,000원($3,000)이 포함되어 있다(결산일 현재 기준환율 : 1,200원/$).(3점)

06 다음 사항을 조회하여 답안을 [이론문제 답안작성] 메뉴에 입력하시오.(9점)

❶ 1월부터 6월까지의 현금지급액은 총 얼마인가?(3점)

❷ 당기 4월부터 6월까지 매입전자세금계산서 매수가 가장 많은 거래처명을 입력하시오.(3점)

❸ 당사의 제1기 예정신고기간의 신용카드 사용에 따른 매입세액공제액은 얼마인가?(3점)

01	02	03	04	05	06	07	08	09	10	11	12	13	14	15
②	④	②	①	①	③	③	②	④	②	③	④	②	③	①

01 손익계산서는 일정기간 동안 기업실체의 경영성과에 대한 정보를 제공하는 재무보고서이다.

02 단기매매증권 취득 시 발생한 비용(거래원가)은 당기비용으로 처리한다. 만약 단기매매증권 취득 시 발생한 비용을 취득원가에 가산하면 자산의 과대계상, 비용의 과소계상이 되며, 비용의 과소계상은 당기순이익의 과대계상, 자본의 과대계상이 되게 된다.

03 처분금액 4,000,000 − 장부금액 7,300,000(취득원가 10,000,000 − 감가상각누계액 2,700,000) = −3,300,000원(유형자산처분손실)
  ※ 정액법 연 감가상각비 = (취득원가 − 잔존가치) / 내용연수
  • 전기 감가상각비 : (10,000,000 − 1,000,000)/5년 = 1,800,000
  • 당기 감가상각비 : (10,000,000 − 1,000,000)/5년 × 6개월/12개월 = 900,000
  ∴ 감가상각누계액 = 1,800,000 + 900,000 = 2,700,000원

04 • 현금및현금성자산 = 현금시재액 200,000 + 당좌예금 500,000 = 700,000원
  • 단기금융상품 = 정기예금 1,500,000원
  ※ 선일자수표 : 받을어음(미수금), 외상매입금 : 유동부채

  오답 피하기
  • 현금및현금성자산 : 현금(통화, 통화대용증권(자기앞수표, 타인발행당좌수표, 우편환증서, 사채이자지급표, 배당금지급통지표 등), 요구불예금(당좌예금, 보통예금 등), 현금성자산
  • 단기투자자산 : 단기금융상품, 단기매매증권, 단기대여금

05 • 대손충당금은 채권의 차감적 평가계정이다.
  • 유형자산의 차감적 평가계정은 감가상각누계액, 정부보조금이다.

06 주식배당은 미처분이익잉여금(이익잉여금)의 감소와 자본금(자본금)의 증가를 가져오므로 전체 자본에 변동이 없다.

  오답 피하기
  • ① : 미처분이익잉여금의 증가(자본증가)
  • ② : 미처분이익잉여금의 감소(자본감소)
  • ④ : 자본금의 증가(자본증가)

07 대가가 분할되어 수취되는 할부판매의 경우에는 이자부분을 제외한 판매가격에 해당하는 수익을 판매시점에 인식한다.

08 재고자산의 취득원가에 매입부대비용은 포함된다.

09 과거의 의사결정으로 인해 이미 발생한 원가이며 대안 간의 차이가 발생하지 않는 원가는 매몰원가이다.

10 • 보조부문의 배분 순서에 따라 제조간접원가의 배분액이 달라지는 방법은 단계배분법이다.
  • 단계배분법 : 보조부문원가의 배분 순서를 정하여 그 순서에 따라 보조부문원가를 다른 보조부문과 제조부문에 단계적으로 배분하는 방법

11 당기총제조원가는 제조원가명세서에서 제공하는 정보지만 나머지는 손익계산서에서 제공하는 정보이다.

12 • 평균법 완성품환산량 = 완성품 수량 + 기말재공품환산량

　　 • 가공원가 완성품환산량 = 당기완성품 수량 40,000 + 기말재공품환산량 30,000 × 60% = 58,000개

13 영세율을 적용받는 사업자도 납세의무자에 해당한다.

14 제조업의 경우 따로 제품 포장만을 하거나 용기에 충전만 하는 장소는 사업장에서 제외한다.

15 전자세금계산서는 발급일의 다음 날까지 국세청장에게 전송해야 한다.

01 기초정보관리

1 [기초정보관리]-[거래처등록]을 클릭하면 「일반거래처」탭 화면이 나온다. 좌측 화면 하단 빈칸에 코드:05000, 거래처명:(주)
대신전자, 유형:1.매출을 선택하고 우측에 사업자등록번호, 대표자성명, 업태, 종목, 주소를 입력한다.

2 [전기분재무제표]-[거래처별초기이월]에서 좌측 화면의 계정과목에서 "외상매출금"을 클릭하고 우측 화면의 (주)동명상사의
금액을 5,000,000에서 6,000,000으로 수정한다. 같은 방법으로 좌측 화면의 계정과목에서 "받을어음"을 클릭하고 우측 화
면의 (주)남북의 금액을 2,500,000에서 1,000,000으로 수정한다. 또 좌측 화면의 계정과목에서 "지급어음"을 클릭하고 우
측 화면의 거래처란 아래 빈칸 거래처코드란에서 F2를 눌러 (주)동서를 선택하고 1,500,000을 추가 입력한다.

3 [전기분재무제표]-[전기분원가명세서]에서 하단 빈칸에 세금과공과 3,500,000을 추가 입력한다. 그러면 당기제품제조원가가
107,650,000으로 변경된다. [전기분재무제표]-[전기분손익계산서]의 제품매출원가란의 당기제품제조원가를 107,650,000
으로 수정하고 세금과공과 3,500,000을 클릭한 후 상단의 삭제 버튼을 눌러 삭제한다. 당기순이익에 변동이 없으므로 [전기
분재무제표]-[전기분잉여금처분계산서]와 [전기분재무제표]-[전기분재무상태표]는 그대로 둔다.

02 일반전표입력

[전표입력]-[일반전표입력]을 클릭한 후 다음과 같이 입력한다.

1 8월 5일

구분		계정과목	거래처	적요	차변	대변
차변	0103	보통예금			740,000	
차변	0956	매출채권처분손실			260,000	
대변	0110	받을어음	(주)기경상사			1,000,000

※ 어음을 만기 이전에 매각거래로 할인할 경우 할인료는 매출채권처분손실(영업외비용)로 처리한다.

2 8월 10일

구분		계정과목	거래처	적요	차변	대변
차변	0254	예수금			400,000	
차변	0817	세금과공과			400,000	
차변	0831	수수료비용			8,000	
대변	0253	미지급금	하나카드			808,000

※ 회사부담분 국민연금은 세금과공과로 처리한다.

3 8월 22일

구분		계정과목	거래처	적요	차변	대변
차변	0212	비품			5,000,000	
대변	0917	자산수증이익				5,000,000

※ 자산을 무상으로 취득하는 경우 취득한 자산의 공정가치를 취득원가로 하고 상대계정은 자산수증이익(영업외수익)으로
처리한다.

4 9월 4일

구분		계정과목	거래처	적요	차변	대변
차변	0131	선급금	(주)경기		1,000,000	
대변	0103	보통예금				1,000,000

※ 재고자산(원재료, 상품 등) 매입 시 계약금은 선급금으로 처리하고, 재고자산(상품, 제품) 판매 시 계약금은 선수금으로 처
리한다.

5 10월 28일

구분		계정과목	거래처	적요	차변	대변
출금	0830	소모품비			70,000	(현금)

6 12월 1일

구분		계정과목	거래처	적요	차변	대변
차변	0107	단기매매증권			2,500,000	
차변	0984	수수료비용			50,000	
대변	0103	보통예금				2,550,000

※ 단기매매증권 취득 시 수수료는 취득원가에 포함하지 않고 984.수수료비용(영업외비용)으로 처리해야 한다.

03 매입매출전표입력

[전표입력]-[매입매출전표입력]을 클릭한 후 다음과 같이 입력한다.

1 7월 5일

유형	품목	수량	단가	공급가액	부가세	공급처명	사업/주민번호	전자	분개
17.카과	제품			800,000	80,000	제일상사			외상

구분		계정과목	적요	거래처	차변(출금)	대변(입금)
차변	0108	외상매출금	제품	삼성카드	880,000	
대변	0255	부가세예수금	제품	제일상사		80,000
대변	0404	제품매출	제품	제일상사		800,000

※ 중간의 신용카드사는 "삼성카드"를 선택한다. 공급가액란에 부가가치세를 포함하여 880,000을 입력한다. 분개유형을 "3:혼합" 또는 "4:카드"로 해도 된다.

2 7월 11일

유형	품목	수량	단가	공급가액	부가세	공급처명	사업/주민번호	전자	분개
11.과세	제품			30,000,000	3,000,000	(주)연분홍상사		여	혼합

구분		계정과목	적요	거래처	차변(출금)	대변(입금)
대변	0255	부가세예수금	제품	(주)연분홍상사		3,000,000
대변	0404	제품매출	제품	(주)연분홍상사		30,000,000
차변	0101	현금	제품	(주)연분홍상사	1,000,000	
차변	0110	받을어음	제품	(주)연분홍상사	15,000,000	
차변	0108	외상매출금	제품	(주)연분홍상사	17,000,000	

3 10월 1일

유형	품목	수량	단가	공급가액	부가세	공급처명	사업/주민번호	전자	분개
62.현면	쌀			1,100,000		대형마트			혼합

구분		계정과목	적요	거래처	차변(출금)	대변(입금)
차변	0511	복리후생비	쌀	대형마트	1,100,000	
대변	0103	보통예금	쌀	대형마트		1,100,000

4 10월 30일

유형	품목	수량	단가	공급가액	부가세	공급처명	사업/주민번호	전자	분개
16.수출	제품			70,000,000		Nice Planet			혼합

구분		계정과목	적요	거래처	차변(출금)	대변(입금)
대변	0404	제품매출	제품	Nice Planet		70,000,000
차변	0103	보통예금	제품	Nice Planet	28,000,000	
차변	0108	외상매출금	제품	Nice Planet	42,000,000	

※ 중간의 영세율구분은 1. 직접수출(대행수출 포함)을 선택한다.

　수출 시 공급시기 이후에 대금을 받기로 한 경우 환율은 공급시기(선적일)의 기준(재정)환율로 처리한다.

5 11월 30일

유형	품목	수량	단가	공급가액	부가세	공급처명	사업/주민번호	전자	분개
51.과세	임차료			3,000,000	300,000	(주)제니빌딩		여	혼합

구분		계정과목	적요	거래처	차변(출금)	대변(입금)
차변	0135	부가세대급금	임차료	(주)제니빌딩	300,000	
차변	0819	임차료	임차료	(주)제니빌딩	3,000,000	
대변	0253	미지급금	임차료	(주)제니빌딩		3,300,000

6 12월 10일

유형	품목	수량	단가	공급가액	부가세	공급처명	사업/주민번호	전자	분개
54.불공	철거비용			60,000,000	6,000,000	(주)시온건설		여	혼합

구분		계정과목	적요	거래처	차변(출금)	대변(입금)
차변	0201	토지	철거비용	(주)시온건설	66,000,000	
대변	0110	받을어음	철거비용	(주)선유자동차		66,000,000

※ 중간의 불공제사유는 6. ⑥토지의 자본적 지출관련을 선택한다.

　하단 받을어음의 거래처를 (주)선유자동차로 변경한다.

04 오류수정

1 [전표입력]-[일반전표입력]에서 9월 1일을 입력한 후 상단 툴바의 🗑삭제를 눌러 입력된 내용을 삭제하고 [전표입력]-[매입매출전표입력]을 클릭하고 9월 1을 입력한 후 다음과 같이 입력한다.

유형	품목	수량	단가	공급가액	부가세	공급처명	사업/주민번호	전자	분개
61.현과	주유대금			100,000	10,000	(주)가득주유소			현금

구분		계정과목	적요	거래처	차변(출금)	대변(입금)
출금	0135	부가세대급금	주유대금	(주)가득주유소	10,000	(현금)
출금	0522	차량유지비	주유대금	(주)가득주유소	100,000	(현금)

※ 공급가액란에 부가가치세를 포함하여 110,000을 입력한다.

2 [전표입력]-[일반전표입력]에서 11월 12일을 입력한 후 퇴직연금운용자산을 퇴직급여(판매관리비)로 수정한다.

구분		계정과목	적요	거래처	차변(출금)	대변(입금)
차변	0806	퇴직급여			17,000,000	
대변	0103	보통예금				17,000,000

※ 확정기여형(DC)퇴직연금 : 퇴직급여, 확정급여형(DB)퇴직연금 : 퇴직연금운용자산

05 결산정리

[전표입력]-[일반전표입력]에서 12월 31일(결산일)자로 다음과 같이 입력한다.

구분		계정과목	거래처	적요	차변	대변
차변	0116	미수수익			225,000	
대변	0901	이자수익				225,000

※ 기말까지 발생된 기간 경과분 발생이자는 수익으로 처리하고 상대계정에 미수수익을 입력한다.

  이자수익 = 10,000,000 × 4.5% × 6개월/12개월 = 225,000원

구분		계정과목	거래처	적요	차변	대변
차변	0293	장기차입금	경남은행		50,000,000	
대변	0264	유동성장기부채	경남은행			50,000,000

※ 장기차입금의 상환일이 결산일 현재 1년 이내이면 유동성장기부채로 대체한다.

구분		계정과목	거래처	적요	차변	대변
차변	0255	부가세예수금			52,346,500	
차변	0120	미수금			402,500	
대변	0135	부가세대급금				52,749,000

06 장부조회

1 [장부관리]-[거래처원장]의 잔액란 탭에서 기간(3월 31일~3월 31일), 계정과목(108.외상매출금), 거래처란에서 엔터를 두 번 (두 개의 칸을 선택) 친 후(처음 거래처부터 마지막 거래처까지 조회됨) 외상매출금 잔액이 가장 큰 거래처명과 금액을 확인한다.

▶ 정답 : 양주기업, 50,000,000원

2 [장부관리]-[계정별원장]에서 월별을 선택하고 기간(1월 1일~12월 31일), 계정과목(903.배당금수익~903.배당금수익)을 입력한 후 수령한 달을 확인한다.

▶ 정답 : 4월

3 [부가가치]-[신고서/부속명세]-[부가가치세]-[부가가치세신고서]에서 조회기간(4월 1일~6월 30일)을 입력한 후 「1.과세세금계산서 발급분, 5.영세세금계산서발급분」란의 금액을 확인한다.

▶ 정답 : 295,395,000원(과세 세금계산서 발급분 공급가액 290,395,000 + 영세 세금계산서 발급분 공급가액 5,000,000)

  ※ [부가가치]-[신고서/부속명세]-[부가가치세]-[세금계산서합계표]의 「매출」탭란에서 조회기간(4월~6월)을 입력한 후 하단의 전체데이터 탭란에서 공급가액을 확인해도 된다.

이론시험

01	02	03	04	05	06	07	08	09	10	11	12	13	14	15
④	④	②	③	①	①	③	③	①	③	③	①	③	④	③

01 ・재무제표의 기본가정 중 기말결산정리의 근거가 되는 가정은 기간별 보고의 가정이다.
・재무제표의 기본가정 : 기업실체의 가정, 계속기업의 가정, 기간별 보고의 가정

02 선수수익 : 유동부채

03 ・선입선출법 : 먼저 입고된 자산이 먼저 출고된 것으로 가정하여 입고 일자가 빠른 원가를 출고 수량에 먼저 적용한다. 실제 물량 흐름과 원가 흐름의 가정이 유사하다는 장점이 있으나, 수익 · 비용 대응의 원칙에 부적합하고, 물가 상승 시 이익이 과대계상되는 단점이 있다.
・재고자산의 단가(원가) 결정방법(재고자산의 평가방법) : 개별법, 선입선출법, 가중평균법(이동평균법, 총평균법), 후입선출법 등

04 ・건물 내부의 조명기구를 교체하는 지출은 수선유지를 위한 지출에 해당하며, 이는 자본적 지출에 해당하지 않으므로 발생한 기간의 비용으로 인식한다.
・수익적 지출 : 자산의 원상을 회복시키거나 능률 유지를 위한 지출
  예 건물 도색, 파손된 유리 교체, 자동차 배터리 및 타이어 교체, 건물조명기구 교체 등 수선유지를 위한 지출
・자본적 지출 : 미래 경제적 효익의 유입가능성이 매우 높고 원가를 신뢰성 있게 충족하는 경우의 지출
  예 개조, 개량, 증설, 확장, 엘리베이터 설치, 피난시설, 냉난방장치 설치, 생산능력 증대, 내용연수 연장, 상당한 원가절감 또는 품질향상을 가져오는 경우

05 무형자산의 잔존가치는 없는 것을 원칙으로 한다.

06 임차보증금 : 자산(기타비유동자산)

07 자기주식은 자본조정 항목이고, 자기주식처분이익과 감자차익, 주식발행초과금은 자본잉여금 항목이다.

오답 피하기
자본
・자본금 : 보통주자본금, 우선주자본금
・자본잉여금 : 주식발행초과금, 감자차익, 자기주식처분이익
・자본조정 : 주식할인발행차금, 감자차손, 자기주식처분손실, 자기주식, 미교부주식배당금
・기타포괄손익누계액 : 매도가능증권평가이익, 매도가능증권평가손실
・이익잉여금 : 이익준비금, 임의적립금, 미처분이익잉여금(또는 미처리결손금)

08 영업이익 = 순매출액 490,000 − 매출원가 330,000 − 판매비와관리비 60,000 = 100,000원
・순매출액 = 총매출액 500,000 − 매출할인 10,000 = 490,000원
・매출원가 = 기초재고 50,000 + (당기총매입액 300,000 − 매입에누리 20,000) = 330,000원
・판매비와관리비 = 급여 20,000 + 통신비 5,000 + 감가상각비 10,000 + 임차료 25,000 = 60,000원
※ 이자비용과 유형자산처분손실은 영업외비용, 배당금수익은 영업외수익이다.

09 보조부문의 원가 배분방법으로는 직접배분법, 단계배분법 및 상호배분법이 있으며, 이들의 배분 방법에 관계없이 전체 보조부문의 원가는 동일하다.

10 ・나, 마 : 의사결정과의 관련성에 따른 분류
・가, 라 : 원가행태에 따른 분류
・다, 바 : 원가 추적가능성에 따른 분류

11 • 제조간접원가 예정배부율 = 예정간접원가총액 ÷ 예정배부기준 총액 = 3,800,000원 ÷ 80,000시간

                                                                 = 47.5원/기계작업시간

    • 제조간접원가 예정배부액 = 제품별 배부기준의 실제발생액 × 예정배부율

                                                 = 11,000시간(#200 실제기계작업시간) × 47.5원/기계작업시간 = 522,500원

12 평균법과 선입선출법에 의한 완성품환산량의 차이는 기초재공품의 차이에서 발생한다.

13 사업자단위과세사업자는 모든 사업장의 부가가치세를 총괄하여 신고 및 납부할 수 있다.

14 사업자가 부가가치세를 면제받아 공급받거나 수입한 농·축·수산물 또는 임산물을 원재료로 하여 제조·가공한 재화 또는 창출한 용역의 공급에 대하여 부가가치세가 과세되는 경우 면세 농산물 등에 매입세액이 있는 것으로 보아 매입세액을 공제할 수 있다.

15 내국신용장 또는 구매확인서에 의하여 공급하는 재화는 세금계산서 발급 의무가 있다.

01 기초정보관리

1 [기초정보관리]-[거래처등록]을 클릭하면 「일반거래처」탭 화면이 나온다. 좌측 화면 하단 빈칸에 코드:02411, 거래처명:(주)구동컴퓨터, 유형:3.동시를 선택하고 우측에 사업자등록번호, 대표자성명, 업태, 종목, 주소를 입력한다.

2 [기초정보관리]-[계정과목및적요등록]에서 좌측 계정체계에서 판매관리비를 클릭하고 가운데 코드/계정과목에서 821.보험료를 선택한 후 우측 현금적요란 적요NO에 7, "경영인 정기보험료 납부", 대체적요란 적요NO에 5, "경영인 정기보험료 미지급", 6, "경영인 정기보험료 상계"를 각각 입력한다.

3 [전기분재무제표]-[거래처별초기이월]에서 좌측 화면의 계정과목에서 "선급금"을 클릭하고 우측 화면의 해원전자(주)의 금액을 1,320,000에서 2,320,000으로 수정하고 거래처란 아래 거래처코드란에서 F2를 눌러 공상(주)를 선택하고 1,873,000을 추가 입력한다. 같은 방법으로 좌측 화면의 계정과목에서 "선수금"을 클릭하고 우측 화면의 (주)유수전자의 금액을 210,000에서 2,100,000으로 수정하고 데회전자를 선택한 후 상단의 삭제 버튼을 눌러 삭제한다.

02 일반전표입력

[전표입력]-[일반전표입력]을 클릭한 후 다음과 같이 입력한다.

1 7월 28일

구분	계정과목		거래처	적요	차변	대변
차변	0251	외상매입금	(주)경재전자		2,300,000	
대변	0252	지급어음	(주)경재전자			2,000,000
대변	0918	채무면제이익				300,000

2 9월 3일

구분	계정과목		거래처	적요	차변	대변
차변	0260	단기차입금	하나은행		82,000,000	
차변	0951	이자비용			2,460,000	
대변	0103	보통예금				84,460,000

3 9월 12일

구분	계정과목		거래처	적요	차변	대변
차변	0103	보통예금			13,800,000	
차변	0952	외환차손			200,000	
대변	0108	외상매출금	DOKY사			14,000,000

※ 선적 시 환율은 1,400원/$인데 입금 시 환율은 1,380원/$으로 20원 하락했으므로 20 × $10,000 = 200,000원의 외환차손이 발생한다.

4 10월 7일

구분	계정과목		거래처	적요	차변	대변
차변	0103	보통예금			7,000,000	
대변	0331	자본금				5,000,000
대변	0381	주식할인발행차금				1,000,000
대변	0341	주식발행초과금				1,000,000

※ 주식 발행 시 주식발행초과금이 발생한 경우 "주식할인발행차금"이 있을 경우 먼저 상계한 후 남은 차액을 주식발행초과금으로 처리한다.

5 10월 28일

구분	계정과목		거래처	적요	차변	대변
차변	0508	퇴직급여			8,000,000	
차변	0806	퇴직급여			4,000,000	
대변	0103	보통예금				12,000,000

※ 확정급여형(DB)퇴직연금 : 퇴직연금운용자산, 확정기여형(DC)퇴직연금 : 퇴직급여

6 11월 12일

구분	계정과목		거래처	적요	차변	대변
차변	0103	보통예금			2,500,000	
대변	0109	대손충당금				2,500,000

※ 당기 이전에 대손처리한 대손금이 당기에 회수될 경우 해당 채권의 대손충당금에 전입한다.

03 매입매출전표입력

[전표입력]-[매입매출전표입력]을 클릭한 후 다음과 같이 입력한다.

1 7월 3일

유형	품목	수량	단가	공급가액	부가세	공급처명	사업/주민번호	전자	분개
57.카과	도시락세트			300,000	30,000	맛나도시락			카드

구분	계정과목		적요	거래처	차변(출금)	대변(입금)
대변	0253	미지급금	도시락세트	현대카드		330,000
차변	0135	부가세대급금	도시락세트	맛나도시락	30,000	
차변	0811	복리후생비	도시락세트	맛나도시락	300,000	

※ 중간의 신용카드사는 "현대카드"를 선택한다. 공급가액란에 부가가치세를 포함하여 330,000을 입력한다. 분개유형을 "3.혼합"으로 해도 된다.

2 8월 6일

유형	품목	수량	단가	공급가액	부가세	공급처명	사업/주민번호	전자	분개
14.건별	철 스크랩			1,200,000	120,000	최한솔			현금

구분	계정과목		적요	거래처	차변(출금)	대변(입금)
입금	0255	부가세예수금	철 스크랩	최한솔	(현금)	120,000
입금	0930	잡이익	철 스크랩	최한솔	(현금)	1,200,000

※ 무증빙 판매거래는 14.건별로 입력한다. 공급가액란에 부가가치세를 포함하여 1,320,000을 입력한다.

3 8월 29일

유형	품목	수량	단가	공급가액	부가세	공급처명	사업/주민번호	전자	분개
12.영세	제품A	1	5,200,000	5,200,000		(주)선월재		여	혼합

구분	계정과목		적요	거래처	차변(출금)	대변(입금)
대변	0404	제품매출	제품A 1×5200000	(주)선월재		5,200,000
차변	0101	현금	제품A 1×5200000	(주)선월재	500,000	
차변	0108	외상매출금	제품A 1×5200000	(주)선월재	4,700,000	

※ 중간의 영세율구분은 3. 내국신용장·구매확인서에 의하여 공급하는 재화를 선택한다.

4 10월 15일

유형	품목	수량	단가	공급가액	부가세	공급처명	사업/주민번호	전자	분개
11.과세	컴퓨터			10,000,000	1,000,000	(주)우성유통		여	혼합

구분	계정과목		적요	거래처	차변(출금)	대변(입금)
대변	0255	부가세예수금	컴퓨터	(주)우성유통		1,000,000
대변	0404	제품매출	컴퓨터	(주)우성유통		10,000,000
차변	0110	받을어음	컴퓨터	하움공업	8,000,000	
차변	0108	외상매출금	컴퓨터	(주)우성유통	3,000,000	

※ 하단 받을어음의 거래처를 하움공업으로 변경한다.

5 10월 30일

유형	품목	수량	단가	공급가액	부가세	공급처명	사업/주민번호	전자	분개
55.수입	컴퓨터			6,000,000	600,000	인천세관		여	혼합

구분	계정과목		적요	거래처	차변(출금)	대변(입금)
차변	0135	부가세대급금	컴퓨터	인천세관	600,000	
대변	0102	당좌예금	컴퓨터	인천세관		600,000

※ 수입 시 공급처명에는 세금계산서를 발급한 세관을 입력해야 한다.

6 12월 2일

유형	품목	수량	단가	공급가액	부가세	공급처명	사업/주민번호	전자	분개
62.현면	샤인머스캣 등			275,000		두나과일			현금

구분	계정과목		적요	거래처	차변(출금)	대변(입금)
출금	0511	복리후생비	샤인머스캣 등	두나과일	275,000	(현금)

04 오류수정

1 [전표입력]–[일반전표입력]에서 11월 1일을 입력한 후 단기매매증권 12,120,000을 12,000,000으로 수정하고 두 번째 줄에서 상단 툴바의 전표삽입을 눌러 대변에 984.수수료비용(영업외비용) 120,000을 추가로 입력한다(또는 하단 빈칸에 수수료비용(영업외비용)을 입력해도 됨).

구분	계정과목		거래처	적요	차변	대변
차변	0107	단기매매증권			12,000,000	
차변	0984	수수료비용			120,000	
대변	0101	현금				12,120,000

※ 단기매매증권 취득 시 수수료는 취득원가에 포함하지 않고 984.수수료비용(영업외비용)으로 처리해야 한다.

2 [전표입력]–[매입매출전표입력]에서 11월 26일을 입력한 후 51.과세를 54.불공으로 변경하고 아래와 같이 수정한다.

유형	품목	수량	단가	공급가액	부가세	공급처명	사업/주민번호	전자	분개
54.불공	선물세트			800,000	80,000	(주)산들바람			현금

구분	계정과목		적요	거래처	차변(출금)	대변(입금)
출금	0513	기업업무추진비	선물세트	(주)산들바람	880,000	(현금)

※ 중간의 불공제사유는 4. ④기업업무추진비 및 이와 유사한 비용 관련을 선택한다.

05 결산정리

[전표입력]-[일반전표입력]에서 12월 31일(결산일)자로 다음과 같이 입력한다.

구분		계정과목	거래처	적요	차변	대변
차변	0255	부가세예수금			14,630,000	
차변	0120	미수금			8,230,000	
대변	0135	부가세대급금				22,860,000

구분		계정과목	거래처	적요	차변	대변
차변	0116	미수수익			525,000	
대변	0901	이자수익				525,000

※ 기말까지 발생된 기간 경과분 발생이자는 수익으로 처리하고 상대계정에 미수수익을 입력한다.

　이자수익 = 30,000,000 × 7% × 3개월/12개월 = 525,000원

구분		계정과목	거래처	적요	차변	대변
차변	0293	장기차입금	신한은행		13,000,000	
대변	0264	유동성장기부채	신한은행			13,000,000

※ 장기차입금의 상환일이 결산일 현재 1년 이내이면 유동성장기부채로 대체한다.

06 장부조회

1 [장부관리]-[거래처원장]의 잔액란 탭에서 기간(6월 30일~6월 30일), 계정과목(251.외상매입금), 거래처란에서 엔터를 두 번(두 개의 칸을 선택) 친 후(처음 거래처부터 마지막 거래처까지 조회됨) 외상매입금 잔액이 가장 큰 거래처명과 금액을 확인한다.

　▶ 정답 : 민선전자, 36,603,000원

2 [장부관리]-[총계정원장]에서 월별을 선택하고 기간(1월 1일~3월 31일), 계정과목(830.소모품비~830.소모품비)을 입력한 후 차변 금액이 가장 적은 월과 금액을 확인한다.

　▶ 정답 : 2월, 800,000원

3 [부가가치]-[신고서/부속명세]-[부가가치세]-[세금계산서합계표]의 「매입」탭란에서 조회기간(4월~6월)을 입력한 후 하단의 전체데이터 탭란에서 (주)하이일렉의 매수와 세액을 확인한다.

　▶ 정답 : 2매, 440,000원

최신 기출문제 03회 정답 & 해설 합격률 : 37.78%

이론시험

01	02	03	04	05	06	07	08	09	10	11	12	13	14	15
②	④	②	③	②	④	①	③	①	④	④	②	②	④	③

01 기계장치를 27,500,000원에 구입하고 구입대금은 미지급하다.
(차) 기계장치 27,500,000(자산의 증가) (대) 미지급금 27,500,000(부채의 증가)

02 병원 사업장소재지의 토지 및 건물은 병원의 유형자산이다.

03 기계장치의 장부금액 = 취득원가 3,000,000 − 감가상각누계액 900,000 = 2,100,000원
- 연수합계법 연 감가상각비 = (취득원가 − 잔존가치) × 잔여내용연수 ÷ 내용연수의 합계
- 1년차 연 감가상각비 = (3,000,000 − 300,000) × 5 ÷ 15(5 + 4 + 3 + 2 + 1) = 900,000원

04
- 무형자산 = 신제품 특허권 구입 비용 30,000,000 + A기업의 상표권 구입 비용 22,000,000
  = 52,000,000원
- 연구단계에서 발생한 비용은 기간비용으로 처리한다.

05 매도가능증권을 취득 시 발생한 수수료는 취득원가에 가산한다.

06
- 대손충당금 : 채권의 차감적 평가항목
- 감가상각누계액 : 유형자산의 차감적 평가항목
- 재고자산평가충당금 : 재고자산의 차감적 평가항목
- 사채할인발행차금 : 사채의 차감적 평가항목

07
- 자본잉여금 : 주식발행초과금, 감자차익
- 자본조정 : 자기주식처분손실, 주식할인발행차금

오답 피하기

자본
- 자본금 : 보통주자본금, 우선주자본금
- 자본잉여금 : 주식발행초과금, 감자차익, 자기주식처분이익
- 자본조정 : 주식할인발행차금, 감자차손, 자기주식처분손실, 자기주식, 미교부주식배당금
- 기타포괄손익누계액 : 매도가능증권평가이익, 매도가능증권평가손실
- 이익잉여금 : 이익준비금, 임의적립금, 미처분이익잉여금(또는 미처리결손금)

08 (가)는 배당결의일의 회계처리이고, (나)는 배당지급일의 회계처리이다.

09 원가행태에 따른 분류 : 고정원가, 변동원가, 혼합(준변동)원가, 준고정(계단)원가

10
- 당기총제조원가 = 당기제품제조원가 2,500,000 + 기말재공품 300,000 − 기초재공품 0
  = 2,800,000원
- 당기제품제조원가 = 기말제품 500,000 + 매출원가 2,000,000 − 기초제품 0 = 2,500,000원

11
- 평균법 완성품환산량 = 완성품수량 + 기말재공품환산량
- 재료원가 완성품환산량 = 당기완성품 수량 8,000 + 기말재공품환산량 3,000 × 100% = 11,000개

12 제품원가를 제조공정별로 집계한 후 이를 생산량으로 나누어 단위당 원가를 계산하는 것은 종합원가계산에 대한 설명이다.

13 부가가치세법은 인적사항을 고려하지 않은 물세이다.

14 부동산임대업자가 해당 사업에 사용하던 건물을 매각하는 경우는 과세 대상이다.

15 괄호 안에 들어갈 내용은 과세표준이다.

01 기초정보관리

❶ [기초정보관리]–[거래처등록]을 클릭하면 「일반거래처」탭 화면이 나온다. 좌측 화면 하단 빈칸에 코드:00500, 거래처명:한국 개발, 유형:3.동시를 선택하고 우측에 사업자등록번호, 대표자성명, 업태, 종목, 주소를 입력한다.

❷ [기초정보관리]–[계정과목및적요등록]을 클릭한다. 가운데 코드/계정과목에서 코드란에 862를 입력하면 "0862.사용자설정 계정과목"으로 이동한다. 우측 화면 상단 계정코드(명)란에 "행사지원비"라고 입력하고 성격란에서 3.경비를 선택한다. 하단 현금적요란 적요NO에 1. "행사지원비 현금 지급", 대체적요란 적요NO에 1. "행사지원비 어음 발행"을 각각 입력한다.

❸ [전기분재무제표]–[전기분원가명세서]에서 부재료비의 금액을 클릭한 후 당기부재료매입액란에 3,000,000을 추가 입력하고 확인을 클릭하면 당기제품제조원가가 90,250,000으로 변경된다. [전기분재무제표]–[전기분손익계산서]의 제품매출원가란의 당기제품제조원가를 87,250,000에서 90,250,000으로 수정한 후 당기순이익이 78,210,000으로 변경된 것을 확인한다. [전기분재무제표]–[전기분잉여금처분계산서]에서 상단 툴바의 F6불러오기를 클릭하여 나오는 창에서 "예"를 누르면 당기순이익이 78,210,000으로 수정되고 미처분이익잉여금이 90,940,000으로 변경된다. [전기분재무제표]–[전기분재무상태표]에서 이월이익잉여금을 90,940,000으로 수정한 후 외상매입금을 90,000,000원으로 수정한다.

02 일반전표입력

[전표입력]–[일반전표입력]을 클릭한 후 다음과 같이 입력한다.

❶ 7월 5일

구분		계정과목	거래처	적요	차변	대변
차변	0806	퇴직급여			1,400,000	
대변	0103	보통예금				1,400,000

※ 확정급여형(DB)퇴직연금 : 퇴직연금운용자산, 확정기여형(DC)퇴직연금 : 퇴직급여

❷ 7월 25일

구분		계정과목	거래처	적요	차변	대변
차변	0103	보통예금			4,400,000	
차변	0110	받을어음	(주)고운상사		5,500,000	
대변	0108	외상매출금	(주)고운상사			9,900,000

❸ 8월 30일

구분		계정과목	거래처	적요	차변	대변
차변	0103	보통예금			45,000,000	
차변	0956	매출채권처분손실			5,000,000	
대변	0110	받을어음	(주)재원			50,000,000

※ 어음을 만기 이전에 매각거래로 할인할 경우 할인료는 매출채권처분손실(영업외비용)로 처리한다.

❹ 10월 3일

구분		계정과목	거래처	적요	차변	대변
차변	0103	보통예금			2,300,000	
대변	0903	배당금수익				2,300,000

❺ 10월 31일

구분		계정과목	거래처	적요	차변	대변
차변	0801	급여			4,900,000	
대변	0254	예수금				381,080
대변	0103	보통예금				4,518,920

6 12월 21일

구분		계정과목	거래처	적요	차변	대변
차변	0102	당좌예금			8,450,000	
대변	0291	사채				8,000,000
대변	0313	사채할증발행차금				450,000

※ 사채의 발행금액이 액면금액보다 크면 그 차액은 사채할증발행차금으로 처리하고 작으면 그 차액은 사채할인발행차금으로 처리한다.

03 매입매출전표입력

[전표입력]−[매입매출전표입력]을 클릭한 후 다음과 같이 입력한다.

1 7월 20일

유형	품목	수량	단가	공급가액	부가세	공급처명	사업/주민번호	전자	분개
16.수출	제품			6,000,000		NDVIDIA			외상

구분		계정과목	적요	거래처	차변(출금)	대변(입금)
차변	0108	외상매출금	제품	NDVIDIA	6,000,000	
대변	0404	제품매출	제품	NDVIDIA		6,000,000

※ 중간의 영세율구분은 1. 직접수출(대행수출 포함)을 선택한다.
　수출 시 공급시기 이후에 대금을 받기로 한 경우 환율은 공급시기(선적일)의 기준(재정)환율로 처리한다.

2 7월 23일

유형	품목	수량	단가	공급가액	부가세	공급처명	사업/주민번호	전자	분개
13.면세	토지			65,000,000		돌상상회		여	혼합

구분		계정과목	적요	거래처	차변(출금)	대변(입금)
대변	0201	토지	토지	돌상상회		62,000,000
차변	0103	보통예금	토지	돌상상회	30,000,000	
차변	0120	미수금	토지	돌상상회	35,000,000	
대변	0914	유형자산처분이익	토지	돌상상회		3,000,000

3 8월 10일

유형	품목	수량	단가	공급가액	부가세	공급처명	사업/주민번호	전자	분개
57.카과	수첩			4,000,000	400,000	광고닷컴			카드

구분		계정과목	적요	거래처	차변(출금)	대변(입금)
대변	0253	미지급금	수첩	현대카드		4,400,000
차변	0135	부가세대급금	수첩	광고닷컴	400,000	
차변	0833	광고선전비	수첩	광고닷컴	4,000,000	

※ 중간의 신용카드사는 "현대카드"를 선택한다. 공급가액란에 부가가치세를 포함하여 4,400,000을 입력한다. 분개유형을 "3:혼합"으로 해도 된다.

4 8월 17일

유형	품목	수량	단가	공급가액	부가세	공급처명	사업/주민번호	전자	분개
51.과세	k-312 벨브	200	60,000	12,000,000	1,200,000	(주)고철상사		여	혼합

구분		계정과목	적요	거래처	차변(출금)	대변(입금)
차변	0135	부가세대급금	k-312 벨브 200×60000	(주)고철상사	1,200,000	
차변	0153	원재료	k-312 벨브 200×60000	(주)고철상사	12,000,000	
대변	0252	지급어음	k-312 벨브 200×60000	(주)고철상사		5,000,000
대변	0251	외상매입금	k-312 벨브 200×60000	(주)고철상사		8,200,000

5 8월 28일

유형	품목	수량	단가	공급가액	부가세	공급처명	사업/주민번호	전자	분개
61.현과	냉장고			5,000,000	500,000	(주)와마트			현금

구분		계정과목	적요	거래처	차변(출금)	대변(입금)
출금	0135	부가세대급금	냉장고	(주)와마트	500,000	(현금)
출금	0212	비품	냉장고	(주)와마트	5,000,000	(현금)

※ 공급가액란에 부가가치세를 포함하여 5,500,000을 입력한다.

6 11월 8일

유형	품목	수량	단가	공급가액	부가세	공급처명	사업/주민번호	전자	분개
54.불공	대관료			25,000,000	2,500,000	대박호텔(주)		여	혼합

구분		계정과목	적요	거래처	차변(출금)	대변(입금)
차변	0134	가지급금	김영순	대박호텔(주)	27,500,000	
대변	0103	보통예금	대관료	대박호텔(주)		27,500,000

※ 중간의 불공제사유는 2. ②사업과 직접 관련 없는 지출을 선택한다.
　 법인 대표이사가 개인적인 목적으로 사용한 경우 가지급금으로 처리하고 거래처(김영순)를 입력한다.

04 오류수정

1 [전표입력]-[매입매출전표입력]에서 11월 12일을 입력한 후 51.과세를 53.면세로 변경하고 아래와 같이 수정한다.

유형	품목	수량	단가	공급가액	부가세	공급처명	사업/주민번호	전자	분개
53.면세	공기정화식물			100,000		호호꽃집		여	혼합

구분		계정과목	적요	거래처	차변(출금)	대변(입금)
차변	0830	소모품비	공기정화식물	호호꽃집	100,000	
대변	0103	보통예금	공기정화식물	호호꽃집		100,000

2 [전표입력]-[매입매출전표입력]을 클릭하고 12월 12일을 입력한 후 하단 분개란에서 수선비를 건물로 수정한다.

유형	품목	수량	단가	공급가액	부가세	공급처명	사업/주민번호	전자	분개
51.과세	엘리베이터			80,000,000	8,000,000	(주)베스트디자인		여	혼합

구분		계정과목	적요	거래처	차변(출금)	대변(입금)
차변	0135	부가세대급금	엘리베이터	(주)베스트디자인	8,000,000	
차변	0202	건물	엘리베이터	(주)베스트디자인	80,000,000	
대변	0103	보통예금	엘리베이터	(주)베스트디자인		88,000,000

※ 수익적 지출은 비용으로 처리하고, 자본적 지출은 자산으로 처리한다.

05 결산정리

❶ [전표입력]-[일반전표입력]에서 12월 31일(결산일)자로 다음과 같이 입력한다.

구분		계정과목	거래처	적요	차변	대변
차변	0107	단기매매증권			2,500,000	
대변	0905	단기매매증권평가이익				2,500,000

구분		계정과목	거래처	적요	차변	대변
차변	0179	장기대여금	미국 GODS사		140,000	
대변	0910	외화환산이익				140,000

※ 대여 시 환율은 1,050원/$(2,100,000원/$2,000)인데 회계기간 종료일(결산일) 현재 환율은 1,120원/$으로 70원/$ 상승했으므로 70 × $2,000 = 140,000원의 외화환산이익이 발생한다.

❷ [결산/재무제표]-[결산자료입력]에서 기간란에 1월~12월을 입력한다.

9. 법인세등

1). 선납세금란에 조회된 결산전금액 7,000,000을 결산반영금액란에 7,000,000을 입력하고

2). 추가계상액란의 결산반영금액란에 8,000,000을 입력한다(15,000,000원 - 7,000,000원).

❸ 상단 툴바의 F3 전표추가 를 클릭하여 나타나는 메시지창에서 「예」를 클릭한다.

06 장부조회

1 [장부관리]-[일계표(월계표)]에서 「월계표」탭을 클릭하고 조회기간(3월~3월)을 입력한 후 판매비및일반관리비 중 좌측 계란의 금액이 가장 적은 계정과목과 금액을 확인한다.

▶ 정답 : 기업업무추진비, 50,000원

2 [결산/재무제표]-[재무상태표]에서 기간란에 2월을 입력하여 당기 미수금과 미지급금 잔액을 각각 확인한 후 그 차액을 계산한다.

▶ 정답 : 5,730,000원(미수금 22,530,000 - 미지급금 16,800,000)

3 [부가가치]-[신고서/부속명세]-[부가가치세]-[부가가치세신고서]에서 조회기간(4월 1일~6월 30일)을 입력한 후 「16.공제받지못할매입세액」란의 세액을 확인한다.

▶ 정답 : 3,060,000원

최신 기출문제 04회 정답 & 해설 합격률 : 42.89%

이론시험

01	02	03	04	05	06	07	08	09	10	11	12	13	14	15
③	③	③	④	①	②	④	①	①	②	②	④	③	②	④

01 • 회계(재무제표)의 기본가정 : 기업실체의 가정, 계속기업의 가정, 기간별 보고의 가정
  • ③ : 현금주의에 대한 설명인데, 회계는 발생주의를 기본적 특징으로 한다.

  오답 피하기
  ① : 기업실체의 가정, ② : 계속기업의 가정, ④ : 기간별 보고의 가정

02 상품의 매입환출 및 매입에누리는 매출원가 계산 시 총매입액에서 차감하는 항목이다.

03 • 건물의 취득원가 = 매입금액 20억 원 + 자본화차입원가 1억 5,000만 원 + 취득세 2억 원
         = 23억 5,000만 원
  • 관리 및 기타 일반간접원가는 판매비와관리비로서 당기 비용처리한다.

04 일반기업회계기준은 무형자산의 회계처리와 관련하여 영업권을 포함한 무형자산의 내용연수를 원칙적으로 20년을 초과하지 않도록 한정하고 있다.

05 재무제표 : 재무상태표, 손익계산서, 자본변동표, 현금흐름표, 주석

  오답 피하기
  ② : 재무상태표, ③ : 자본변동표, ④ : 주석

06 유동성장기부채 : 유동부채

07 매도가능증권평가이익은 기타포괄손익누계액에 포함되는 항목으로 매도가능증권평가이익의 증감은 포괄손익계산서상의 기타포괄손익에 영향을 미친다.

08 A에 들어갈 금액은 당기순손실 360,000원이다.

기초상품 재고액	매입액	기말상품 재고액	매출원가	매출액	매출총이익	판매비와 관리비	당기순손익
219,000	350,000	110,000	459,000	290,000	−169,000	191,000	−360,000

09 고정원가는 조업도가 증가할수록 총원가는 일정하고 단위당 원가는 감소한다.

10 단계배분법은 보조부문 상호 간의 용역수수관계를 일부 인식하는 방법이다.

11 당기총제조원가 = 직접재료원가 1,150,000 + 직접노무원가 450,000 + 제조간접원가 700,000
         = 2,300,000원
  • 직접재료원가 = 기초원재료 300,000 + 당기원재료매입액 1,300,000 − 기말원재료 450,000 = 1,150,000원
  • 직접노무원가 = 당기지급임금액 350,000 + 당기미지급임금액 250,000 − 전기미지급임금액 150,000 = 450,000원

12 제조원가 중 제조간접원가는 실제 조업도에 예정배부율을 반영하여 계산하는 것은 개별원가계산에 대한 설명이다.

13 사업자등록을 한 일반과세자는 세금계산서를 발급할 수 있다.

14 중소기업의 외상매출금 및 미수금으로서 회수기일이 2년 이상 지난 외상매출금 등은 부가가치세법상 대손사유에 해당한다. 다만, 특수관계인과의 거래로 인해 발생한 외상매출금 및 미수금은 제외한다.

15 위탁판매의 공급시기는 위탁받은 수탁자 또는 대리인이 실제로 판매한 때이다.

01 기초정보관리

1 [기초정보관리]-[거래처등록]을 클릭하면 「일반거래처」탭 화면이 나온다. 좌측 화면 하단 빈칸에 코드:00777, 거래처명:슬기로운(주), 유형:3.동시를 선택하고 우측에 사업자등록번호, 대표자성명, 업태, 종목, 주소를 입력한다.

2 [기초정보관리]-[계정과목및적요등록]에서 가운데 코드/계정과목란의 코드에 134를 입력하면 "0134 가지급금"으로 이동한다. 우측 화면의 하단 대체적요란에 적요 NO에 8, "출장비 가지급금 정산"을 입력한다.

3 [전기분재무제표]-[전기분원가명세서]에서 임금 45,000,000을 47,200,000으로 수정하면 당기제품제조원가가 400,780,000으로 변경된다. [전기분재무제표]-[전기분손익계산서]의 제품매출원가란의 당기제품제조원가를 398,580,000에서 400,780,000으로 수정하고 급여 86,500,000을 84,300,000으로 수정한다. 당기순이익에 변동이 없으므로 [전기분재무제표]-[전기분잉여금처분계산서]와 [전기분재무제표]-[전기분재무상태표]는 그대로 둔다.

02 일반전표입력

[전표입력]-[일반전표입력]을 클릭한 후 다음과 같이 입력한다.

1 7월 15일

구분		계정과목	거래처	적요	차변	대변
차변	0131	선급금	(주)상수		3,000,000	
대변	0102	당좌예금				3,000,000

※ 재고자산(원재료, 상품 등) 매입 시 계약금은 선급금으로 처리하고, 재고자산(상품, 제품) 판매 시 계약금은 선수금으로 처리한다.

2 8월 5일

구분		계정과목	거래처	적요	차변	대변
차변	0133	선급비용			36,000,000	
차변	0103	보통예금			864,000,000	
대변	0260	단기차입금	우리은행			900,000,000

※ 선이자 미경과분 : 900,000,000 × 8% × 6개월/12개월 = 36,000,000원

3 9월 10일

구분		계정과목	거래처	적요	차변	대변
차변	0253	미지급금	(주)대운		1,000,000	
차변	0103	보통예금			9,000,000	
대변	0232	임차보증금	(주)대운			10,000,000

※ 보증금 거래 시 임차인은 임차보증금(자산), 임대인은 임대보증금(부채)으로 처리한다.

4 10월 20일

구분		계정과목	거래처	적요	차변	대변
차변	0103	보통예금			1,300,000	
대변	0108	외상매출금	(주)영광상사			1,300,000

5 11월 29일

구분		계정과목	거래처	적요	차변	대변
차변	0178	매도가능증권			20,240,000	
대변	0103	보통예금				20,240,000

※ 장기투자목적으로 취득한 주식은 매도가능증권(투자자산)으로 처리하고, 취득원가는 취득 시 공정가치로 처리하며 취득관련 부대비용은 취득원가에 가산한다.

6 12월 8일

구분		계정과목	거래처	적요	차변	대변
차변	0146	상품			7,560,000	
대변	0103	보통예금				7,560,000

※ 재고자산(상품, 원재료 등) 취득 시 발생되는 부대비용은 취득원가에 포함한다.

03 매입매출전표입력

[전표입력]-[매입매출전표입력]을 클릭한 후 다음과 같이 입력한다.

1 8월 10일

유형		품목	수량	단가	공급가액	부가세	공급처명	사업/주민번호	전자	분개
51.과세		소모품			950,000	95,000	(주)산양산업		여	현금
구분		계정과목		적요		거래처		차변(출금)	대변(입금)	
출금	0135	부가세대급금		소모품		(주)산양산업		95,000	(현금)	
출금	0173	소모품		소모품		(주)산양산업		950,000	(현금)	

2 8월 22일

유형		품목	수량	단가	공급가액	부가세	공급처명	사업/주민번호	전자	분개
52.영세		부품 kT_01234			34,000,000		(주)로띠상사		여	혼합
구분		계정과목		적요		거래처		차변(출금)	대변(입금)	
차변	0153	원재료		부품 kT_01234		(주)로띠상사		34,000,000		
대변	0252	지급어음		부품 kT_01234		(주)로띠상사			34,000,000	

3 8월 25일

유형		품목	수량	단가	공급가액	부가세	공급처명	사업/주민번호	전자	분개
53.면세		마른멸치세트			800,000		송강수산		여	혼합
구분		계정과목		적요		거래처		차변(출금)	대변(입금)	
차변	0811	복리후생비		마른멸치세트		송강수산		500,000		
차변	0813	기업업무추진비		마른멸치세트		송강수산		300,000		
대변	0103	보통예금		마른멸치세트		송강수산			800,000	

※ 면세이므로 거래처선물 마른멸치세트는 불공과 관련없다.

4 10월 16일

유형		품목	수량	단가	공급가액	부가세	공급처명	사업/주민번호	전자	분개
54.불공		노트북			2,100,000	210,000	상해전자(주)		여	혼합
구분		계정과목		적요		거래처		차변(출금)	대변(입금)	
차변	0134	가지급금		노트북		황동규		2,310,000		
대변	0253	미지급금		노트북		상해전자(주)			2,310,000	

※ 중간의 불공제사유는 2. ②사업과 직접 관련 없는 지출을 선택한다.
  가지급금란 거래처를 황동규로 변경한다.

5 11월 4일

유형	품목	수량	단가	공급가액	부가세	공급처명	사업/주민번호	전자	분개
17.카과	제품			7,000,000	70,000	김은우			외상

구분		계정과목	적요	거래처	차변(출금)	대변(입금)
차변	0108	외상매출금	제품	신한카드	770,000	
대변	0255	부가세예수금	제품	김은우		70,000
대변	0404	제품매출	제품	김은우		700,000

※ 중간의 신용카드사는 "신한카드"를 선택한다. 공급가액란에 부가가치세를 포함하여 770,000을 입력한다. 분개유형을 "3:혼합" 또는 "4:카드"로 해도 된다.

6 12월 4일

유형	품목	수량	단가	공급가액	부가세	공급처명	사업/주민번호	전자	분개
57.카과	수선비			800,000	80,000	(주)뚝딱수선			카드

구분		계정과목	적요	거래처	차변(출금)	대변(입금)
대변	0253	미지급금	수선비	하나카드		880,000
차변	0135	부가세대급금	수선비	(주)뚝딱수선	80,000	
차변	0520	수선비	수선비	(주)뚝딱수선	800,000	

※ 중간의 신용카드사는 "하나카드"를 선택한다. 공급가액란에 부가가치세를 포함하여 880,000을 입력한다. 분개유형을 "3:혼합"으로 해도 된다.

기계장치의 원상회복을 위한 수선비는 수익적 지출(비용처리, 수선비)로 처리한다.

04 오류수정

1 [전표입력]-[일반전표입력]에서 9월 9일을 입력한 후 장기차입금 5,000,000을 3,000,000으로 수정하고 그 다음 줄에서 상단 툴바의 전표삽입을 눌러 대변에 단기차입금 2,000,000과 거래처를 추가로 입력한다(또는 하단 빈칸에 단기차입금을 입력해도 됨).

구분		계정과목	적요	거래처	차변(출금)	대변(입금)
차변	0103	보통예금			5,000,000	
대변	0293	장기차입금		(주)초록산업		3,000,000
대변	0260	단기차입금		(주)초록산업		2,000,000

2 [전표입력]-[일반전표입력]에서 10월 15일을 입력한 후 상단 툴바의 🗑삭제를 눌러 입력된 내용을 삭제하고 [전표입력]-[매입매출전표입력]을 클릭하고 10월 15일을 입력한 후 다음과 같이 입력한다.

유형	품목	수량	단가	공급가액	부가세	공급처명	사업/주민번호	전자	분개
51.과세	차량수리			250,000	25,000	바로카센터		여	현금

구분		계정과목	적요	거래처	차변(출금)	대변(입금)
출금	0135	부가세대급금	차량수리	바로카센터	25,000	(현금)
출금	0822	차량유지비	차량수리	바로카센터	250,000	(현금)

05 결산정리

[전표입력]-[일반전표입력]에서 12월 31일(결산일)자로 다음과 같이 입력한다.

구분		계정과목	거래처	적요	차변	대변
차변	0955	외화환산손실			200,000	
대변	0251	외상매입금	NOVONO			200,000

※ 외상매입 시 환율은 1,100원/$인데 회계기간 종료일(결산일) 현재 환율은 1,200원/$으로 100원/$ 상승했으므로 100 × $2,000 = 200,000원의 외화환산손실이 발생한다.

구분		계정과목	거래처	적요	차변	대변
차변	0957	단기매매증권평가손실			2,000,000	
대변	0107	단기매매증권				2,000,000

구분		계정과목	거래처	적요	차변	대변
차변	0133	선급비용			1,200,000	
대변	0521	보험료				1,200,000

※ 보험료 미경과분 : 3,600,000 × 4개월/12개월 = 1,200,000원

5월 1일 보험료를 전액 비용(보험료)으로 처리했으므로 결산 시 기간 미경과분은 자산(선급비용)으로 처리한다.

06 장부조회

1 [부가가치]-[신고서/부속명세]-[부가가치세]-[부가가치세신고서]에서 조회기간(4월 1일~6월 30일)을 입력한 후 「7.예정신고누락분」란의 금액과 세액을 확인한다.

▶ 정답: 공급가액 5,100,000원, 매출세액 300,000원

2 [장부관리]-[총계정원장]에서 월별을 선택하고 기간(4월 1일~6월 30일), 계정과목(511.복리후생비~511.복리후생비)을 입력한 후 차변 금액이 가장 많은 월과 금액을 확인한다.

▶ 정답: 4월, 416,000원

3 [장부관리]-[거래처원장]의 잔액란 탭에서 기간(4월 30일~4월 30일), 계정과목(253.미지급금), 거래처란에서 엔터를 두 번(두 개의 칸을 선택) 친 후(처음 거래처부터 마지막 거래처까지 조회됨) 미지급금 잔액이 가장 큰 거래처명과 금액을 확인한다.

▶ 정답 : 세경상사, 50,000,000원

01	02	03	04	05	06	07	08	09	10	11	12	13	14	15
③	④	②	①	①	③	④	④	①	④	②	①	②	③	③

01 재무제표 : 재무상태표, 손익계산서, 현금흐름표, 자본변동표, 주석

02 • 생산량은 생산량비례법을 계산할 때 필수요소이다.
- 정액법 연 감가상각비 = (취득원가 − 잔존가치) / 내용연수

03 자기주식은 이익잉여금처분계산서에 나타나지 않는다.

04 위탁매출은 수탁자가 해당 재화를 제3자에게 판매한 시점에 수익으로 인식한다.

05 • 임차보증금 : 기타비유동자산
- 산업재산권, 프랜차이즈, 소프트웨어 : 무형자산

06 • 자기주식처분이익 : 자본잉여금
- 자기주식, 주식할인발행차금, 감자차손 : 자본조정

07 기말재고자산의 과소계상 → 매출원가의 과대계상 → 당기순이익의 과소계상 → 자본의 과소계상

08 ④ 회계처리 : (차) 투자부동산 5,200,000   (대) 미지급금 5,000,000
                                            현금   200,000

09 총고정원가는 관련범위 내에서 일정하고, 관련범위 밖에는 일정하다고 할 수 없다.

10 매출원가는 손익계산서에서 제공되는 정보이다.

11 공장 인사 관리 부문 : 종업원의 수

12 선입선출법 완성품환산량 = 완성품수량 − 기초재공품환산량 + 기말재공품환산량
- 직접재료원가 완성품환산량 = 완성품수량 30,000 − 기초재공품환산량 5,000 × 100% + 기말재공품환산량 10,000 × 100%
  = 35,000개
- 가공원가 완성품환산량 = 완성품수량 30,000 − 기초재공품환산량 5,000 × 70% + 기말재공품환산량 10,000 × 30%
  = 29,500개

13 우리나라 부가가치세법은 소비지국과세원칙을 채택하고 있다.

14 폐업자의 경우 폐업일이 속하는 달의 다음 달 25일까지 확정신고를 하여야 한다.

15 제조부서의 화물차 수리를 위해 지출하고 발급받은 세금계산서상의 매입세액은 비영업용 소형승용차가 아니므로 매입세액공제 가능하다.

오답 피하기
- ① : 기업업무추진비는 매입세액불공제 대상이다.
- ② : 비영업용소형승용차의 구입, 유지, 임차를 위한 비용은 매입세액을 불공제한다.
- ④ : 세금계산서, 신용카드매출전표, 현금영수증에 기재된 매입세액은 공제 가능하다.

01 기초정보관리

1 [기초정보관리]-[거래처등록]을 클릭하면 「일반거래처」탭 화면이 나온다. 좌측 화면 하단 빈칸에 코드:05230, 거래처명:(주)대영토이, 유형:3.동시를 선택하고 우측에 사업자등록번호, 대표자성명, 업태, 종목, 주소를 입력한다.

2 [전기분재무제표]-[거래처별초기이월]에서 좌측 화면의 계정과목에서 "외상매출금"을 클릭하고 우측 화면의 튼튼사무기의 금액을 8,300,000에서 3,800,000으로 수정한다. 같은 방법으로 좌측 화면의 계정과목에서 "받을어음"을 클릭하고 우측 화면의 (주)강림상사의 금액을 20,000,000에서 2,000,000으로 수정한다. 또 좌측 화면의 계정과목에서 "외상매입금"을 클릭하고 우측 화면의 거래처란 아래 빈칸 거래처코드란에서 F2를 눌러 (주)해원상사를 선택하고 4,600,000을 추가 입력한다.

3 먼저 [전기분재무제표]-[전기분재무상태표]에서 원재료 73,600,000을 75,600,000으로 수정한다. [전기분재무제표]-[전기분원가명세서]에서 원재료비 금액을 클릭한 후 기말원재료재고액이 75,600,000으로 변경되었는지 확인하고 당기제품제조원가가 503,835,000으로 변경된 것을 확인한다. [전기분재무제표]-[전기분손익계산서]의 제품매출원가란의 당기제품제조원가를 505,835,000에서 503,835,000으로 수정한 후 당기순이익이 133,865,000으로 변경된 것을 확인한다. [전기분재무제표]-[전기분잉여금처분계산서]에서 상단 툴바의 F6불러오기를 클릭하여 나오는 창에서 "예"를 누르면 당기순이익이 133,865,000으로 수정되고 미처분이익잉여금이 171,765,000으로 변경된다. [전기분재무제표]-[전기분재무상태표]에서 이월이익잉여금을 171,765,000으로 수정한다.

02 일반전표입력

[전표입력]-[일반전표입력]을 클릭한 후 다음과 같이 입력한다.

1 8월 10일

구분		계정과목	거래처	적요	차변	대변
차변	0254	예수금			340,000	
차변	0511	복리후생비			340,000	
대변	0103	보통예금				680,000

※ 회사부담분 건강보험료는 복리후생비로 처리한다.

2 8월 23일

구분		계정과목	거래처	적요	차변	대변
차변	0246	부도어음과수표	(주)애플전자		3,500,000	
대변	0110	받을어음	(주)애플전자			3,500,000

3 9월 14일

구분		계정과목	거래처	적요	차변	대변
출금	0805	잡급			420,000	(현금)

4 9월 26일

구분		계정과목	거래처	적요	차변	대변
차변	0295	퇴직급여충당부채			5,000,000	
대변	0186	퇴직연금운용자산				5,000,000

※ 확정급여형퇴직연금(DB)에 가입한 경우 퇴직급여충당부채와 상계하고 부족분은 퇴직급여로 처리한다.

5 10월 16일

구분		계정과목	거래처	적요	차변	대변
차변	0103	보통예금			37,000,000	
대변	0107	단기매매증권				35,000,000
대변	0906	단기매매증권처분이익				2,000,000

- 장부금액 : 5,000주 × 7,000원 = 35,000,000원
- 처분손익 : 처분금액 37,000,000원 − 장부금액 35,000,000원 = 처분이익 2,000,000원

※ 단기매매증권 취득 시 거래수수료는 수수료비용(영업외비용)으로 처리하므로 장부금액에 영향을 미치지 않는다.

6 11월 29일

구분		계정과목	거래처	적요	차변	대변
차변	0103	보통예금			49,000,000	
차변	0292	사채할인발행차금			1,000,000	
대변	0291	사채				50,000,000

※ 사채의 발행금액이 액면금액보다 작으면 그 차액은 사채할인발행차금으로 처리한다.

03 매입매출전표입력

[전표입력]-[매입매출전표입력]을 클릭한 후 다음과 같이 입력한다.

1 9월 2일

유형	품목	수량	단가	공급가액	부가세	공급처명	사업/주민번호	전자	분개
11.과세	제품	2	5,000,000	10,000,000	1,000,000	(주)신도기전		여	혼합

구분		계정과목	적요	거래처	차변(출금)	대변(입금)
대변	0255	부가세예수금	제품 2×5000000	(주)신도기전		1,000,000
대변	0404	제품매출	제품 2×5000000	(주)신도기전		10,000,000
차변	0110	받을어음	제품 2×5000000	(주)신도기전	8,000,000	
차변	0108	외상매출금	제품 2×5000000	(주)신도기전	3,000,000	

2 9월 12일

유형	품목	수량	단가	공급가액	부가세	공급처명	사업/주민번호	전자	분개
57.카과	작업복			450,000	45,000	인천상회			카드

구분		계정과목	적요	거래처	차변(출금)	대변(입금)
대변	0253	미지급금	작업복	우리카드(법인)		495,000
차변	0135	부가세대급금	작업복	인천상회	45,000	
차변	0511	복리후생비	작업복	인천상회	450,000	

※ 중간의 신용카드사는 "우리카드(법인)"를 선택한다. 공급가액란에 부가가치세를 포함하여 495,000을 입력한다. 분개유형을 "3:혼합"으로 해도 된다.

3 10월 5일

유형	품목	수량	단가	공급가액	부가세	공급처명	사업/주민번호	전자	분개
16.수출	제품	100	1,000,000	100,000,000		PYBIN사			혼합

구분		계정과목	적요	거래처	차변(출금)	대변(입금)
대변	0404	제품매출	제품 100×1000000	PYBIN사		100,000,000
차변	0103	보통예금	제품 100×1000000	PYBIN사	100,000,000	

※ 중간의 영세율구분은 1. 직접수출(대행수출 포함)을 선택한다.

4 10월 22일

유형	품목	수량	단가	공급가액	부가세	공급처명	사업/주민번호	전자	분개
53.면세	도서			1,375,000		영건서점		여	현금

구분	계정과목		적요	거래처	차변(출금)	대변(입금)
출금	0826	도서인쇄비	도서	영건서점	1,375,000	(현금)

5 11월 2일

유형	품목	수량	단가	공급가액	부가세	공급처명	사업/주민번호	전자	분개
22.현과	제품			8,000,000	800,000				혼합

구분	계정과목		적요	거래처	차변(출금)	대변(입금)
대변	0255	부가세예수금	제품			800,000
대변	0404	제품매출	제품			8,000,000
차변	0103	보통예금	제품		8,800,000	

※ 공급가액란에 부가가치세를 포함한 금액 8,800,000을 입력한다.

6 12월 19일

유형	품목	수량	단가	공급가액	부가세	공급처명	사업/주민번호	전자	분개
54.불공	생활용품세트	10	50,000	500,000	50,000	홍성백화점		여	카드

구분	계정과목		적요	거래처	차변(출금)	대변(입금)
대변	0253	미지급금	생활용품세트 10×50000	국민카드		550,000
차변	0813	기업업무추진비	생활용품세트 10×50000	홍성백화점	550,000	

※ 중간의 불공제사유는 4. ④기업업무추진비 및 이와 유사한 비용 관련을 선택한다.
　중간의 신용카드사는 "국민카드"를 선택한다. 분개유형을 "3:혼합"으로 해도 된다.

04 오류수정

1 [전표입력]–[일반전표입력]에서 7월 31일을 입력한 후 퇴직급여를 퇴직연금운용자산으로 수정한다.

구분	계정과목		적요	거래처	차변(출금)	대변(입금)
차변	0186	퇴직연금운용자산			14,000,000	
대변	0103	보통예금				14,000,000

※ 확정급여형(DB)퇴직연금 : 퇴직연금운용자산, 확정기여형(DC)퇴직연금 : 퇴직급여

2 [전표입력]–[매입매출전표입력]에서 10월 28일을 입력한 후 51.과세를 54.불공으로 변경하고 아래와 같이 수성한다.

유형	품목	수량	단가	공급가액	부가세	공급처명	사업/주민번호	전자	분개
54.불공	접대용 선물세트			5,000,000	500,000	다다마트		여	현금

구분	계정과목		적요	거래처	차변(출금)	대변(입금)
출금	0813	기업업무추진비	접대용 선물세트	다다마트	5,500,000	(현금)

※ 중간의 불공제사유는 4. ④기업업무추진비 및 이와 유사한 비용 관련을 선택한다.

05 결산정리

❶ [전표입력]-[일반전표입력]에서 12월 31일(결산일)자로 다음과 같이 입력한다.

구분		계정과목	거래처	적요	차변	대변
차변	0116	미수수익			150,000	
대변	0901	이자수익				150,000

※ 기말까지 발생된 기간 경과분 발생이자는 수익으로 처리하고 상대계정에 미수수익을 입력한다.

　　이자수익 = 5,000,000 × 6% × 6개월/12개월 = 150,000원

구분		계정과목	거래처	적요	차변	대변
차변	0955	외화환산손실			80,000	
대변	0251	외상매입금	상하이			80,000

※ 외상매입 시 환율은 1,000원/$(2,000,000 ÷ $2,000)인데 회계기간 종료일(결산일) 현재 환율은 1,040원/$으로 40원/$
　상승했으므로 40 × $2,000 = 80,000원의 외화환산손실이 발생한다.

❷ [결산/재무제표]-[결산자료입력]에서 기간란에 1월~12월을 입력한다.

　4. 판매비와일반관리비

　　상단 툴바의 「F8 대손상각」을 눌러 추가설정액(결산반영)란에 외상매출금 80,000과 받을어음 −30,000을 입력하고 나머
　　지 채권의 금액은 Space Bar 로 지우고(또는 0을 입력) 결산반영버튼을 클릭하면

　　　　　5). 대손상각

　　　　　　외상매출금　　　　　　　80,000

　　　　　　받을어음　　　　　　　 −30,000이 결산반영금액란에 자동으로 입력된다.

※ 원래 받을어음 환급액은 일반전표입력에 (차) 대손충당금 30,000 (대) 대손충당금환입(판매관리비) 30,000으로 처리해야
　하는데 수험용 백업데이터 프로그램상 판매관리비 항목의 대손충당금환입 계정과목이 존재하지 않으므로 이를 영업외수
　익 항목의 대손충당금환입 계정과목으로 처리하는 것은 옳지 않다.

❸ 상단 툴바의 F3 전표추가 를 클릭하여 나타나는 메시지창에서 「예」를 클릭한다.

06 장부조회

1 [장부관리]-[매입매출장]에서 기간(1월 1일~3월 31일)을 입력한 후 구분 2.매출, 유형 22.현과를 선택한 후 분기계란의 공급
　가액을 확인한다.

　▶ 정답 : 700,000원

2 [장부관리]-[일계표(월계표)]에서 「월계표」탭을 클릭하고 조회기간(6월~6월)을 입력한 후 제조원가 좌측(차변) 현금란의 금
　액을 확인한다.

　▶ 정답 : 3,162,300원

3 [장부관리]-[거래처원장]의 잔액란 탭에서 기간(6월 30일~6월 30일), 계정과목(251.외상매입금), 거래처란에서 엔터를 두 번
　(두 개의 칸을 선택) 친 후(처음 거래처부터 마지막 거래처까지 조회됨) 외상매입금 잔액이 가장 작은 거래처명과 잔액을 확인
　한다.

　▶ 정답 : 전설유통, 700,000원

01	02	03	04	05	06	07	08	09	10	11	12	13	14	15
①	④	②	②	①	④	②	④	①	①	③	④	④	③	②

01 • 재무상태표 : 일정시점 현재 기업이 보유하고 있는 자산과 부채, 자본에 대한 정보를 제공하는 보고서
 • 손익계산서 : 일정기간의 기업의 수익과 비용을 나타낸 보고서
 • 현금흐름표 : 일정기간의 현금의 유입과 유출의 정보를 제공하는 보고서
 • 자본변동표 : 기업의 자본변동에 관한 정보를 제공하는 보고서

02 비유동부채 : 임대보증금, 장기차입금, 사채, 퇴직급여충당부채

03 내부적으로 창출한 브랜드, 고객목록과 같은 항목은 무형자산으로 인식할 수 없다.

04 시용판매의 수익 인식 시점 : 소비자가 매입의사를 표시하는 시점

05 매출 시점에 실제 취득원가를 기록하여 매출원가로 대응시켜 원가 흐름을 가장 정확하게 파악할 수 있는 재고자산의 단가 결정 방법은 개별법이다.

06 일용직 직원에 대한 수당은 잡급으로 판매비와관리비(영업비용)로 처리하므로 영업이익에 영향을 준다.
 • 이자수익 : 영업외수익
 • 재해손실과 이자비용 : 영업외비용
 ※ 영업이익 = 매출액 − 매출원가 − 판매비와관리비

07 단기매매증권평가이익(수익) 300,000원 − 투자자산처분손실(비용) 200,000원 = 100,000원 증가
 ※ 매도가능증권평가손실 500,000원은 자본(기타포괄손익누계액)으로 처리하므로 당기손익증감액 계산에서 제외된다.

08 기초자본 400,000 + 추가출자 100,000 − 이익배당액 50,000 + 당기순이익 200,000 = 기말자본 650,000원
 • 기초자본 = 기초자산 900,000 − 기초부채 500,000 = 400,000원
 • 당기순이익 = 총수익 1,100,000 − 총비용 900,000 = 200,000원

09 외부의 정보이용자들에게 유용한 정보를 제공하기 위한 정보는 재무회계의 목적이다.

10 변동원가는 조업도가 증가할수록 총원가는 증가하고 단위당 원가는 일정하며, 고정원가는 조업도가 증가할 때 총원가는 일정하며 단위당 원가는 감소한다.

11 단계배분법을 사용할 경우 배부순서에 따라 각 보조부문에 배분되는 금액의 차이가 발생한다.
 ※ 보조부문원가 배부기준의 배부방법에 따라 배부금액은 달라지지만 배부방법에 따른 순이익의 금액은 달라지지 않는다.

12 종합원가계산 중 여러 공정에 걸쳐 생산하는 경우 공정별 원가계산을 적용한다.

13 증여로 인하여 사업자의 명의가 변경되는 경우 폐업 사유에 해당한다. 그러므로 증여자는 폐업, 수증자는 신규 사업자등록을 해야 한다.

14 영세율 : 완전면세, 면세 : 부분면세

15 도매업은 영수증 발급 대상 사업자가 될 수 없다.

01 기초정보관리

1 [기초정보관리]-[거래처등록]에서 [신용카드]탭을 누르고 코드란에 99850, 거래처명:하나카드, 유형란에 2:매입을 선택한 후 우측 3.카드번호(매입)란에 "5531-8440-0622-2804", 4.카드종류(매입)란에 3.사업용카드를 선택한다.

2 [기초정보관리]-[계정과목및적요등록]에서 좌측 계정체계에서 판매관리비를 클릭하고 가운데 코드/계정과목에서 812.여비교통비를 선택한 후 우측 현금적요란 적요NO에 6, "야근 시 퇴직택시비 지급", 대체적요란 적요NO에 3, "야근 시 퇴직택시비 정산 인출"을 각각 입력한다.

3 [전기분재무제표]-[전기분원가명세서]에서 복리후생비 9,000,000을 10,000,000으로 수정하면 당기제품제조원가가 95,200,000으로 변경된다. [전기분재무제표]-[전기분손익계산서]의 제품매출원가란의 당기제품제조원가를 94,200,000에서 95,200,000으로 수정하고 복리후생비 30,000,000을 29,000,000으로 수정한다. 당기순이익에 변동이 없으므로 [전기분재무제표]-[전기분잉여금처분계산서]와 [전기분재무제표]-[전기분재무상태표]는 그대로 둔다.

02 일반전표입력

[전표입력]-[일반전표입력]을 클릭한 후 다음과 같이 입력한다.

1 7월 4일

구분		계정과목	거래처	적요	차변	대변
차변	0251	외상매입금	나노컴퓨터		5,000,000	
대변	0108	외상매출금	나노컴퓨터			3,000,000
대변	0102	당좌예금				2,000,000

2 9월 15일

구분		계정과목	거래처	적요	차변	대변
차변	0103	보통예금			1,000,000	
대변	0903	배당금수익				1,000,000

3 10월 5일

구분		계정과목	거래처	적요	차변	대변
차변	0103	보통예금			4,945,000	
차변	0956	매출채권처분손실			55,000	
대변	0110	받을어음	(주)영춘			5,000,000

4 10월 30일

구분		계정과목	거래처	적요	차변	대변
차변	0817	세금과공과			500,000	
대변	0103	보통예금				500,000

5 12월 12일

구분		계정과목	거래처	적요	차변	대변
차변	0291	사채			10,000,000	
대변	0103	보통예금				9,800,000
대변	0911	사채상환이익				200,000

※ 사채상환이익 : 사채상환금액과 사채장부금액의 차이로 인하여 발생한 이익

⑥ 12월 21일

구분		계정과목	거래처	적요	차변	대변
차변	0136	선납세금			77,000	
차변	0103	보통예금			423,000	
대변	0901	이자수익				500,000

03 매입매출전표입력

[전표입력]–[매입매출전표입력]을 클릭한 후 다음과 같이 입력한다.

① 7월 11일

유형		품목	수량	단가	공급가액	부가세	공급처명	사업/주민번호	전자	분개
11.과세		제품			3,000,000	300,000	성심상사		여	혼합
구분		계정과목		적요		거래처		차변(출금)	대변(입금)	
대변	0255	부가세예수금		제품		성심상사			300,000	
대변	0404	제품매출		제품		성심상사			3,000,000	
차변	0101	현금		제품		성심상사		1,000,000		
차변	0108	외상매출금		제품		성심상사		2,300,000		

② 8월 25일

유형		품목	수량	단가	공급가액	부가세	공급처명	사업/주민번호	전자	분개
51.과세		상가			200,000,000	20,000,000	(주)대관령		여	혼합
구분		계정과목		적요		거래처		차변(출금)	대변(입금)	
차변	0135	부가세대급금		상가		(주)대관령		20,000,000		
차변	0201	토지		상가		(주)대관령		150,000,000		
차변	0202	건물		상가		(주)대관령		200,000,000		
대변	0131	선급금		상가		(주)대관령			37,000,000	
대변	0103	보통예금		상가		(주)대관령			333,000,000	

③ 9월 15일

유형		품목	수량	단가	공급가액	부가세	공급처명	사업/주민번호	전자	분개
61.현과		소모품			350,000	35,000	골드팜(주)			혼합
구분		계정과목		적요		거래처		차변(출금)	대변(입금)	
차변	0135	부가세대급금		소모품		골드팜(주)		35,000		
차변	0830	소모품비		소모품		골드팜(주)		350,000		
대변	0103	보통예금		소모품		골드팜(주)			385,000	

※ 공급가액란에 부가가치세를 포함하여 385,000을 입력한다.

4 9월 30일

유형	품목	수량	단가	공급가액	부가세	공급처명	사업/주민번호	전자	분개
51.과세	승용차			15,000,000	1,500,000	경하자동차(주)		여	혼합

구분		계정과목	적요	거래처	차변(출금)	대변(입금)
차변	0135	부가세대급금	승용차	경하자동차(주)	1,500,000	
차변	0208	차량운반구	승용차	경하자동차(주)	15,000,000	
대변	0253	미지급금	승용차	경하자동차(주)		16,500,000

※ 개별소비세 과세 대상 차량이 아닌 승용차는 매입세액 공제 대상이다.

5 10월 17일

유형	품목	수량	단가	공급가액	부가세	공급처명	사업/주민번호	전자	분개
55.수입	원재료			8,000,000	800,000	인천세관		여	혼합

구분		계정과목	적요	거래처	차변(출금)	대변(입금)
차변	0135	부가세대급금	원재료	인천세관	800,000	
대변	0103	보통예금	원재료	인천세관		800,000

※ 수입 시 공급처명에는 세금계산서를 발급한 세관을 입력해야 한다.

6 10월 20일

유형	품목	수량	단가	공급가액	부가세	공급처명	사업/주민번호	전자	분개
14.건별	제품			90,000	9,000				현금

구분		계정과목	적요	거래처	차변(출금)	대변(입금)
입금	0255	부가세예수금	제품		(현금)	9,000
입금	0404	제품매출	제품		(현금)	90,000

04 오류수정

1 [전표입력]-[일반전표입력]에서 8월 31일을 입력한 후 이자비용 362,500을 500,000으로 수정하고 두 번째 줄에서 상단 툴바의 전표삽입을 눌러 대변에 예수금 137,500을 추가로 입력한다(또는 하단 빈칸에 예수금을 입력해도 됨).

구분		계정과목	거래처	적요	차변	대변
차변	0951	이자비용			500,000	
대변	0254	예수금				137,500
대변	0103	보통예금				362,500

2 [전표입력]-[매입매출전표입력]을 클릭하고 11월 30일을 입력한 후 하단 분개란에서 건물을 520.수선비로 수정한다.

유형	품목	수량	단가	공급가액	부가세	공급처명	사업/주민번호	전자	분개
51.과세	잠금장치 수리			700,000	70,000	영포상회		여	혼합

구분		계정과목	적요	거래처	차변(출금)	대변(입금)
차변	0135	부가세대급금	공장출입문 잠금장치 수리	영포상회	70,000	
차변	0520	수선비	공장출입문 잠금장치 수리	영포상회	700,000	
대변	0103	보통예금	공장출입문 잠금장치 수리	영포상회		770,000

※ 수익적 지출은 비용으로 처리하며 자본적 지출은 자산으로 처리한다.

05 결산정리

❶ [전표입력]-[일반전표입력]에서 12월 31일(결산일)자로 다음과 같이 입력한다.

구분		계정과목	거래처	적요	차변	대변
차변	0530	소모품비			1,875,000	
차변	0830	소모품비			625,000	
대변	0173	소모품				2,500,000

※ 구입 시 소모품(자산)으로 처리했으므로 결산 시 사용분에 대해서 비용처리한다.

• 소모품비(제) : (3,000,000원 − 500,000원) × 75% = 1,875,000원
• 소모품비(판) : (3,000,000원 − 500,000원) × 25% = 625,000원

구분		계정과목	거래처	적요	차변	대변
차변	0822	차량유지비			150,000	
차변	0980	잡손실			85,000	
대변	0141	현금과부족				235,000

❷ [결산/재무제표]-[결산자료입력]에서 기간란에 1월~12월을 입력한다.

2. 매출원가

제품매출원가

1) 원재료비

기말원재료재고액   9,500,000

※ 정상적인 수량차이는 제조원가에 포함하므로 실제금액(9,500개 × 1,000원 = 9,500,000원)만 입력한다.

8) 당기총제조비용

기말재공품재고액   8,500,000

9) 당기완성품제조원가

기말제품재고액   13,450,000을 각각 결산반영금액란에 입력한다.

❸ 상단 툴바의 F3 전표추가를 클릭하여 나타나는 메시지창에서 「예」를 클릭한다.

06 장부조회

1 [결산/재무제표]-[재무상태표]에서 기간란에 5월을 입력하여 당기 외상매출금과 외상매입금 잔액을 각각 확인한 후 그 차액을 계산한다.
▶ 정답 : 40,465,000원(외상매출금 107,700,000 − 외상매입금 67,235,000)

2 [장부관리]-[매입매출장]에서 기간(4월 1일~6월 30일)을 입력한 후 구분 2.매출, 유형 12.영세를 선택한 후 분기계 합계 금액을 확인한 후 다시 유형 16.수출을 선택한 후 분기계 합계 금액을 확인한 후 합산한다.
▶ 정답 : 48,450,000원(12.영세 38,450,000 + 16.수출 10,000,000)

3 [장부관리]-[일계표(월계표)]에서 「월계표」탭을 클릭하고 조회기간(6월~6월)을 입력한 후 판매비및일반관리비 중 좌측 계란의 금액이 가장 적은 계정과목과 금액을 확인한다.
▶ 정답 : 도서인쇄비, 10,000원

01	02	03	04	05	06	07	08	09	10	11	12	13	14	15
④	④	②	②	①	④	③	③	①	③	②	③	④	①	②

01 재무회계의 회계정보이용자는 주주, 투자자, 채권자 등이다.

오답 피하기
- ① : 원가관리회계의 목적
- ② : 세무회계의 정보이용자
- ③ : 세무회계의 목적

02 단기매매증권 : 유동자산(당좌자산)

03 재고자산의 취득원가에는 매입금액에 매입운임, 하역료 및 보험료 등을 가산하고 매입과 관련된 할인, 에누리 및 기타 유사한 항목은 매입원가에서 차감한다. 판매와 관련된 비용은 판매비와관리비로 처리한다.

04 자본적 지출을 수익적 지출로 잘못 처리하게 되면, 자산은 과소계상, 비용은 과대계상되어 당기순이익이 과소계상되어 자본이 과소계상되게 된다.

05 • 취득금액 1,400,000(200주 × 주당 7,000) − 액면금액 1,000,000(200주 × 주당 5,000) = 감자차손 400,000
- 감자차익을 먼저 상계하고 나머지를 감자차손으로 인식해야 하므로 감자차손은 200,000원이 된다.

06 수익과 비용은 각각 총액으로 보고하는 것을 원칙으로 한다.

07 선수금(부채)으로 처리해야 할 것을 제품매출(수익)로 처리했으므로 부채의 과소, 수익의 과대가 된다.

08 기초 자본금 50,000,000 + 추가출자(2,000주 × 액면금액 5,000) = 기말자본금 60,000,000원
※ 자본금 = 주식 수 × 액면금액

09 • 영업용 사무실의 전기요금, 마케팅부의 교육연수비 : 판매비와관리비(수도광열비, 교육훈련비)
- 기계장치의 처분손실 : 영업외비용(유형자산처분손실)

10 상호배분법에 대한 설명이다.

11 기초원재료 1,200,000 + 당기원재료매입액 900,000 − 기말원재료 850,000 = 당기직접재료원가 1,250,000원

12 • no.1 직접간접원가 배부액 = (직접재료원가 400,000 + 직접노무원가 150,000) × 배부율 0.5 = 275,000원
- 제조간접원가 배부율 = 제조간접원가총액 500,000 ÷ 배부기준총액(직접재료원가 800,000 + 직접노무원가 200,000)
  = 0.5원/직접원가당

13 간이과세자가 일반과세자로 변경되는 경우 : 그 변경되는 해의 1월 1일부터 6월 30일까지

14 작성연월일이 필요적 기재사항이며, 공급연월일은 임의적 기재사항이다.

15 상품권이 현물과 교환되어 재화가 실제로 인도되는 때를 공급시기로 본다.

01 기초정보관리

1 [기초정보관리]–[거래처등록]을 클릭하면 「일반거래처」탭 화면이 나온다. 좌측 화면 하단 빈칸에 코드:01230, 거래처명:태형상사, 유형:3.동시를 선택하고 우측에 사업자등록번호, 대표자성명, 업태, 종목, 주소를 입력한다.

2 [전기분재무제표]–[거래처별초기이월]에서 좌측 화면의 계정과목에서 "받을어음"을 클릭하고 우측 화면의 (주)원수의 금액을 10,000,000에서 15,000,000으로 수정한다. 같은 방법으로 좌측 화면의 계정과목에서 "단기차입금"을 클릭하고 우측 화면의 (주)빛날통신의 금액을 3,000,000에서 13,000,000으로 수정하고 거래처란 아래 거래처코드란에서 F2를 눌러 (주)이태백을 선택하고 10,000,000을 추가 입력한다.

3 [전기분재무제표]–[전기분원가명세서]에서 하단 빈칸에 보험료 1,000,000을 추가 입력한다. 그러면 당기제품제조원가가 94,000,000으로 변경된다. [전기분재무제표]–[전기분손익계산서]의 제품매출원가란의 당기제품제조원가를 93,000,000에서 94,000,000으로 수정하고 보험료 3,000,000을 2,000,000으로 수정한 후 당기순이익이 356,150,000으로 변경된 것을 확인한다. [전기분재무제표]–[전기분잉여금처분계산서]의 당기순이익과 [전기분재무제표]–[전기분재무상태표]의 이월이익잉여금은 맞으므로 그대로 둔다.

02 일반전표입력

[전표입력]–[일반전표입력]을 클릭한 후 다음과 같이 입력한다.

1 8월 20일

구분		계정과목	거래처	적요		차변	대변
차변	0953	기부금				2,000,000	
대변	0150	제품		8	타계정으로 대체액 손익계산서 반영분		2,000,000

※ 재고자산을 다른 목적으로 사용할 경우 적요란에 8.타계정으로 대체액을 입력하고 금액은 원가로 처리한다.

2 9월 2일

구분		계정과목	거래처	적요	차변	대변
차변	0260	단기차입금	전마나		20,000,000	
대변	0103	보통예금	전마나			15,000,000
대변	0918	채무면제이익				5,000,000

3 10월 19일

구분		계정과목	거래처	적요	차변	대변
차변	0251	외상매입금	(주)용인		2,500,000	
대변	0101	현금				1,500,000
대변	0110	받을어음	(주)수원			1,000,000

4 11월 6일

구분		계정과목	거래처	적요	차변	대변
차변	0254	예수금			270,000	
차변	0521	보험료			221,000	
차변	0821	보험료			110,500	
대변	0101	현금				601,500

5 11월 11일

구분		계정과목	거래처	적요	차변	대변
차변	0806	퇴직급여			6,800,000	
차변	0831	수수료비용			200,000	
대변	0103	보통예금				7,000,000

※ 확정급여형(DB)퇴직연금 : 퇴직연금운용자산, 확정기여형(DC)퇴직연금 : 퇴직급여

6 12월 3일

구분		계정과목	거래처	적요	차변	대변
차변	0103	보통예금			4,750,000	
대변	0107	단기매매증권				4,000,000
대변	0906	단기매매증권처분이익				750,000

- 처분금액 : 10,000원 × 500주 − 처분수수료 250,000원 = 4,750,000원
- 장부금액 : 8,000원 × 500주 = 4,000,000원
- 처분손익 : 처분금액 4,750,000원 − 장부금액 4,000,000원 = 처분이익 750,000원

03 매입매출전표입력

[전표입력]−[매입매출전표입력]을 클릭한 후 다음과 같이 입력한다.

1 7월 28일

유형	품목	수량	단가	공급가액	부가세	공급처명	사업/주민번호	전자	분개
57.카과	도시락세트			200,000	20,000	저팔계산업			카드

구분		계정과목	적요	거래처	차변(출금)	대변(입금)
대변	0134	미지급금	도시락세트	하나카드		220,000
차변	0135	부가세대급금	도시락세트	저팔계산업	20,000	
대변	0811	복리후생비	도시락세트	저팔계산업	200,000	

※ 중간의 신용카드사는 "하나카드"를 선택한다. 공급가액란에 부가가치세를 포함하여 220,000을 입력한다. 분개유형을 "3:혼합"으로 해도 된다.

2 9월 3일

유형	품목	수량	단가	공급가액	부가세	공급처명	사업/주민번호	전자	분개
11.과세	기계장치 매각			13,500,000	1,350,000	보람테크(주)		여	혼합

구분		계정과목	적요	거래처	차변(출금)	대변(입금)
대변	0255	부가세예수금	기계장치 매각	보람테크(주)		1,350,000
대변	0206	기계장치	기계장치 매각	보람테크(주)		50,000,000
차변	0207	감가상각누계액	기계장치 매각	보람테크(주)	38,000,000	
차변	0101	현금	기계장치 매각	보람테크(주)	4,850,000	
차변	0120	미수금	기계장치 매각	보람테크(주)	10,000,000	
대변	0914	유형자산처분이익	기계장치 매각	보람테크(주)		1,500,000

※ 상거래외 거래(재고자산외 거래) 시 외상은 미수금으로 처리한다.

③ 9월 22일

유형	품목	수량	단가	공급가액	부가세	공급처명	사업/주민번호	전자	분개
51.과세	원재료			5,000,000	500,000	마산상사		여	혼합

구분		계정과목	적요	거래처	차변(출금)	대변(입금)
차변	0135	부가세대급금	원재료	마산상사	500,000	
차변	0153	원재료	원재료	마산상사	5,000,000	
대변	0110	받을어음	원재료	(주)서울		2,000,000
대변	0251	외상매입금	원재료	마산상사		3,500,000

※ 하단 받을어음의 거래처를 (주)서울로 변경한다.

④ 10월 31일

유형	품목	수량	단가	공급가액	부가세	공급처명	사업/주민번호	전자	분개
12.영세	전자제품	100	700,000	70,000,000		NICE Co.,Ltd		여	혼합

구분		계정과목	적요	거래처	차변(출금)	대변(입금)
대변	0404	제품매출	전자제품 100×700000	NICE Co.,Ltd		70,000,000
차변	0108	외상매출금	전자제품 100×700000	NICE Co.,Ltd	35,000,000	
차변	0103	보통예금	전자제품 100×700000	NICE Co.,Ltd	35,000,000	

※ 중간의 영세율구분은 3. 내국신용장 · 구매확인서에 의하여 공급하는 재화를 선택한다.

⑤ 11월 4일

유형	품목	수량	단가	공급가액	부가세	공급처명	사업/주민번호	전자	분개
54.불공	선물세트			1,500,000	150,000	손오공상사		여	혼합

구분		계정과목	적요	거래처	차변(출금)	대변(입금)
차변	0813	기업업무추진비	선물세트	손오공상사	1,650,000	
대변	0253	미지급금	선물세트	손오공상사		1,650,000

※ 중간의 불공제사유는 4. ④기업업무추진비 및 이와 유사한 비용 관련을 선택한다.

⑥ 12월 5일

유형	품목	수량	단가	공급가액	부가세	공급처명	사업/주민번호	전자	분개
54.불공	토지정지 등			50,000,000	5,000,000	(주)만듬건설		여	혼합

구분		계정과목	적요	거래처	차변(출금)	대변(입금)
차변	0201	토지	토지정지 등	(주)만듬건설	55,000,000	
대변	0131	선급금	토지정지 등	(주)만듬건설		5,500,000
대변	0253	미지급금	토지정지 등	(주)만듬건설		49,500,000

※ 중간의 불공제사유는 6. ⑥토지의 자본적 지출관련을 선택한다.

04 오류수정

1 [전표입력]—[일반전표입력]에서 11월 10일을 입력한 후 수선비를 미지급금으로 수정하고 거래처를 입력한다.

구분	계정과목		거래처	적요	차변	대변
차변	0253	미지급금	가나상사		880,000	
대변	0103	보통예금				880,000

2 [전표입력]—[매입매출전표입력]에서 12월 15일을 입력한 후 유형에서 16.수출을 12.영세로 변경하고 아래와 같이 수정한다.

유형	품목	수량	단가	공급가액	부가세	공급처명	사업/주민번호	전자	분개
12.영세	제품			10,000,000		(주)강서기술		여	혼합

구분	계정과목		적요	거래처	차변(출금)	대변(입금)
대변	0404	제품매출	제품	(주)강서기술		10,000,000
차변	0108	외상매출금	제품	(주)강서기술	10,000,000	

※ 중간의 영세율구분은 3. 내국신용장 · 구매확인서에 의하여 공급하는 재화를 선택한다.

05 결산정리

[전표입력]—[일반전표입력]에서 12월 31일(결산일)자로 다음과 같이 입력한다.

구분	계정과목		거래처	적요	차변	대변
차변	0116	미수수익			2,250,000	
대변	0901	이자수익				2,250,000

※ 기말까지 발생된 기간 경과분 발생이자는 수익으로 처리하고 상대계정에 미수수익을 입력한다.
이자수익 = 50,000,000 × 6% × 9개월/12개월 = 2,250,000원

구분	계정과목		거래처	적요	차변	대변
차변	0133	선급비용			900,000	
대변	0519	임차료				900,000

※ 보험료 미경과분 : 3,600,000 × 3개월/12개월 = 900,000원
4월 1일 보험료를 전액 비용(보험료)으로 처리했으므로 결산기간 미경과분은 자산(선급비용)으로 처리한다.

구분	계정과목		거래처	적요	차변	대변
차변	0957	단기매매증권평가손실			2,000,000	
대변	0107	단기매매증권				2,000,000

06 장부조회

1 [장부관리]—[총계정원장]에서 월별을 선택하고 기간(1월 1일~6월 30일), 계정과목(801.급여~801.급여)을 입력한 후 차변 금액이 가장 많은 월과 적은 월의 금액을 각각 확인한 후 차감한다.
   ▶ 정답 : 3,000,000원(3월 8,400,000 − 1월 5,400,000)

2 [장부관리]—[거래처원장]의 잔액란 탭에서 기간(3월 1일~3월 31일), 계정과목(404.제품매출), 거래처란에서 일천상사를 두 번 입력한 후 대변의 금액을 확인한 후 다시 기간(4월 1일~4월 30일), 계정과목(404.제품매출), 거래처란에서 일천상사를 두 번 입력한 후 대변의 금액을 확인한 후 차액을 계산한다.
   ▶ 정답 : 8,140,000원(3월 13,000,000 − 4월 4,860,000)

3 [부가가치]—[신고서/부속명세]—[부가가치세]의 「세금계산서합계표」의 「매출」탭란에서 조회기간(1월~3월)을 입력한 후 하단의 전체데이터 탭란에서 (주)서산상사의 매수와 공급가액을 확인한다.
   ▶ 정답 : 6매, 10,320,000원

01	02	03	04	05	06	07	08	09	10	11	12	13	14	15
④	①	②	③	①	②	④	①	③	④	①	③	③	④	②

01 자기주식을 취득원가보다 낮은 금액으로 처분하는 경우 그 차액은 자기주식처분손실이며 자본조정 항목에 속한다.

02 (차) 현금 100,000 (대) 선수금 100,000
계약금은 선수금으로 처리하고 타인 발행 당좌수표는 현금으로 처리한다.

03 기말재고자산을 실제보다 과대계상한 경우 매출원가는 과소계상되고 매출총이익 및 당기순이익은 과대계상되어 자본총계도 과대계상된다.

04 무형자산의 상각기간은 독점적 · 배타적인 권리를 부여하고 있는 관계 법령이나 계약에 정해진 경우를 제외하고는 20년을 초과할 수 없다.

05 단기투자자산 합계액 = 1년 만기 정기예금 3,000,000 + 단기매매증권 4,000,000 = 7,000,000원
- 현금및현금성자산 : 현금, 당좌예금, 우편환증서
- 매출채권 : 외상매출금
※ 단기투자자산 : 단기매매증권, 단기대여금, 단기금융상품

06 비유동부채 : 사채, 퇴직급여충당부채, 장기차입금, 임대보증금

07 • 재고자산평가손실 = 비누(취득원가 75,000 − 순실현가능가치 65,000) × 100개 = 1,000,000원
- 세제의 경우 평가이익에 해당하나 최초의 취득원가를 초과하는 이익은 저가법상 인식하지 않는다.

08 • 예약판매계약 : 공사결과를 신뢰성 있게 추정할 수 있을 때에 진행기준을 적용하여 공사수익을 인식한다.
- 할부판매 : 이자부분을 제외한 판매가격에 해당하는 수익을 판매시점에 인식한다. 이자부분은 유효이자율법을 사용하여 가득하는 시점에 수익으로 인식한다.
- 위탁판매 : 위탁자는 수탁자가 해당 재화를 제3자에게 판매한 시점에 수익을 인식한다.

09 • 당기원재료원가 = 기초 원재료 재고액 + 당기 원재료 매입액 − 기말 원재료 재고액
- 당기원재료원가 = 기초 원재료 재고액 3억 원 + 당기 원재료 매입액 20억 원 − 기말 원재료 재고액 0 = 23억 원

10 기말제품재고액은 재무상태표와 손익계산서에서 확인할 수 있다.

11 • 제조간접원가 예정배부액 600,000 − 실제 제조간접원가 발생액 500,000 = 100,000원 과대배부
- 제조간접원가 예정배부액 = 실제 직접노무시간 3,000시간 × 예정배부율 200원 = 600,000원

12 기초재공품이 존재하지 않는 경우 평균법과 선입선출법의 당기완성품원가와 기말재공품원가는 일치한다.

13 구매확인서에 의하여 공급하는 재화는 영세율 적용 대상 거래로 세금계산서 발급의무가 있다.

14 법인 부동산매매업의 사업장 : 법인의 등기부상 소재지

15 사업자 또는 재화를 수입하는 자 중 어느 하나에 해당하는 자로서 개인, 법인(국가 · 지방자치단체와 지방자치단체조합을 포함), 법인격이 없는 사단 · 재단 또는 그 밖의 단체는 이 법에 따라 부가가치세를 납부할 의무가 있다.

01 기초정보관리

1 [기초정보관리]-[거래처등록]을 클릭하면 「일반거래처」탭 화면이 나온다. 좌측 화면 하단 빈칸에 코드:03000, 거래처명:(주)나우전자, 유형:3.동시를 선택하고 우측에 사업자등록번호, 대표자성명, 업태, 종목, 주소를 입력한다.

2 [기초정보관리]-[계정과목및적요등록]에서 좌측 계정체계에서 투자자산을 클릭하고 가운데 코드/계정과목에서 186.퇴직연금운용자산을 선택한 후 우측 대체적요란 적요NO에 1, "제조 관련 임직원 확정급여형 퇴직연금부담금 납입"을 입력한다.

3 [전기분재무제표]-[전기분재무상태표]에서 장기차입금을 삭제한 후 하단 빈칸에 단기차입금 20,000,000을 추가 입력한다. [거래처별초기이월]에서 좌측 화면의 코드란에 F2를 눌러 "단기"라고 입력한 후 "단기차입금"을 클릭하여 입력하고 우측 화면의 거래처란 거래처코드란에서 F2를 눌러 기업은행을 선택하고 20,000,000을 추가 입력한다.

02 일반전표입력

[전표입력]-[일반전표입력]을 클릭한 후 다음과 같이 입력한다.

1 8월 1일

구분		계정과목	거래처	적요	차변	대변
차변	0305	외화장기차입금	미국은행		37,500,000	
차변	0952	외환차손			1,500,000	
대변	0103	보통예금				39,000,000

※ 지문에 외화장기차입금이라고 되어 있으므로 장기차입금으로 입력하면 안 된다.

2 8월 12일

구분		계정과목	거래처	적요	차변	대변
차변	0246	부도어음과수표	(주)모모가방		50,000,000	
대변	0110	받을어음	(주)모모가방			50,000,000

3 8월 23일

구분		계정과목	거래처	적요	차변	대변
차변	0265	미지급배당금			10,000,000	
대변	0254	예수금				1,540,000
대변	0103	보통예금				8,460,000

4 8월 31일

구분		계정과목	거래처	적요	차변	대변
차변	0206	기계장치			5,500,000	
대변	0917	자산수증수익				5,500,000

5 9월 11일

구분		계정과목	거래처	적요	차변	대변
차변	0107	단기매매증권			4,000,000	
차변	0984	수수료비용			10,000	
대변	0103	보통예금				4,010,000

※ 단기매매증권 취득 시 부대비용은 취득원가에 포함되지 않고 영업외비용으로 처리한다.

6 9월 13일

구분		계정과목	거래처	적요	차변	대변
차변	0101	현금			1,000,000	
차변	0110	받을어음	(주)다원		3,000,000	
대변	0108	외상매출금	(주)다원			4,000,000

03 매입매출전표입력

[전표입력]-[매입매출전표입력]을 클릭한 후 다음과 같이 입력한다.

1 7월 13일

유형		품목	수량	단가	공급가액	부가세	공급처명	사업/주민번호	전자	분개
17.카과		크로스백			5,000,000	500,000	(주)남양가방			카드
구분		계정과목		적요		거래처		차변(출금)	대변(입금)	
차변	0108	외상매출금		크로스백		비씨카드		5,500,000		
대변	0255	부가세예수금		크로스백		(주)남양가방			500,000	
대변	0404	제품매출		크로스백		(주)남양가방			5,000,000	

※ 중간의 신용카드사는 "비씨카드"를 선택한다. 공급가액란에 부가가치세를 포함하여 5,500,000을 입력한다. 분개유형을 "3:혼합"으로 해도 된다.

2 9월 5일

유형		품목	수량	단가	공급가액	부가세	공급처명	사업/주민번호	전자	분개
51.과세		운송비			500,000	50,000	쾌속운송		여	혼합
구분		계정과목		적요		거래처		차변(출금)	대변(입금)	
차변	0135	부가세대급금		운송비		쾌속운송		50,000		
차변	0206	기계장치		운송비		쾌속운송		500,000		
대변	0103	보통예금		운송비		쾌속운송			550,000	

※ 기계장치를 정상적으로 사용하기 위한 운송비는 기계장치의 취득원가에 가산한다.

3 9월 6일

유형		품목	수량	단가	공급가액	부가세	공급처명	사업/주민번호	전자	분개
51.과세		가공비용			10,000,000	1,000,000	정도정밀		여	혼합
구분		계정과목		적요		거래처		차변(출금)	대변(입금)	
차변	0135	부가세대급금		가공비용		정도정밀		1,000,000		
차변	0533	외주가공비		가공비용		정도정밀		10,000,000		
대변	0103	보통예금		가공비용		정도정밀			11,000,000	

4 9월 25일

유형	품목	수량	단가	공급가액	부가세	공급처명	사업/주민번호	전자	분개
54.불공	3D 프린터			3,500,000	350,000	(주)목포전자		여	혼합

구분	계정과목		적요	거래처	차변(출금)	대변(입금)
차변	0953	기부금	3D 프린터	(주)목포전자	3,850,000	
대변	0253	미지급금	3D 프린터	(주)목포전자		3,850,000

※ 중간의 불공제사유는 2. ②사업과 직접 관련 없는 지출을 선택한다. 국가 및 지방자치단체에 무상으로 공급하는 재화의
경우 취득 당시 사업과 관련하여 취득한 재화이면 매입세액을 공제하고 사업과 무관하게 취득한 재화이면 매입세액을
공제하지 아니한다.

5 10월 6일

유형	품목	수량	단가	공급가액	부가세	공급처명	사업/주민번호	전자	분개
57.카과	복합기			1,500,000	150,000	(주)ok사무			카드

구분	계정과목		적요	거래처	차변(출금)	대변(입금)
대변	0253	미지급금	복합기	하나카드		1,650,000
차변	0135	부가세대급금	복합기	(주)ok사무	150,000	
차변	0212	비품	복합기	(주)ok사무	1,500,000	

※ 중간의 신용카드사는 "하나카드"를 선택한다. 공급가액란에 부가가치세를 포함하여 1,650,000을 입력한다. 분개유형을
"3:혼합"으로 해도 된다.

6 12월 1일

유형	품목	수량	단가	공급가액	부가세	공급처명	사업/주민번호	전자	분개
51.과세	양가죽			2,500,000	250,000	(주)국민가죽		여	혼합

구분	계정과목		적요	거래처	차변(출금)	대변(입금)
차변	0135	부가세대급금	양가죽	(주)국민가죽	250,000	
차변	0153	원재료	양가죽	(주)국민가죽	2,500,000	
대변	0101	현금	양가죽	(주)국민가죽		250,000
대변	0251	외상매입금	양가죽	(주)국민가죽		2,500,000

04 오류수정

1 [전표입력]–[매입매출전표입력]에서 7월 22일을 입력한 후 유형에서 51.과세를 54.불공으로 변경하고 아래와 같이 수정한다.

유형	품목	수량	단가	공급가액	부가세	공급처명	사업/주민번호	전자	분개
54.불공	승용차량 구입			15,000,000	1,500,000	제일자동차		여	혼합

구분	계정과목		적요	거래처	차변(출금)	대변(입금)
차변	0208	차량운반구	승용차량 구입	제일자동차	16,500,000	
대변	0103	보통예금	승용차량 구입	제일자동차		16,500,000

※ 중간의 불공제사유는 3. ③개별소비세법 제1조제2항제3호에 따른 자동차 구입·유지 및 임차를 선택한다.

2 [전표입력]-[일반전표입력]에서 9월 15일을 입력한 후 대손상각비 3,000,000을 1,500,000으로 수정하고 두 번째 줄에서 상단 툴바의 전표삽입을 눌러 차변에 109.대손충당금 1,500,000을 추가로 입력한다.

구분		계정과목	거래처	적요	차변	대변
차변	0835	대손상각비			1,500,000	
차변	0109	대손충당금			1,500,000	
대변	0108	외상매출금	(주)댕댕오디오			3,000,000

※ 대손발생 시 대손충당금 잔액으로 처리한 후 부족분은 비용으로 처리한다.

05 결산정리

1 [전표입력]-[일반전표입력]에서 12월 31일(결산일)자로 다음과 같이 입력한다.

구분		계정과목	거래처	적요	차변	대변
차변	0251	외상매입금	하나무역		2,500,000	
차변	0980	잡손실			50,000	
대변	0134	가지급금				2,550,000

구분		계정과목	거래처	적요	차변	대변
차변	0114	단기대여금	필립전자		6,000,000	
대변	0910	외화환산이익				6,000,000

※ 대여 시 환율은 2,000원/$(60,000,000원/$30,000)인데 회계기간 종료일(결산일) 현재 환율은 2,200/$으로 200원/$가 상승했으므로 200 × $30,000 = 6,000,000원의 외화환산이익이 발생한다.

2 [결산/재무제표]-[결산자료입력]에서 기간란에 1월~12월을 입력한다.

7. 영업외비용

상단 툴바의 「F8 대손상각」을 눌러 대손율(%) 1.00을 확인하고 미수금이 아닌 나머지 채권의 금액은 0을 입력하고(또는 Space Bar 로 지우고) 결산반영버튼을 클릭하면

2). 기타의대손상각

미수금 300,000이 결산반영금액란에 자동으로 입력된다.

• 미수금 : 40,000,000원 × 1% − 100,000원 = 300,000원

3 상단 툴바의 F3 전표추가 를 클릭하여 나타나는 메시지창에서 「예」를 클릭한다.

06 장부조회

1 [장부관리]-[매입매출장]에서 기간(1월 1일~3월 31일)을 입력한 후 구분 2.매출, 유형 17.카과를 선택한 후 분기계란의 합계 금액을 확인한다.

▶ 정답 : 1,330,000원

2 [장부관리]-[일계표(월계표)]에서 「월계표」탭을 클릭하고 조회기간(6월~6월)을 입력한 후 영업외비용 좌측 계란의 금액을 확인한다.

▶ 정답 : 131,000원

3 [부가가치]-[신고서/부속명세]-[부가가치세]-[부가가치세신고서]에서 조회기간(4월 1일~6월 30일)을 입력한 후 「16.공제받지못할매입세액」란의 세액을 확인한다.

▶ 정답 : 3,060,000원

이론시험

01	02	03	04	05	06	07	08	09	10	11	12	13	14	15
③	②	①	②	①	①	②	③	④	④	①	③	④	④	③

01 • 자산 : 자산은 과거의 거래나 사건의 결과로서 현재 기업실체에 의해 지배되고 미래에 경제적 효익을 창출할 것으로 기대되는 자원이다.

   • 부채 : 부채는 과거의 거래나 사건의 결과로 현재 기업실체가 부담하고 있고 미래에 자원의 유출 또는 사용이 예상되는 의무이며, 기업실체가 현재 시점에서 부담하는 경제적 의무이다.

   • 비용 : 비용은 차손을 포함한다.

02 재고자산 수량 결정 방법 : 계속기록법, 실지재고조사법, 혼합법(병행법)

03 선일자수표는 미래의 날짜로 발행한 수표이므로 받을어음(미수금)으로 처리한다.

04 • 기업이 보유하고 있는 토지는 보유목적에 따라 재고자산, 투자자산, 유형자산으로 분류될 수 있다.

   • 유형자산을 취득한 후에 발생하는 비용은 성격에 따라 당기 비용 또는 자산의 취득원가에 포함한다.

   • 토지와 건설중인자산은 감가상각을 하지 않는다.

05 A사 단기매매증권평가이익 200,000 − B사 단기매매증권평가손실 100,000 + A사 배당금수익 50,000 + C사 단기매매증권처분이익 50,000 = 영업외수익 200,000원

06 • 사채의 액면발행, 할인발행, 할증발행 여부와 관계없이 액면이자는 매년 동일하다.

   • 할증발행 시 유효이자는 매년 감소하며, 사채발행비는 사채발행금액에서 차감하고, 할인발행 또는 할증발행 시 발행차금의 상각액 및 환입액은 매년 증가한다.

07 • 주식발행초과금 : 자본잉여금

   • 자기주식 : 자본조정

   • 매도가능증권평가손익 : 기타포괄손익누계액

08 자본적 지출을 수익적 지출로 잘못 처리했을 경우 당기 비용은 과대계상되어 당기의 당기순이익은 과소계상되고, 차기의 당기순이익은 과대계상(∵ 당기 자산의 감소로 인한 차기 비용과소)된다.

09 대체 자산 취득 시 기존 자산의 취득원가(의사결정에 영향을 주지 않음)가 매몰원가에 해당하므로, ④의 경우는 매몰원가가 아닌 기회원가에 해당한다.

10 변동원가 : 관련범위 내에서 조업도가 증가할수록 단위당 변동원가는 일정하고 총액은 증가한다.

11 • 평균법 완성품환산량 = 당기완성품 수량 + 기말재공품환산량

   • 재료원가 환산량 = 당기완성품 수량 1,800 + 기말재공품환산량 300개 × 100% = 2,100개

   • 가공원가 환산량 = 당기완성품 수량 1,800 + 기말재공품환산량 300개 × 70% = 2,010개

12 • 매출원가 = 기초제품재고액 + 당기제품제조원가 − 기말제품재고액

   • 당기제품제조원가 = 기초재공품재고액 + 당기총제조원가 − 기말재공품재고액

   • 당기제품제조원가 = 기초재공품 500,000 + 당기총제조원가 1,500,000 − 기말재공품 1,300,000 = 700,000원

   • 매출원가 = 기초제품재고액 800,000 + 당기제품제조원가 700,000 − 기말제품재고액 300,000 = 1,200,000원

13 과세 : 항공기, 고속버스, 전세버스, 택시, 특수자동차, 특종선박, 고속철도에 의한 여객운송 용역

14 폐업하는 경우에는 폐업일이 속한 달의 다음 달 25일 이내에 신고, 납부한다.

15 법인사업자의 주주가 변동된 것은 사업자등록 정정 사유가 아니다.

01 기초정보관리

1 [기초정보관리]-[계정과목및적요등록]에서 가운데 코드/계정과목란의 코드에 842을 입력한 후 "0842 견본비"로 이동하면 우측 화면의 하단 현금적요란에 적요 NO에 2, "전자제품 샘플 제작비 지급"을 입력한다.

2 [전기분재무제표]-[거래처별초기이월]에서 좌측 화면의 계정과목에서 "외상매출금"을 클릭하고 우측 화면의 거래처란에서 (주)홍금전기의 금액을 30,000,000으로 수정한다. 같은 방법으로 좌측 화면의 계정과목에서 "외상매입금"을 클릭하고 우측 화면의 거래처란에서 하나무역의 금액을 26,000,000으로 수정한다. 또 같은 방법으로 좌측 화면의 계정과목에서 "받을어음"을 클릭하고 우측 화면의 아래 거래처코드란에서 **F2**를 눌러 (주)대호전자를 선택하고 25,000,000을 추가 입력한다.

3 [전기분재무제표]-[전기분원가명세서]에서 전력비 2,000,000을 4,200,000으로 수정하면 당기제품제조원가가 96,500,000으로 변경된다. [전기분재무제표]-[전기분손익계산서]의 제품매출원가란의 당기제품제조원가를 94,300,000에서 96,500,000으로 수정한 후 수도광열비 3,000,000을 1,100,000으로 수정하면 당기순이익이 87,900,000으로 변경된다. [전기분재무제표]-[전기분잉여금처분계산서]에서 상단 툴바의 **F6**불러오기를 클릭하여 나오는 창에서 "예"를 누르면 당기순이익이 87,900,000으로 수정되고 미처분이익잉여금이 134,500,000으로 변경된다. [전기분재무제표]-[전기분재무상태표]에서 이월이익잉여금을 134,500,000으로 수정한다.

02 일반전표입력

[전표입력]-[일반전표입력]을 클릭한 후 다음과 같이 입력한다.

1 7월 3일

구분		계정과목	거래처	적요	차변	대변
차변	0131	선급금	세무빌딩		600,000	
대변	0103	보통예금				600,000

2 8월 1일

구분		계정과목	거래처	적요	차변	대변
차변	0831	수수료비용			70,000	
차변	0103	보통예금			3,430,000	
대변	0108	외상매출금	하나카드			3,500,000

3 8월 16일

구분		계정과목	거래처	적요	차변	대변
차변	0806	퇴직급여			8,800,000	
대변	0186	퇴직연금운용자산				8,800,000

※ 퇴직급여충당부채를 설정할 경우 퇴직급여충당부채로 처리하고 그렇지 않을 경우 퇴직급여로 처리한다.

4 8월 23일

구분		계정과목	거래처	적요	차변	대변
차변	0293	장기차입금	나라은행		20,000,000	
차변	0951	이자비용			200,000	
대변	0103	보통예금				20,200,000

5 11월 5일

구분		계정과목	거래처	적요	차변	대변
차변	0110	받을어음	(주)다원		3,000,000	
차변	0114	단기대여금	(주)다원		1,000,000	
대변	0108	외상매출금	(주)다원			4,000,000

6 11월 20일

구분		계정과목	거래처	적요	차변	대변
출금	0208	차량운반구			400,000	(현금)

03 매입매출전표입력

[전표입력]–[매입매출전표입력]을 클릭한 후 다음과 같이 입력한다.

1 8월 17일

유형	품목	수량	단가	공급가액	부가세	공급처명	사업/주민번호	전자	분개
52.영세	원재료			15,000,000		(주)직지상사		여	혼합

구분		계정과목	적요	거래처	차변(출금)	대변(입금)
차변	0153	원재료	원재료	(주)직지상사	15,000,000	
대변	0252	지급어음	원재료	(주)직지상사		5,000,000
대변	0251	외상매입금	원재료	(주)직지상사		10,000,000

2 8월 28일

유형	품목	수량	단가	공급가액	부가세	공급처명	사업/주민번호	전자	분개
51.과세	작업복			1,000,000	100,000	이진컴퍼니			혼합

구분		계정과목	적요	거래처	차변(출금)	대변(입금)
차변	0135	부가세대급금	작업복	이진컴퍼니	100,000	
차변	0511	복리후생비	작업복	이진컴퍼니	1,000,000	
대변	0253	미지급금	작업복	이진컴퍼니		1,100,000

3 9월 15일

유형	품목	수량	단가	공급가액	부가세	공급처명	사업/주민번호	전자	분개
61.현과	수리대금			220,000	22,000	우리카센타			현금

구분		계정과목	적요	거래처	차변(출금)	대변(입금)
출금	0135	부가세대급금	수리대금	우리카센타	22,000	(현금)
출금	0522	차량유지비	수리대금	우리카센타	220,000	(현금)

※ 공급가액란에 부가가치세를 포함하여 242,000을 입력한다.

4 9월 27일

유형	품목	수량	단가	공급가액	부가세	공급처명	사업/주민번호	전자	분개
53.면세	도서			200,000		(주)대한도서		여	혼합

구분		계정과목	적요	거래처	차변(출금)	대변(입금)
차변	0826	도서인쇄비	도서	(주)대한도서	200,000	
대변	0253	미지급금	도서	(주)대한도서		200,000

5 9월 30일

유형	품목	수량	단가	공급가액	부가세	공급처명	사업/주민번호	전자	분개
54.불공	차량렌트대금			700,000	70,000	(주)세무렌트		여	혼합

구분	계정과목		적요	거래처	차변(출금)	대변(입금)
차변	0819	임차료	차량렌트대금	(주)세무렌트	770,000	
대변	0253	미지급금	차량렌트대금	(주)세무렌트		770,000

※ 중간의 불공제사유는 3. ③개별소비세법 제1조제2항제3호에 따른 자동차 구입 · 유지 및 임차를 선택한다.

6 10월 15일

유형	품목	수량	단가	공급가액	부가세	공급처명	사업/주민번호	전자	분개
11.과세	제품			-10,000,000	-1,000,000	우리자동차(주)		여	외상

구분	계정과목		적요	거래처	차변(출금)	대변(입금)
차변	0108	외상매출금	제품	우리자동차(주)	-11,000,000	
대변	0255	부가세예수금	제품	우리자동차(주)		-1,000,000
대변	0404	제품매출	제품	우리자동차(주)		-10,000,000

04 오류수정

1 [전표입력]-[일반전표입력]에서 7월 6일을 입력한 후 보통예금을 받을어음으로 수정한 후 거래처 상명상사를 입력한다.

구분	계정과목		거래처	적요	차변	대변
차변	0251	외상매입금	(주)상문		3,000,000	
대변	0110	받을어음	상명상사			3,000,000

2 [전표입력]-[일반전표입력]에서 12월 13일을 입력한 후 상단 툴바의 🗑삭제 를 눌러 입력된 내용을 삭제하고 [전표입력]-[매입매출전표입력]을 클릭하고 12월 13일을 입력한 후 다음과 같이 입력한다.

유형	품목	수량	단가	공급가액	부가세	공급처명	사업/주민번호	전자	분개
51.과세	전기요금			110,000	11,000	한국전력공사		여	현금

구분	계정과목		적요	거래처	차변(출금)	대변(입금)
출금	0135	부가세대급금	전기요금	한국전력공사	11,000	(현금)
출금	0516	전력비	전기요금	한국전력공사	110,000	(현금)

05 결산정리

❶ [전표입력]ㄴ[일반전표입력]에서 12월 31일(결산일)자로 다음과 같이 입력한다.

구분		계정과목	거래처	적요	차변	대변
차변	0293	장기차입금	대한은행		50,000,000	
대변	0264	유동성장기부채	대한은행			50,000,000

※ 장기차입금의 상환일이 결산일 현재 1년 이내이면 유동성장기부채로 대체한다.

❷ [결산/재무제표]ㄴ[결산자료입력]에서 기간란에 1월~12월을 입력한다.

  4. 판매비와일반관리비
      6). 무형자산상각비
        특허권   6,000,000을 결산반영금액란에 입력한다.
          • 무형자산은 직접상각하므로 당기 무형자산상각비 = 상각후 잔액 24,000,000 ÷ 남은 내용연수 4년 = 6,000,000원
  9. 법인세등
      1). 선납세금란에 조회된 결산전금액 6,800,000을 결산반영금액란에 6,800,000을 입력하고
      2). 추가계상액란의 결산반영금액란에 6,700,000을 입력한다(13,500,000원 – 6,800,000원).

❸ 상단 툴바의 F3 전표추가를 클릭하여 나타나는 메시지창에서 「예」를 클릭한다.

06 장부조회

❶ [결산/재무제표]ㄴ[재무상태표]에서 [제출용] 탭을 클릭한 후 기간란에 6월을 입력한 후 당기 6월 말 현금및현금성자산 금액과 전기 말 현금및현금성자산의 금액을 확인한 후 차감한다.
  ▶ 정답 : 191,786,000원(당기 6월 말 현금및현금성자산 284,609,000 – 전기 말 현금및현금성자산 92,823,000)

❷ [부가가치]ㄴ[신고서/부속명세]ㄴ[부가가치세]ㄴ[세금계산서합계표]의 「매출」탭란에서 조회기간란에 4월~6월을 입력한 후 하단의 전체데이터 탭란에서 합계 공급가액 금액을 확인한다.
  ▶ 정답 : 390,180,000원

❸ [장부관리]ㄴ[거래처원장]의 잔액란 탭에서 기간(6월 1일~6월 30일), 계정과목(251.외상매입금), 거래처란에서 지예상사를 두 번 입력한 후 차변(상환금액)의 금액을 확인한다.
  ▶ 정답 : 40,000,000원

최신 기출문제 10회 정답 & 해설 합격률 : 44.14%

01	02	03	04	05	06	07	08	09	10	11	12	13	14	15
①	④	②	③	①	④	④	①	①	①	③	④	④	②	④

01 유형자산을 역사적 원가로 평가하면 일반적으로 검증가능성이 높으므로 측정의 신뢰성은 제고되나 목적적합성은 저하된다.

02 경영성과에 관한 정보 : 손익계산서

03 새로운 상품과 서비스를 제공하는 데 소요되는 원가는 취득원가에 포함하지 않는다.

04 만기보유증권은 채권에만 적용되며, 매도가능증권은 주식, 채권에 적용 가능하다.

05 • 자본조정 : 주식할인발행차금, 자기주식, 자기주식처분손실, 자기주식, 미교부주식배당금
 • 자본잉여금 : 주식발행초과금, 감자차익, 자기주식처분이익

06 수익은 수익가득과정이 완료되었거나 실질적으로 거의 완료되었거나, 수익금액을 신뢰성 있게 측정할 수 있으며, 경제적 효익의 유입 가능성이 매우 높을 경우 발생기준에 따라 합리적인 방법으로 인식한다.

07 매출원가 = 기초상품재고액 + 당기순매입액(총매입액 + 제비용 − 매입환출및에누리) − 타계정대체금액 − 기말상품재고액
 ∴ 매출원가 = 기초상품재고액 500,000 + 당기순매입액 7,250,000(총매입액 8,000,000 − 매입에누리금액 750,000) − 타계정대체금액 300,000 − 기말상품재고액 1,500,000 = 5,950,000원
 ※ 판매대행수수료는 판매비와관리비에 속하므로 매출원가 계산에 적용하지 않는다.

08 당기에 수익과 자산처리해야 할 내용을 차기에 수익과 자산처리했으므로 당기 수익과 자산이 과소계상된다.

09 • 혼합 원가(준변동원가) : 전력비, 전화요금, 가스요금 등
 • 변동원가 : 직접재료원가, 직접노무원가, 변동제조간접원가
 • 고정원가 : 임차료, 감가상각비, 보험료, 세금과공과 등
 • 준고정원가 : 생산관리자의 급여, 생산량에 따른 설비자산의 임차료 등

10 단일 종류의 제품을 연속생산, 대량생산하는 업종에 적합한 원가계산 방법은 종합원가계산이다. 개별원가계산은 다품종 소량 생산, 주문생산하는 업종에 적합하다.

11 비정상공손은 영업외비용으로 처리한다.
 • 비정상공손수량 = 공손수량 200개 − 정상공손수량 50개 = 150개
 • 당기완성품 수량 = 기초재공품 400 + 당기착수량 1,000 − 기말재공품 200 − 공손수량 200 = 1,000개
 • 정상공손수량 = 당기완성품 수량 1,000개 × 5% = 50개

12 • 당기총제조원가 = 직접재료원가 180,000 + 직접노무원가 320,000 + 제조간접원가 250,000 = 750,000원
 • 제조간접원가 = 공장 전력비 50,000 + 공장 임차료 200,000 = 250,000원

13 부가가치세 과세 대상 : 재화 또는 용역의 공급, 재화의 수입

14 사업자등록의 신청을 사업장 관할 세무서장이 아닌 다른 세무서장에게 하는 경우에도 사업장 관할 세무서장에게 사업자등록을 신청한 것으로 본다.

15 간이과세자의 경우 각 과세기간의 납부세액을 초과하는 경우에는 그 초과하는 부분은 없는 것으로 본다.

01 기초정보관리

1 [기초정보관리]–[계정과목및적요등록]에서 가운데 코드/계정과목란의 코드에 511을 입력하면 "0511 복리후생비"로 이동한다. 우측 화면의 하단 현금적요란에 적요 NO:9, "생산직원 독감 예방접종비 지급"을, 대체적요란에 적요 NO:3, "직원 휴가비 보통예금 인출"을 각각 입력한다.

2 [기초정보관리]–[거래처등록]을 클릭하면 「일반거래처」탭 화면이 나온다. 좌측 화면 하단 빈칸에 코드:00450, 거래처명:(주) 대박, 유형:3.동시를 선택하고 우측에 사업자등록번호, 대표자성명, 업태, 종목, 주소를 입력한다.

3 [전기분재무제표]–[전기분손익계산서]에서 광고선전비 3,800,000을 5,300,000으로 수정한 후 당기순이익이 86,520,000 으로 변경된 것을 확인한다. [전기분재무제표]–[전기분잉여금처분계산서]에서 상단 툴바의 F6불러오기를 클릭하여 나오는 창에서 "예"를 누르면 당기순이익이 86,520,000으로 수정되고 미처분이익잉여금이 163,400,000으로 변경된다. [전기분재무제표]–[전기분재무상태표]에서 이월이익잉여금을 163,400,000으로 수정한다.

02 일반전표입력

[전표입력]–[일반전표입력]을 클릭한 후 다음과 같이 입력한다.

1 7월 18일

구분		계정과목	거래처	적요	차변	대변
차변	0251	외상매입금	(주)괴안공구		33,000,000	
대변	0252	지급어음	(주)괴안공구			23,000,000
대변	0103	보통예금				10,000,000

2 7월 30일

구분		계정과목	거래처	적요	차변	대변
차변	0109	대손충당금			320,000	
차변	0835	대손상각비			1,480,000	
대변	0108	외상매출금	(주)지수포장			1,800,000

3 8월 30일

구분		계정과목	거래처	적요	차변	대변
차변	0232	임차보증금	형제상사		5,000,000	
대변	0131	선급금	형제상사			1,500,000
대변	0103	보통예금				3,500,000

4 10월 18일

구분		계정과목	거래처	적요	차변	대변
차변	0260	단기차입금	대표이사		19,500,000	
대변	0918	채무면제이익				19,500,000

5 10월 25일

구분		계정과목	거래처	적요	차변	대변
차변	0812	여비교통비			2,850,000	
차변	0101	현금			150,000	
대변	0134	가지급금	누리호			3,000,000

6 11월 4일

구분		계정과목	거래처	적요	차변	대변
차변	0806	퇴직급여			2,000,000	
차변	0508	퇴직급여			3,000,000	
대변	0103	보통예금				5,000,000

※ 확정기여형(DC)퇴직연금 : 퇴직급여, 확정급여형(DB)퇴직연금 : 퇴직연금운용자산

03 매입매출전표입력

[전표입력]-[매입매출전표입력]을 클릭한 후 다음과 같이 입력한다.

1 7월 14일

유형	품목	수량	단가	공급가액	부가세	공급처명	사업/주민번호	전자	분개
16.수출	제품			50,000,000		HK사			혼합

구분		계정과목	적요	거래처	차변(출금)	대변(입금)
대변	0404	제품매출	제품	HK사		50,000,000
차변	0259	선수금	제품	HK사	10,000,000	
차변	0108	외상매출금	제품	HK사	40,000,000	

※ 중간의 영세율구분은 1. 직접수출(대행수출 포함)을 선택한다.

2 8월 5일

유형	품목	수량	단가	공급가액	부가세	공급처명	사업/주민번호	전자	분개
11.과세	의류			10,000,000	1,000,000	(주)동도유통		여	혼합

구분		계정과목	적요	거래처	차변(출금)	대변(입금)
대변	0255	부가세예수금	의류	(주)동도유통		1,000,000
대변	0404	제품매출	의류	(주)동도유통		10,000,000
차변	0110	받을어음	의류	(주)서도상사	10,000,000	
차변	0108	외상매출금	의류	(주)동도유통	1,000,000	

※ 하단 받을어음의 거래처를 (주)서도상사로 변경한다.

3 8월 20일

유형	품목	수량	단가	공급가액	부가세	공급처명	사업/주민번호	전자	분개
57.카과	휴대전화			4,400,000	440,000	함안전자			카드

구분		계정과목	적요	거래처	차변(출금)	대변(입금)
대변	0253	미지급금	휴대전화	국민카드		4,840,000
차변	0135	부가세대급금	휴대전화	함안전자	440,000	
차변	0212	비품	휴대전화	함안전자	4,400,000	

※ 중간의 신용카드사는 "국민카드"를 선택한다. 공급가액란에 부가가치세를 포함하여 4,840,000을 입력한다. 분개유형을 "3:혼합"으로 해도 된다.

4 11월 11일

유형	품목	수량	단가	공급가액	부가세	공급처명	사업/주민번호	전자	분개
53.면세	교육			5,000,000		(주)더람		여	혼합

구분		계정과목	적요	거래처	차변(출금)	대변(입금)
차변	0825	교육훈련비	교육	(주)더람	5,000,000	
대변	0131	선급금	교육	(주)더람		1,000,000
대변	0103	보통예금	교육	(주)더람		4,000,000

※ 일반전표입력 11월 1일에서 (주)더람의 선급금을 조회한다.

5 11월 26일

유형	품목	수량	단가	공급가액	부가세	공급처명	사업/주민번호	전자	분개
51.과세	연구용 재료			10,000,000	1,000,000	(주)미래상사		여	혼합

구분		계정과목	적요	거래처	차변(출금)	대변(입금)
차변	0135	부가세대급금	연구용 재료	(주)미래상사	1,000,000	
차변	0226	개발비	연구용 재료	(주)미래상사	10,000,000	
대변	0103	보통예금	연구용 재료	(주)미래상사		11,000,000

6 12월 4일

유형	품목	수량	단가	공급가액	부가세	공급처명	사업/주민번호	전자	분개
54.불공	타이어교환비			750,000	75,000	차차카센터		여	혼합

구분		계정과목	적요	거래처	차변(출금)	대변(입금)
차변	0522	차량유지비	타이어교환비	차차카센터	825,000	
대변	0103	보통예금	타이어교환비	차차카센터		825,000

※ 중간의 불공제사유는 3. ③개별소비세법 제1조제2항제3호에 따른 자동차 구입 · 유지 및 임차를 선택한다.

04 오류수정

1 [전표입력]-[일반전표입력]에서 8월 2일을 입력한 후 외상매입금을 미지급금으로 수정한다.

구분		계정과목	거래처	적요	차변	대변
차변	0253	미지급금	온누리		800,000	
대변	0103	보통예금	국민은행			800,000

2 [전표입력]-[일반전표입력]에서 11월 19일을 입력한 후 상단 툴바의 🗑삭제 를 눌러 입력된 내용을 삭제하고 [전표입력]-[매입매출전표입력]을 클릭하고 11월 19일을 입력한 후 다음과 같이 입력한다.

유형	품목	수량	단가	공급가액	부가세	공급처명	사업/주민번호	전자	분개
51.과세	운송비			300,000	30,000	차차운송		여	현금

구분		계정과목	적요	거래처	차변(출금)	대변(입금)
출금	0135	부가세대급금	운송비	차차운송	30,000	(현금)
출금	0153	원재료	운송비 -	차차운송	300,000	(현금)

※ 원재료 매입 시 운송비는 원재료의 취득원가에 가산한다.

05 결산정리

❶ [전표입력]-[일반전표입력]에서 12월 31일(결산일)자로 다음과 같이 입력한다.

구분	계정과목		거래처	적요		차변	대변
차변	0959	재고자산감모손실				2,000,000	
대변	0150	제품		8	타계정으로 대체액 손익계산서 반영분		2,000,000

※ 구입 시 비용(광고선전비)으로 처리했으므로 결산 시 미사용분에 대해서 자산(소모품)으로 처리한다.

구분	계정과목		거래처	적요	차변	대변
차변	0173	소모품			2,500,000	
대변	0833	광고선전비				2,500,000

❷ [결산/재무제표]-[결산자료입력]에서 기간란에 1월~12월을 입력한다.

9. 법인세등

1). 선납세금란에 조회된 결산전금액 6,500,000을 결산반영금액란에 6,500,000을 입력하고

2). 추가계상액란의 결산반영금액란에 4,250,000을 입력한다(10,750,000원 − 6,500,000원).

❸ 상단 툴바의 F3 전표추가 를 클릭하여 나타나는 메시지창에서 「예」를 클릭한다.

06 장부조회

❶ [장부관리]-[거래처원장]의 잔액란 탭에서 기간(6월 1일~6월 30일), 계정과목(251.외상매입금), 거래처란에서 엔터를 두 번 (두 개의 칸을 선택) 친 후(처음 거래처부터 마지막 거래처까지 조회됨) 잔액이 가장 큰 거래처와 금액을 확인한다.

▶ 정답 : 다솜상사, 63,000,000원

❷ [부가가치]-[신고서/부속명세]-[부가가치세]-[부가가치세신고서]에서 조회기간(4월 1일~6월 30일)을 입력한 후 「27.차가감 하여 납부할세액(환급받을세액)」란의 세액을 확인한다.

▶ 정답 : 11,250,700원

❸ [장부관리]-[총계정원장]에서 월별을 선택하고 기간(4월 1일~6월 30일), 계정과목(833.광고선전비~833.광고선전비)을 입력한 후 차변 금액이 가장 많은 월과 금액을 각각 확인한다.

▶ 정답 : 6월, 5,000,000원

이론시험

01	02	03	04	05	06	07	08	09	10	11	12	13	14	15
③	②	①	②	②	④	②	①	④	②	③	②	②	③	④

01 • 재고자산 단가(원가) 결정방법(재고자산 평가방법) : 개별법, 선입선출법, 가중평균법(이동평균법, 총평균법)
  • 연수합계법은 감가상각방법이다.

02 • 현금및현금성자산 = 현금 1,000,000 + 우편환증서 50,000 + 보통예금 500,000 + 당좌예금 400,000
         = 1,950,000원

  ※ **현금및현금성자산**
  • 현금 : 통화(지폐, 주화), 통화대용증권(자기앞수표, 타인발행당좌수표, 가계수표, 송금수표, 여행자수표, 배당금지급통지표, 사채이자지급표, 우편환증서, 일람출급어음 등)
  • (요구불)예금 : 당좌예금, 보통예금, 저축예금
  • 현금성자산 : 취득당시 만기(또는 상환일)가 3개월 이내에 도래하는 금융상품

03 건물의 엘리베이터 설치는 자본적 지출에 해당하며 나머지는 수익적 지출에 해당한다.

04 무형자산은 산업재산권(특허권, 실용신안권, 의장권, 상표권 등), 저작권, 개발비 등과 사업결합에서 발생한 영업권을 포함한다.
  ※ 무형자산 : 영업권, 산업재산권(특허권, 실용신안권, 의장권, 상표권 등), 개발비, 소프트웨어, 임차권리금, 저작권, 광업권, 라이선스, 프랜차이즈 등

05 매도가능증권평가손익은 자본의 기타포괄손익누계액으로 인식한다.

06 **자본**
  • 자본금 : 보통주자본금, 우선주자본금
  • 자본잉여금 : 주식발행초과금, 감자차익, 자기주식처분이익
  • 자본조정 : 주식할인발행차금, 감자차손, 자기주식처분손실, 자기주식, 미교부주식배당금
  • 기타포괄손익누계액 : 매도가능증권 평가손익, 해외사업환산손익 등
  • 이익잉여금 : 이익준비금, 임의적립금, 미처분이익잉여금(또는 미처리결손금)

07 • 상품매출원가 = 기초상품재고액 10,000,000 + 당기순매입액 4,300,000(당기상품매입액 5,000,000 − 매입에누리 및 매입환출 700,000) − 기말상품재고액 4,000,000 = 10,300,000원
  • 매출원가 회계처리 : (차) 상품매출원가 10,300,000   (대) 상품 10,300,000

08 ①은 (차) 비용의 발생(수수료비용) ×××   (대) 부채의 증가(미지급금) ×××이다.

09 기말제품재고액은 제조원가명세서에서 확인할 수 없고 재무상태표와 손익계산서에서 확인할 수 있다.

10 • 통제가능성에 따른 분류 : 통제가능원가와 통제불능원가
  • 시점에 따른 분류 : 역사적원가와 예정원가

11 • 기초원가(기본원가, 직접원가 = 직접재료원가 100,000 + 직접노무원가 200,000 + 직접제조경비 0 = 300,000원
  • 가공원가(전환원가) = 직접노무원가 200,000 + 제조간접원가 200,000(간접재료원가 50,000 + 간접노무원가 100,000 + 간접제조경비 50,000) = 400,000원

12 • 과대배부인 경우 제조간접가 실제발생액은 제조간접가 예정배부액 4,000,000 − 과대배부차이 130,000 = 3,870,000원이다.
  • 제조간접가 예정배부액 = 제품별배부기준실제발생액(실제기계작업시간) 50,000 × 예정배부율 80 = 4,000,000원

13 사업장별로 사업에 관한 모든 권리와 의무를 포괄적으로 승계하는 경우 재화의 공급으로 보지 않는다.

14 재화의 수입에 대한 부가가치세의 과세표준은 그 재화에 대한 관세의 과세가격과 관세, 개별소비세, 주세, 교육세, 농어촌특별세 및 교통·에너지·환경세를 합한 금액으로 한다.

※ **공급가액에 포함하지 않는 것(과세표준에 포함하지 않는 것)**
 • 재화나 용역을 공급할 때 그 품질이나 수량, 인도조건 또는 공급대가의 결제방법이나 그 밖의 공급조건에 따라 통상의 대가에서 일정액을 직접 깎아주는 금액
 • 환입된 재화의 가액
 • 공급받는 자에게 도달하기 전에 파손되거나 훼손되거나 멸실한 재화의 가액
 • 재화 또는 용역의 공급과 직접 관련되지 아니하는 국고보조금과 공공보조금
 • 공급에 대한 대가의 지급이 지체되었음을 이유로 받는 연체이자
 • 공급에 대한 대가를 약정기일 전에 받았다는 이유로 사업자가 당초의 공급가액에서 할인해 준 금액

15 부동산 임대용역을 공급하는 경우, 전세금 또는 임대보증금에 대한 간주임대료 공급시기 : 예정신고기간 또는 과세기간의 종료일

01 기초정보관리

1 [기초정보관리]-[거래처등록]을 클릭하면 「일반거래처」탭 화면이 나온다. 좌측 화면 하단 빈칸에 코드:01001, 거래처명:(주)보석상사, 유형:3.동시를 선택하고 우측에 사업자등록번호, 대표자성명, 업태, 종목, 주소를 입력한다.

2 [기초정보관리]-[계정과목및적요등록]에서 좌측 계정체계에서 판매관리비를 클릭하고 가운데 코드/계정과목에서 811.복리후생비를 선택한 후 우측 대체적요란 적요NO에 3, "임직원피복비 미지급"을 입력한다.

3 [전기분재무제표]-[전기분원가명세서]에서 하단 빈칸에 외주가공비 5,500,000을 입력하면 당기제품제조원가가 80,150,000으로 변경된다. [전기분재무제표]-[전기분손익계산서]의 제품매출원가란의 당기제품제조원가를 74,650,000에서 80,150,000으로 수정한 후 당기순이익이 18,530,000으로 변경된 것을 확인한다. [전기분재무제표]-[전기분잉여금처분계산서]에서 상단 툴바의 [F6]불러오기를 클릭하여 나오는 창에서 "예"를 누르면 당기순이익이 18,530,000으로 수정되고 미처분이익잉여금이 36,760,000으로 변경된다. [전기분재무제표]-[전기분재무상태표]에서 이월이익잉여금을 36,760,000으로 수정한다.

02 일반전표입력

[전표입력]-[일반전표입력]을 클릭한 후 다음과 같이 입력한다.

1 7월 10일

구분	계정과목		거래처	적요	차변	대변
차변	0110	받을어음	(주)신흥기전		10,000,000	
대변	0108	외상매출금	(주)서창상사			10,000,000

2 8월 8일

구분	계정과목		거래처	적요	차변	대변
차변	0254	예수금			220,000	
대변	0103	보통예금				200,000
대변	0101	현금				20,000

3 9월 30일

구분	계정과목		거래처	적요	차변	대변
차변	0961	재해손실			7,200,000	
대변	0150	제품		8 타계정으로 대체액 손익계산서 반영분		7,200,000

※ 재고자산을 다른 목적으로 사용할 경우 적요란에 8.타계정으로 대체액을 입력하고 금액은 원가로 처리한다.

4 10월 20일

구분	계정과목		거래처	적요	차변	대변
출금	0824	운반비			250,000	(현금)

⑤ 11월 8일

구분		계정과목	거래처	적요	차변	대변
차변	0101	현금			390,000	
차변	0390	자기주식처분손실			60,000	
대변	0383	자기주식				450,000

※ 자기주식처분손실 발생 시 "자기주식처분이익"이 있을 경우 먼저 상계한 후 남은 차액을 "자기주식처분손실"로 처리한다. 해당문제는 자기주식처분이익 잔액이 없으므로 전부 자기주식처분손실로 처리한다.

⑥ 12월 26일

구분		계정과목	거래처	적요	차변	대변
출금	0953	기부금			3,000,000	(현금)

03 매입매출전표입력

[전표입력]-[매입매출전표입력]을 클릭한 후 다음과 같이 입력한다.

❶ 8월 25일

유형	품목	수량	단가	공급가액	부가세	공급처명	사업/주민번호	전자	분개
53.면세	화환			200,000		남동꽃도매시장		여	현금

구분		계정과목	적요	거래처	차변(출금)	대변(입금)
출금	0813	기업업무추진비	화환	남동꽃도매시장	200,000	(현금)

❷ 9월 5일

유형	품목	수량	단가	공급가액	부가세	공급처명	사업/주민번호	전자	분개
54.불공	중개수수료			5,000,000	500,000	(주)한화공인중개법인		여	혼합

구분		계정과목	적요	거래처	차변(출금)	대변(입금)
차변	0201	토지	중개수수료	(주)한화공인중개법인	5,500,000	
대변	0103	보통예금	중개수수료	(주)한화공인중개법인		5,500,000

※ 중간의 불공제사유는 6. ⑥토지의 자본적 지출관련을 선택한다.

❸ 11월 15일

유형	품목	수량	단가	공급가액	부가세	공급처명	사업/주민번호	전자	분개
22.현과	제품			880,000	88,000	이영수			현금

구분		계정과목	적요	거래처	차변(출금)	대변(입금)
입금	0255	부가세예수금	제품	이영수	(현금)	88,000
입금	0404	제품매출	제품	이영수	(현금)	880,000

※ 공급가액란에 부가가치세를 포함한 금액 968,000을 입력한다.

4 11월 19일

유형		품목	수량	단가	공급가액	부가세	공급처명	사업/주민번호	전자	분개
11.과세		차량운반구			12,500,000	1,250,000	(주)연기실업		여	혼합
구분		**계정과목**		**적요**		**거래처**		**차변(출금)**	**대변(입금)**	
대변	0255	부가세예수금		차량운반구		(주)연기실업			1,250,000	
대변	0208	차량운반구		차량운반구		(주)연기실업			50,000,000	
차변	0209	감가상각누계액		차량운반구		(주)연기실업		35,000,000		
차변	0103	보통예금		차량운반구		(주)연기실업		13,750,000		
차변	0970	유형자산처분손실		차량운반구		(주)연기실업		2,500,000		

5 12월 6일

유형		품목	수량	단가	공급가액	부가세	공급처명	사업/주민번호	전자	분개
51.과세		11월 임대료			2,500,000	250,000	하우스랜드		여	혼합
구분		**계정과목**		**적요**		**거래처**		**차변(출금)**	**대변(입금)**	
차변	0135	부가세대급금		11월 임대료		하우스랜드		250,000		
차변	0519	임차료		11월 임대료		하우스랜드		2,500,000		
대변	0253	미지급금		11월 임대료		하우스랜드			2,750,000	

6 12월 11일

유형		품목	수량	단가	공급가액	부가세	공급처명	사업/주민번호	전자	분개
12.영세		제품			11,000,000		(주)아카디상사		여	혼합
구분		**계정과목**		**적요**		**거래처**		**차변(출금)**	**대변(입금)**	
대변	0404	제품매출		제품		(주)아카디상사			11,000,000	
차변	0108	외상매출금		제품		(주)아카디상사		7,000,000		
차변	0110	받을어음		제품		(주)아카디상사		4,000,000		

※ 중간의 영세율구분은 3. 내국신용장 · 구매확인서에 의하여 공급하는 재화를 선택한다.

04 오류수정

1 [전표입력]−[일반전표입력]에서 8월 31일을 입력한 후 이자비용 362,500을 500,000으로 수정하고 두 번째 줄에서 상단 툴바의 전표삽입을 눌러 대변에 예수금 137,500을 추가로 입력한다(또는 하단 빈칸에 예수금을 입력해도 됨).

구분		계정과목	거래처	적요	차변	대변
차변	0951	이자비용			500,000	
대변	0254	예수금				137,500
대변	0103	보통예금				362,500

2 [전표입력]−[매입매출전표입력]에서 10월 2일을 입력한 후 공급가액을 3,600,000에서 3,750,000으로 수정한다.

유형		품목	수량	단가	공급가액	부가세	공급처명	사업/주민번호	전자	분개
16.수출		제품			3,750,000		TOMS사			혼합
구분		**계정과목**		**적요**		**거래처**		**차변(출금)**	**대변(입금)**	
대변	0404	제품매출		제품		TOMS사			3,750,000	
차변	0108	외상매출금		제품		TOMS사		3,750,000		

※ $3,000 × 1,250원 = 3,750,000원

05 결산정리

❶ [전표입력]–[일반전표입력]에서 12월 31일(결산일)자로 다음과 같이 입력한다.

구분		계정과목	거래처	적요	차변	대변
차변	0830	소모품비			1,500,000	
대변	0173	소모품				1,500,000

※ [결산/재무제표]–[합계잔액시산표]에서 기간란에 12월 31일을 입력하여 소모품 잔액 2,500,000을 확인한다. 구입 시 소모품(자산)으로 처리했으므로 결산 시 사용분에 대해서 비용 처리한다.

구분		계정과목	거래처	적요	차변	대변
차변	0141	현금과부족			570,000	
대변	0259	선수금	(주)건영상사			340,000
대변	0930	잡이익				230,000

※ 현금과부족은 원인이 파악되면 해당 계정으로 대체하고 결산 시까지 그 원인을 알 수 없는 경우, 부족액은 잡손실로, 초과액은 잡이익으로 대체한다.

❷ [결산/재무제표]–[결산자료입력]에서 기간란에 1월~12월을 입력한다.

  2. 매출원가
  제품매출원가
    3) 노무비
      2). 퇴직급여(전입액)   15,000,000(제조생산부)
  4. 판매비와일반관리비
      2). 퇴직급여(전입액)   13,000,000(판매관리부)을 각각 결산반영금액란에 입력한다.

  • 퇴직급여(제) : 35,000,000 − 20,000,000(기초금액 30,000,000 − 기중 사용금액 10,000,000) = 15,000,000원
  • 퇴직급여(판) : 30,000,000 − 17,000,000(기초금액 25,000,000 − 기중 사용금액 8,000,000) = 13,000,000원

❸ 상단 툴바의 **F3 전표추가**를 클릭하여 나타나는 메시지창에서 「예」를 클릭한다.

06 장부조회

1 [장부관리]–[거래처원장]의 잔액란 탭에서 기간(4월 1일~4월 30일), 계정과목(253.미지급금), 거래처란에서 롯데카드를 두 번 입력한 후 대변(사용금액)의 금액을 확인한다.
  ▶ 정답 : 200,000원

2 [장부관리]–[일계표(월계표)]에서 「월계표」탭을 클릭하고 조회기간(5월~5월)을 입력한 후 판매비및일반관리비 좌측 계란의 금액을 확인한다.
  ▶ 정답 : 7,957,200원

3 [부가가치]–[신고서/부속명세]–[부가가치세]–[세금계산서합계표]의 「매출」탭란에서 조회기간(4월~6월)을 입력한 후 상단의 2.매출세금계산서 총합계에서 주민등록번호 발급분의 공급가액을 확인한다.
  ▶ 정답 : 5,000,000원

최신 기출문제 12회 정답 & 해설 합격률 : 38.91%

이론시험

01	02	03	04	05	06	07	08	09	10	11	12	13	14	15
①	①	③	②	④	④	②	④	③	②	①	④	③	④	④

01 재무제표 : 재무상태표, 손익계산서, 현금흐름표, 자본변동표, 주석

02 • 자산 − 부채 = 자본
- 자산 = 보통예금 300,000 + 외상매출금 700,000 = 1,000,000원
- 자본 = 자본금 300,000 + 이익잉여금 100,000 = 400,000원
- 부채 = 자산 1,000,000 − 자본 400,000 = 600,000원
- 외상매입금 + 미지급금 150,000 = 부채 600,000 ∴ 외상매입금 = 450,000원

03 감가상각비는 비용(판매비와관리비)의 발생이고 감가상각누계액(유형자산)은 자산의 감소이므로 누락 시 손익계산서상에 영업이익이 과대표시되고, 재무상태표상 비유동자산이 과대 표시된다.

04 차기로 이월하는 방법으로 장부를 마감하는 계정 : 자산, 부채, 자본

05 비교가능성은 목적적합성과 신뢰성만큼 중요한 질적 특성은 아니나 목적적합성과 신뢰성을 갖춘 정보가 기업 실체 간에 비교가능하거나 또는 기간별 비교가 가능할 경우 재무정보의 유용성이 제고될 수 있다.

06 (차) 현금(자산의 증가) 51,000   (대) 단기대여금(자산의 감소) 50,000
                                         이자수익(수익의 발생) 1,000

07 잉여금은 자본거래에 따라 자본잉여금, 손익거래에 따라 이익잉여금으로 구분한다.

08 주문개발하는 소프트웨어의 대가로 수취하는 수수료는 진행률에 따라 수익을 인식한다. 이때 진행률은 소프트웨어의 개발과 소프트웨어 인도 후 제공하는 지원용역을 모두 포함하여 결정한다.

09 생산부 건물 경비원의 인건비는 제조원가의 노무원가에 해당한다.
- 원재료 운반용 차량의 처분손실, 영업용 차량의 처분손실 : 영업외비용(유형자산자산처분손실)
- 영업부 사무실의 소모품비 : 판매비와관리비

10 보조부문원가 배분방법 : 직접배분법, 단계배분법, 상호배분법

11 매출원가 = 기초제품재고액 + 당기제품제조원가 − 기말제품재고액
∴ 당기제품제조원가 = 매출원가 1,300,000 − 기초제품재고액 90,000 + 기말제품재고액 70,000
= 1,280,000원

12 정상공손품의 원가는 재공품 및 제품의 원가에 포함시키며 비정상공손품의 원가는 영업외비용으로 처리한다.

13 공급가액은 금전 외의 대가를 받는 경우 자기가 공급한 재화 또는 용역의 시가로 한다.

14 폐업 시 잔존재화의 경우 공급시기는 폐업하는 때이다.

15 무인자동판매기를 통하여 재화를 공급하는 사업의 납세지는 사업에 관한 업무를 총괄하는 장소로 한다.

01 기초정보관리

1 [기초정보관리]-[회사등록]을 클릭하여 2.사업자등록번호란에서 "134-68-81692"를 "134-86-81692"로, 6.사업장주소란에서 "경기도 화성시 송산면 봉가리 473-1"를 "경기도 화성시 송산면 마도북로 40"로, 8.업태란에서 "도소매"를 "제조업"으로, 9.종목란에서 "자동차"를 "자동차특장"으로 수정한 후 17.개업연월일을 "2019-05-04"에서 "2019-05-06"으로 수정한다.

2 [기초정보관리]-[계정과목및적요등록]에서 가운데 코드/계정과목란의 코드에 831을 입력하면 "0831 수수료비용"으로 이동한다. 우측 화면의 하단 현금적요란에 적요 NO에 8. "오픈마켓 결제대행 수수료"를 입력한다.

3 [전기분재무제표]-[전기분원가명세서]에서 가스수도료 7,900,000을 8,450,000으로 수정하면 당기제품제조원가가 554,485,000으로 변경된다. [전기분재무제표]-[전기분손익계산서]의 제품매출원가란의 당기제품제조원가를 553,935,000에서 554,485,000으로 수정하고 수도광열비 3,300,000을 2,750,000으로 수정한 후 당기순이익이 83,765,000으로 변경된 것을 확인한다. [전기분재무제표]-[전기분잉여금처분계산서]의 당기순이익과 [전기분재무제표]-[전기분재무상태표]의 이월이익잉여금은 맞으므로 그대로 둔다.

02 일반전표입력

[전표입력]-[일반전표입력]을 클릭한 후 다음과 같이 입력한다.

1 7월 30일

구분	계정과목		거래처	적요	차변	대변
차변	0103	보통예금			4,970,000	
차변	0956	매출채권처분손실			30,000	
대변	0110	받을어음	(주)초코			5,000,000

2 8월 10일

구분	계정과목		거래처	적요	차변	대변
차변	0254	예수금			270,000	
차변	0517	세금과공과			180,000	
차변	0817	세금과공과			90,000	
대변	0101	현금				540,000

※ 회사부담분 국민연금은 세금과공과로 처리한다.

3 9월 26일

구분	계정과목		거래처	적요	차변	대변
차변	0136	선납세금			77,000	
차변	0103	보통예금			50,423,000	
대변	0105	정기예금				50,000,000
대변	0901	이자수익				500,000

4 10월 26일

구분	계정과목		거래처	적요	차변	대변
차변	0103	보통예금			60,000,000	
대변	0331	자본금				50,000,000
대변	0381	주식할인발행차금				1,000,000
대변	0341	주식발행초과금				9,000,000

※ 주식 발행 시 주식발행초과금이 발생한 경우 "주식할인발행차금"이 있을 경우 먼저 상계한 후 남은 차액을 주식발행초과금으로 처리한다.

5 10월 29일

구분	계정과목		거래처	적요	차변	대변
출금	0153	원재료			50,000	(현금)

6 11월 8일

구분	계정과목		거래처	적요	차변	대변
차변	0202	건물			15,000,000	
대변	0103	보통예금				15,000,000

※ 자본적 지출은 자산(건물)으로 처리한다.

03 매입매출전표입력

[전표입력]-[매입매출전표입력]을 클릭한 후 다음과 같이 입력한다.

1 9월 30일

유형	품목	수량	단가	공급가액	부가세	공급처명	사업/주민번호	전자	분개
57.카과	수선비			300,000	30,000	(주)다고쳐			카드

구분	계정과목		적요	거래처	차변(출금)	대변(입금)
대변	0253	미지급금	수선비	하나카드		330,000
차변	0135	부가세대급금	수선비	(주)다고쳐	30,000	
차변	0520	수선비	수선비	(주)다고쳐	300,000	

※ 중간의 신용카드사는 "하나카드"를 선택한다. 공급가액란에 부가가치세를 포함하여 330,000을 입력한다. 분개유형을 "3:혼합"으로 해도 된다.

2 10월 11일

유형	품목	수량	단가	공급가액	부가세	공급처명	사업/주민번호	전자	분개
51.과세	화물자동차			6,000,000	600,000	아재자동차		여	혼합

구분	계정과목		적요	거래처	차변(출금)	대변(입금)
차변	0135	부가세대급금	화물자동차	아재자동차	600,000	
차변	0208	차량운반구	화물자동차	아재자동차	6,000,000	
대변	0110	받을어음	화물자동차	(주)삼진		3,300,000
대변	0253	미지급금	화물자동차	아재자동차		3,300,000

3 10월 15일

유형	품목	수량	단가	공급가액	부가세	공급처명	사업/주민번호	전자	분개
55.수입	원재료			5,000,000	500,000	인천세관		여	혼합

구분	계정과목		적요	거래처	차변(출금)	대변(입금)
차변	0135	부가세대급금	원재료	인천세관	500,000	
대변	0103	보통예금	원재료	인천세관		500,000

※ 수입 시 공급처명에는 세금계산서를 발급한 세관을 입력해야 한다.

4 11월 4일

유형	품목	수량	단가	공급가액	부가세	공급처명	사업/주민번호	전자	분개
51.과세	안전용품			1,600,000	160,000	(주)삼양안전		여	혼합

구분	계정과목		적요	거래처	차변(출금)	대변(입금)
차변	0135	부가세대급금	안전용품	(주)삼양안전	160,000	
차변	0173	소모품	안전용품	(주)삼양안전	1,600,000	
대변	0101	현금	안전용품	(주)삼양안전		300,000
대변	0253	미지급금	안전용품	(주)삼양안전		1,460,000

5 11월 14일

유형	품목	수량	단가	공급가액	부가세	공급처명	사업/주민번호	전자	분개
11.과세	기계장치			5,000,000	500,000	인천상사		여	혼합

구분	계정과목		적요	거래처	차변(출금)	대변(입금)
대변	0255	부가세예수금	기계장치	인천상사		500,000
대변	0206	기계장치	기계장치	인천상사		50,000,000
차변	0207	감가상각누계액	기계장치	인천상사	43,000,000	
차변	0101	현금	기계장치	인천상사	500,000	
차변	0120	미수금	기계장치	인천상사	5,000,000	
차변	0970	유형자산처분손실	기계장치	인천상사	2,000,000	

※ 상거래외 거래(재고자산외 거래) 시 약속어음 수령은 미수금으로 처리한다.

6 11월 22일

유형	품목	수량	단가	공급가액	부가세	공급처명	사업/주민번호	전자	분개
54.불공	음료수			500,000	50,000	미래마트		여	혼합

구분	계정과목		적요	거래처	차변(출금)	대변(입금)
차변	0813	기업업무추진비	음료수	미래마트	550,000	
대변	0103	보통예금	음료수	미래마트		550,000

※ 중간의 불공제사유는 4. ④기업업무추진비 및 이와 유사한 비용 관련을 선택한다.

04 오류수정

1 [전표입력]-[일반전표입력]에서 7월 3일을 입력한 후 기타의대손상각비 10,000,000을 9,000,000으로 수정하고 두 번째 줄에서 상단 툴바의 전표삽입을 눌러 차변에 121.대손충당금 1,000,000을 추가로 입력한다. 그리고 미수금의 거래처를 (주)한성전자에서 (주)성한전기로 변경한다(하단 빈칸에 대손충당금을 입력해도 됨).

구분		계정과목	거래처	적요	차변	대변
차변	0954	기타의대손상각비			9,000,000	
차변	0121	대손충당금			1,000,000	
대변	0120	미수금	(주)성한전기			10,000,000

2 [전표입력]-[일반전표입력]에서 11월 29일을 입력한 후 단기매매증권 1,010,000을 1,000,000으로 수정하고 두 번째 줄에서 상단 툴바의 전표삽입을 눌러 차변에 984.수수료비용 10,000을 추가로 입력한다(하단 빈칸에 수수료비용을 입력해도 됨).

구분		계정과목	거래처	적요	차변	대변
차변	0107	단기매매증권			1,000,000	
차변	0984	수수료비용			10,000	
대변	0101	현금				1,010,000

※ 단기매매증권 취득 시 부대비용은 취득원가에 포함되지 않고 영업외비용으로 처리한다.

05 결산정리

❶ [전표입력]-[일반전표입력]에서 12월 31일(결산일)자로 다음과 같이 입력한다.

구분		계정과목	거래처	적요	차변	대변
차변	0116	미수수익			300,000	
대변	0901	이자수익				300,000

※ 기말까지 발생된 기간 경과분 발생이자는 수익으로 처리하고 상대계정에 미수수익을 입력한다.
  이자수익 = 60,000,000 × 2% × 3개월/12개월 = 300,000원

구분		계정과목	거래처	적요	차변	대변
차변	0830	소모품비			350,000	
대변	0173	소모품				350,000

※ 구입 시 소모품(자산)으로 처리했으므로 결산 시 사용분에 대해서 비용 처리한다.

❷ [결산/재무제표]-[결산자료입력]에서 기간란에 1월~12월을 입력한다.
  4. 판매비와일반관리비
    상단 툴바의 「F8 대손상각」을 눌러 대손율(%) 1.00을 확인하고 외상매출금이 아닌 나머지 채권의 금액은 Space Bar로 지우고(또는 0을 입력) 결산반영버튼을 클릭하면
  5). 대손상각
    외상매출금 1,251,560이 결산반영금액란에 자동으로 입력된다.
    • 외상매출금 : 137,506,000원 × 1% − 123,500원 = 1,251,560원

❸ 상단 툴바의 F3 전표추가를 클릭하여 나타나는 메시지창에서 「예」를 클릭한다.

06 장부조회

1 [부가가치]-[신고서/부속명세]-[부가가치세]-[부가가치세신고서]에서 조회기간(4월 1일~6월 30일)을 입력한 후 「16.공제받지못할매입세액」란의 공급가액을 확인한다.

  ▶ 정답 : 300,000원

2 [부가가치]-[신고서/부속명세]-[부가가치세]-[세금계산서합계표]의 「매출」탭란에서 조회기간란에 1월~3월, 4월~6월을 각각 입력한 후 하단의 전체데이터 탭란에서 각각의 매수합계를 확인한 후 차감한다.

  ▶ 정답 : 3매(36매(4월~6월) - 33매(1월~3월))

3 [장부관리]-[계정별원장]에서 월별을 선택하고 기간(4월 1일~4월 30일), 계정과목(108.외상매출금~108.외상매출금)을 입력한 후 대변(회수액)의 금액을 확인한다.

  ▶ 정답 : 40,000,000원

최신 기출문제 13회 정답 & 해설 _{합격률 : 34.47%}

이론시험

01	02	03	04	05	06	07	08	09	10	11	12	13	14	15
③	③	③	④	③	④	④	①	②	④	③	①	③	④	③

01 직원의 주택구입자금 1억 원을 보통예금에서 이체하여 대여하다.

(차) 대여금(자산의 증가) ×××　　　　 (대) 보통예금(자산의 감소) ×××

02 선입선출법 : 먼저 매입한 재고자산이 먼저 판매되는 것으로 가정하여 매출원가와 기말재고원가를 파악하는 방법

기말재고자산 금액 = (5월 6일 50개 × 200원) + (12월 12일 100개 × 300원) = 40,000원

03 • 무형자산손상차손 : 영업외비용

• 개발비 : 무형자산

• 경상연구개발비 · 소모품비 : 판매비와관리비(또는 제조원가)

04 무형자산은 물리적 실체가 없다.

05 2월 1일 단기매매증권 취득금액(장부금액) 100주 × 4,200원 = 420,000원

7월 1일 단기매매증권처분이익 = 100주 × 100원(4,300 − 4,200) = 10,000원

• 단기매매증권을 취득 시 수수료는 비용으로 처리한다.

• 당기순이익은 단기매매증권처분이익 10,000원이고 수수료비용 20,000원이므로 10,000원 감소한다.

06 우발부채는 부채로 인식하지 아니하며 의무를 이행하기 위하여 자원이 유출될 가능성이 아주 낮지 않은 한 우발부채를 주석에 기재한다.

07 재무상태표상의 자본의 총액은 주식의 시가총액과는 일치하지 않는 것이 일반적이다.

(∵ 자본금은 발행주식 총수에 주당액면금액을 곱한 것을 말하므로)

08 • 매출총이익 − 판매비와관리비 = 영업이익

• (가)는 판매비와관리비이므로 영업부 종월원의 급여 50,000 + 상거래채권의 대손상각비 20,000 = 70,000원이다.

09 • 직접재료원가 = 기초원재료재고액 + 당기원재료순매입액 − 기말원재료재고액

• 당기총제조원가 = 직접재료원가 + 직접노무원가 + 제조간접원가

• 당기제품제조원가 = 기초재공품재고액 + 당기총제조원가 − 기말재공품재고액

• 매출원가 = 기초제품재고액 + 당기제품제조원가 − 기말제품재고액

10 • 개별원가계산이 사용되는 산업 : 건설업, 조선업, 항공기 제조업, 주문에 의한 가구, 기계제조업 등

• 종합원가계산이 사용되는 산업 : 정유업, 화학업, 제지업, 제방업, 제염업, 제당업 등

11 • 평균법 완성품환산량 = 당기완성품 수량 + 기말재공품환산량

• 재료원가 완성품환산량 = 300 + (200 × 100%) = 500개

• 가공원가 완성품환산량 = 300 + (200 × 50%) = 400개

※ 재료는 공정 초기에 투입되므로 100%이다.

12 • 사전에 배부금액을 결정하는 것은 예정배부법이다.

• 상호배분법은 보조부문 상호 간의 용역제공 관계를 완전히 고려하는 방법이므로 가장 정확한 방법이다.

13 판매목적 타사업장 반출로서 공급의제되는 재화는 세금계산서를 발급해야 한다.

14 세금계산서의 필요적 기재사항 : 공급하는 사업자의 등록번호와 성명 또는 명칭, 공급받는 자의 등록번호, 공급가액과 부가가치 세액, 작성연월일

15 고속철도에 의한 여객운송용역 : 과세

실무시험

01 기초정보관리

1 [기초정보관리]-[거래처등록]을 클릭하면 「일반거래처」탭 화면이 나온다. 좌측 화면 하단 빈칸에 코드:07171, 거래처명:(주)천천상사, 유형:1.매출을 선택하고 우측에 사업자등록번호, 대표자성명, 업태, 종목, 주소를 입력한다.

2 [전기분재무제표]-[거래처별초기이월]에서 좌측 화면의 계정과목에서 "외상매출금"을 클릭하고 우측 화면의 거래처란 아래 거래처코드란에서 F2를 눌러 (주)목포전자를 선택하고 2,000,000을 추가 입력한다. 같은 방법으로 좌측 화면의 계정과목에서 "외상매입금"을 클릭하고 우측 화면의 거래처란에서 저팔계산업을 선택하고 상단의 삭제를 눌러 삭제한다. 또 같은 방법으로 좌측 화면의 계정과목에서 "받을어음"을 클릭하고 우측 화면의 (주)대구전자의 금액을 600,000에서 300,000으로 수정한다.

3 [전기분재무제표]-[전기분원가명세서]에서 소모품비 3,000,000을 5,000,000으로 수정하면 당기제품제조원가가 307,180,000으로 변경된다. [전기분재무제표]-[전기분손익계산서]의 제품매출원가란의 당기제품제조원가를 307,180,000으로 수정하고 소모품비 10,000,000을 8,000,000으로 수정한다. 당기순이익에 변동이 없으므로 [전기분재무제표]-[전기분잉여금처분계산서]와 [전기분재무제표]-[전기분재무상태표]는 그대로 둔다.

02 일반전표입력

[전표입력]-[일반전표입력]을 클릭한 후 다음과 같이 입력한다.

1 7월 20일

구분	계정과목		거래처	적요	차변	대변
차변	0103	보통예금			29,000,000	
차변	0394	매도가능증권평가이익			4,000,000	
대변	0178	매도가능증권				28,000,000
대변	0915	매도가능증권처분이익				5,000,000

※ 전기 말에 취득원가와 공정가치의 차액을 매도가능증권평가이익으로 처리하였는데, 매도가능증권을 처분한 경우 매도가능증권처분손익에 반영하여 당기손익(매도가능증권처분이익(손실))으로 처리해야 한다. 처분 시 매도가능증권평가이익을 당기손익에 반영하면 매도가능증권처분이익은 5,000,000(처분금액 29,000,000 - 취득원가 24,000,000)이 된다.

2 9월 26일

구분	계정과목		거래처	적요	차변	대변
차변	0520	수선비			550,000	
대변	0153	원재료		8 타계정으로 대체액 원가명세서 반영분		550,000

※ 재고자산을 다른 목적으로 사용할 경우 적요란에 8.타계정으로 대체액을 입력하고 금액은 원가로 처리한다.

3 11월 4일

구분	계정과목		거래처	적요	차변	대변
출금	0511	복리후생비			20,000	(현금)

4 11월 5일

구분		계정과목	거래처	적요	차변	대변
차변	0103	보통예금			500,000	
대변	0109	대손충당금				500,000

※ 당기 이전에 대손처리한 대손금이 당기에 회수될 경우 해당 채권의 대손충당금에 전입한다.

5 11월 8일

구분		계정과목	거래처	적요	차변	대변
차변	0103	보통예금			10,300,000	
대변	0120	미수금				10,300,000

6 11월 30일

구분		계정과목	거래처	적요	차변	대변
차변	0103	보통예금			2,300,000	
대변	0108	외상매출금	ACE			2,200,000
대변	0907	외환차익				100,000

※ 외상매출금 장부금액 : $20,000 × 1,100/$ = 2,200,000원
  보통예금 : $20,000 × 1,150/$ = 2,300,000원

03 매입매출전표입력

[전표입력]-[매입매출전표입력]을 클릭한 후 다음과 같이 입력한다.

1 10월 16일

유형	품목	수량	단가	공급가액	부가세	공급처명	사업/주민번호	전자	분개
54.불공	노트북			2,500,000	250,000	(주)한국마트		여	혼합

구분		계정과목	적요	거래처	차변(출금)	대변(입금)
차변	0134	가지급금	노트북	대표이사 신윤철	2,750,000	
대변	0253	미지급금	노트북	(주)한국마트		2,750,000

※ 중간의 불공제사유는 2. ②사업과 직접 관련 없는 지출을 선택한다.
  문제의 지시에 따라 하단 가지급의 거래처를 대표이사 신윤철로 변경한다.

2 10월 21일

유형	품목	수량	단가	공급가액	부가세	공급처명	사업/주민번호	전자	분개
11.과세	전자제품			40,000,000	4,000,000	(주)송송유통		여	혼합

구분		계정과목	적요	거래처	차변(출금)	대변(입금)
대변	0255	부가세예수금	전자제품	(주)송송유통		4,000,000
대변	0404	제품매출	전자제품	(주)송송유통		40,000,000
차변	0110	받을어음	전자제품	지주상사	10,000,000	
차변	0108	외상매출금	전자제품	(주)송송유통	34,000,000	

※ 하단 받을어음의 거래처를 지주상사로 변경한다.

3 11월 2일

유형	품목	수량	단가	공급가액	부가세	공급처명	사업/주민번호	전자	분개
51.과세	CCTV			3,000,000	300,000	(주)이에스텍		여	혼합

구분		계정과목	적요	거래처	차변(출금)	대변(입금)
차변	0135	부가세대급금	CCTV	(주)이에스텍	300,000	
차변	0471	시설장치	CCTV	(주)이에스텍	3,000,000	
대변	0101	현금	CCTV	(주)이에스텍		300,000
대변	0253	미지급금	CCTV	(주)이에스텍		3,000,000

4 11월 27일

유형	품목	수량	단가	공급가액	부가세	공급처명	사업/주민번호	전자	분개
54.불공	철거비용			30,000,000	3,000,000	(주)철거		여	혼합

구분		계정과목	적요	거래처	차변(출금)	대변(입금)
차변	0201	토지	철거비용	(주)철거	33,000,000	
대변	0103	보통예금	철거비용	(주)철거		15,000,000
대변	0253	미지급금	철거비용	(주)철거		18,000,000

※ 중간의 불공제사유는 6. ⑥토지의 자본적 지출관련을 선택한다.
　신축할 목적으로 기존 건물이 있는 토지를 취득한 경우 철거비용은 토지로 처리한다.

5 12월 1일

유형	품목	수량	단가	공급가액	부가세	공급처명	사업/주민번호	전자	분개
17.카과	제품			2,400,000	240,000	권지우			외상

구분		계정과목	적요	거래처	차변(출금)	대변(입금)
차변	0108	외상매출금	제품	국민카드	2,640,000	
대변	0255	부가세예수금	제품	권지우		240,000
대변	0404	제품매출	제품	권지우		2,400,000

※ 중간의 신용카드사는 "국민카드"를 선택한다. 공급가액란에 부가가치세를 포함하여 2,640,000을 입력한다. 분개유형을
　"3:혼합"으로 해도 된다.

6 12월 20일

유형	품목	수량	단가	공급가액	부가세	공급처명	사업/주민번호	전자	분개
16.수출	제품			5,925,000		dongho		여	외상

구분		계정과목	적요	거래처	차변(출금)	대변(입금)
차변	0108	외상매출금	제품	dongho	5,925,000	
대변	0404	제품매출	제품	dongho		5,925,000

※ 중간의 영세율구분은 1. 직접수출(대행수출 포함)을 선택한다.
　직수출 시 공급시기 이후에 대금을 받을 경우 공급시기(선적일)의 기준 환율로 계산한 금액을 공급가액으로 한다.

04 오류수정

1 [전표입력]−[일반전표입력]에서 8월 25일을 입력한 후 세금과공과 22,759,840을 162,750으로 수정하고 두 번째 줄에서 상단 툴바의 전표삽입을 눌러 차변에 미지급세금 22,597,090을 추가로 입력한다(하단 빈칸에 미지급세금을 입력해도 됨).

구분		계정과목	거래처	적요	차변	대변
차변	0817	세금과공과			162,750	
차변	0261	미지급세금			22,597,090	
대변	0103	보통예금				22,759,840

2 [전표입력]−[일반전표입력]에서 10월 17일을 입력한 후 상단 툴바의 [🗑 삭제]를 눌러 입력된 내용을 삭제하고 [전표입력]−[매입매출전표입력]을 클릭하고 10월 17일을 입력한 후 다음과 같이 입력한다.

유형	품목	수량	단가	공급가액	부가세	공급처명	사업/주민번호	전자	분개
61.현과	스피커			2,000,000	200,000	(주)이플러스			혼합

구분		계정과목	적요	거래처	차변(출금)	대변(입금)
차변	0135	부가세대급금	스피커	(주)이플러스	200,000	
차변	0212	비품	스피커	(주)이플러스	2,000,000	
대변	0103	보통예금	스피커	(주)이플러스		2,200,000

※ 공급가액란에 부가가치세를 포함하여 2,200,000을 입력한다.

05 결산정리

[전표입력]−[일반전표입력]에서 12월 31일(결산일)자로 다음과 같이 입력한다.

구분		계정과목	거래처	적요	차변	대변
차변	0955	외화환산손실			40,000	
대변	0251	외상매입금	상하이			40,000

※ 외상매입 시 환율은 1,100원/$(2,200,000 ÷ $2,000)인데 회계기간 종료일(결산일) 현재 환율은 1,120원/$으로 20원/$ 상승했으므로 20 × $2,000 = 40,000원의 외화환산손실이 발생한다.

구분		계정과목	거래처	적요	차변	대변
차변	0133	선급비용			1,950,000	
대변	0521	보험료				1,200,000
대변	0821	보험료				750,000

※ 보험료 미경과분 : 제조부문 2,400,000 × 6개월/12개월 = 1,200,000원

영업부문 1,500,000 × 6개월/12개월 = 750,000원

7월 1일 보험료를 전액 비용(보험료)으로 처리했으므로 결산 시 기간 미경과분은 자산(선급비용)으로 처리한다.

구분		계정과목	거래처	적요	차변	대변
차변	0257	가수금			2,550,000	
대변	0108	외상매출금	(주)인천			2,530,000
대변	0930	잡이익				20,000

06 장부조회

1 [장부관리]-[총계정원장]에서 월별을 선택하고 기간(1월 1일~3월 31일), 계정과목(404.제품매출~404.제품매출)을 입력한 후 대변 금액이 가장 많은 달과 적은 달의 금액을 각각 확인한 후 차감한다.

▶ 정답 : 61,858,180원(3월 120,480,000 − 2월 58,621,820)

2 [부가가치]-[신고서/부속명세]-[부가가치세]-[부가가치세신고서]에서 조회기간(1월 1일~3월 31일)을 입력한 후 「14.그밖의 공제매입세액」란의 우측 42.신용카드매출수령금액합계표 고정매입의 공급가액을 확인한다.

▶ 정답 : 3,500,000원

3 [장부관리]-[거래처원장]의 잔액란 탭에서 기간(6월 1일~6월 30일), 계정과목(108.외상매출금), 거래처란에서 한일상회를 두 번 입력한 후 대변(회수액)의 금액을 확인한다.

▶ 정답 : 10,000,000원

01	02	03	04	05	06	07	08	09	10	11	12	13	14	15
④	④	②	①	④	③	④	④	④	④	③	④	③	③	③

01 유형자산처분손실은 영업외비용으로 영업이익에서 차감하므로 법인세비용차감전순손익이 변동된다.

※ **손익계산서 계산 구조**
- 매출액 − 매출원가 = 매출총이익
- 매출총이익 − 판매비와관리비 = 영업이익
- 영업이익 + 영업외수익 − 영업외비용 = 법인세비용차감전순이익
- 법인세비용차감전순이익 − 법인세비용 = 당기순이익

02 현금및현금성자산은 취득 당시 만기가 3개월 이내인 금융상품을 말한다.

※ **현금및현금성자산**
- 현금 : 통화(지폐, 주화), 통화대용증권(자기앞수표, 타인발행당좌수표, 가계수표, 송금수표, 여행자수표, 배당금지급통지표, 사채이자지급표, 우편환증서, 일람출급어음 등)
- (요구불)예금 : 당좌예금, 보통예금, 저축예금
- 현금성자산 : 취득당시 만기(또는 상환일)가 3개월 이내에 도래하는 금융상품

03 (차) 차량운반구 20,000,000   (대) 선급금   2,000,000
                                     미지급금 18,000,000

재고자산 이외의 자산을 취득하면서 약속어음을 발행하여 지급한 경우 미지급금으로 처리한다.

04 정액법 연감가상각비 = (취득원가 − 잔존가치) / 내용연수
감가상각비(제조원가)는 "생산부 포터2 더블캡"이므로 (제조원가)감가상각비는 (30,000,000 − 5,000,000)/5 = 5,000,000원
이다.
(참고) "BMW520d" 감가상각비(판매비와관리비)
    감가상각비 = (65,000,000 − 15,000,000) × 10개월/12개월 = 8,333,333원

05 무형자산을 최초로 인식할 때에는 원가로 측정한다.

06 단기매매증권처분금액 = 단기매매증권 취득원가 500,000 + 단기매매증권처분이익 100,000 = 600,000원
- 8월 1일 : (차) 단기매매증권 500,000   (대) 현금   500,000
- 9월 1일 : (차) 현금   600,000   (대) 단기매매증권   500,000
                                    단기매매증권처분이익 100,000

07 **전기순서**
① 날짜를 기입하고 분개의 왼쪽 금액은 해당계정의 차변으로 오른쪽 금액은 해당계정의 대변으로 옮겨 기입한다.
② 해당 계정계좌의 상대편 계정과목을 기입하여 추정을 가능하게 한다(상대편 계정과목이 2 이상이면 제좌라고 기입).

예수금			미지급금		
	12/1 급여	50,000		12/1 급여	1,950,000

08 자기주식처분이익은 자본잉여금이고 나머지는 영업외수익이다.

※ **자본**
- 자본금 : 보통주자본금, 우선주자본금
- 자본잉여금 : 주식발행초과금, 감자차익, 자기주식처분이익
- 자본조정 : 주식할인발행차금, 감자차손, 자기주식처분손실, 자기주식, 미교부주식배당금
- 기타포괄손익누계액 : 매도가능증권 평가손익, 해외사업환산손익 등
- 이익잉여금 : 이익준비금, 임의적립금, 미처분이익잉여금(또는 미처리결손금)

09 제품매출원가는 손익계산서에 표시된다.

10 상대적으로 정확한 제품원가계산이 가능한 방법은 개별원가계산 방법이다.

11 • 평균법 완성품환산량 = 당기완성품 수량 + 기말재공품환산량
- 가공원가 완성품환산량 = 800 + 50 × 40% = 820개

12 기회원가는 여러 대안에 대한 의사결정을 하였을 때, 선택하지 않은 대안 중 차선의 대안에 대한 기대치이다.

13 세금계산서는 재화 또는 용역의 공급시기에 재화 또는 용역을 공급받는 자에게 발급하여야 한다.

14 도서대여 용역은 면세이고 나머지는 과세이다.

15 과세표준 = 총매출액 1,000,000 − 매출에누리 16,000 − 매출할인 30,000 = 954,000원
※ 과세표준(공급가액)에 포함하지 않는 것 : 매출할인, 매출에누리, 대가 지급의 지연으로 받는 연체이자 등
※ 과세표준에서 공제하지 않는 금액 : 대손금, (판매)장려금(금전), 하자보증금

01 기초정보관리

1 [기초정보관리]-[거래처등록]에서 [신용카드]탭을 누르고 코드란에 99605, 거래처명:소망카드, 유형란에 1:매출을 선택한 후 우측 2.가맹점번호란에 "654800341"을 입력한다.

2 [기초정보관리]-[계정과목및적요등록]에서 가운데 코드/계정과목란의 코드에 855을 입력한 후 "0855 사용자설정계정과목" 으로 이동하면 우측 화면의 상단의 계정코드(명)에 "인적용역비"로 수정하고, 성격란에 3.경비를 선택한 후 하단 대체적요란 에 적요 NO에 1, "사업소득자 용역비 지급"을 입력한다.

3 [전기분재무제표]-[거래처별초기이월]에서 좌측화면의 계정과목에서 "외상매출금"을 클릭하고 우측 화면의 거래처란에서 (주)부산 무역의 금액을 49,000,000으로, (주)영월상사의 금액을 33,000,000으로 수정한다. 같은 방법으로 좌측 화면의 계정과목에서 "외상매입금"을 클릭하고 우측 화면의 거래처란에서 (주)여주기업의 금액을 51,000,000으로 수정한 후 아래 거래처코드란에서 [F2]를 눌러 (주)부여산업을 선택하고 24,800,000을 추가 입력한다.

02 일반전표입력

[전표입력]-[일반전표입력]을 클릭한 후 다음과 같이 입력한다.

1 9월 18일

구분		계정과목	거래처	적요	차변	대변
차변	0251	외상매입금	(주)강남		2,500,000	
대변	0252	지급어음	(주)강남			1,300,000
대변	0918	채무면제이익				1,200,000

2 10월 13일

구분		계정과목	거래처	적요	차변	대변
입금	0295	선수금	일만상사		(현금)	600,000

※ 타인발행 당좌수표를 수취한 경우 현금으로 처리한다.

3 10월 15일

구분		계정과목	거래처	적요	차변	대변
차변	0803	상여금			500,000	
차변	0505	상여금			900,000	
대변	0254	예수금				154,000
대변	0103	보통예금				1,246,000

※ 수당 지급 시 제수당 중 상여금은 상여금으로 처리하며 나머지 수당은 급여(임금)로 처리한다.

4 11월 11일

구분		계정과목	거래처	적요	차변	대변
차변	0265	미지급배당금			2,000,000	
대변	0103	보통예금				2,000,000

※ 주주총회에서 결의된 미지급 금전배당금은 미지급배당금으로 처리한다.

5 12월 28일

구분		계정과목	거래처	적요	차변	대변
차변	0212	비품			3,000,000	
대변	0253	미지급금	씨티카드			3,000,000

6 12월 30일

구분		계정과목	거래처	적요	차변	대변
차변	0186	퇴직연금운용자산			5,390,000	
차변	0831	수수료비용			110,000	
대변	0103	보통예금				5,500,000

※ 확정급여형(DB)퇴직연금 : 퇴직연금운용자산, 확정기여형(DC)퇴직연금 : 퇴직급여

03 매입매출전표입력

[전표입력]-[매입매출전표입력]을 클릭한 후 다음과 같이 입력한다.

1 7월 25일

유형	품목	수량	단가	공급가액	부가세	공급처명	사업/주민번호	전자	분개
12.영세	제품			10,000,000		(주)정남		여	혼합

구분		계정과목	적요	거래처	차변(출금)	대변(입금)
대변	0404	제품매출	제품	(주)정남		10,000,000
차변	0259	선수금	제품	(주)정남	2,000,000	
차변	0108	외상매출금	제품	(주)정남	8,000,000	

※ 중간의 영세율구분은 3. 내국신용장 · 구매확인서에 의하여 공급하는 재화를 선택한다.

2 9월 20일

유형	품목	수량	단가	공급가액	부가세	공급처명	사업/주민번호	전자	분개
51.과세	원단	100	13,000	1,300,000	130,000	주경상사		여	혼합

구분		계정과목	적요	거래처	차변(출금)	대변(입금)
차변	0135	부가세대급금	원단 100×13000	주경상사	130,000	
차변	0153	원재료	원단 100×13000	주경상사	1,300,000	
대변	0101	현금	원단 100×13000	주경상사		1,000,000
대변	0252	지급어음	원단 100×13000	주경상사		430,000

3 10월 26일

유형	품목	수량	단가	공급가액	부가세	공급처명	사업/주민번호	전자	분개
53.면세	성희롱 예방교육			1,650,000		(주)예인		여	혼합

구분		계정과목	적요	거래처	차변(출금)	대변(입금)
차변	0825	교육훈련비	성희롱 예방교육	(주)예인	1,650,000	
대변	0103	보통예금	성희롱 예방교육	(주)예인		1,650,000

4 11월 11일

유형	품목	수량	단가	공급가액	부가세	공급처명	사업/주민번호	전자	분개
54.불공	승용차			88,000,000	8,800,000	인천세관		여	혼합

구분	계정과목		적요	거래처	차변(출금)	대변(입금)
차변	0208	차량운반구	승용차	왓츠자동차	8,800,000	
대변	0102	당좌예금	승용차	왓츠자동차		8,800,000

※ 중간의 불공제사유는 3. ③개별소비세법 제1조제2항제3호에 따른 자동차 구입·유지 및 임차를 선택한다.
  수입세금계산서라 할지라도 공제받지 못할 경우 54.불공으로 처리해야 한다.

5 12월 7일

유형	품목	수량	단가	공급가액	부가세	공급처명	사업/주민번호	전자	분개
57.카과	회식			400,000	40,000	명량			혼합

구분	계정과목		적요	거래처	차변(출금)	대변(입금)
차변	0135	부가세대급금	회식	명량	40,000	
차변	0811	복리후생비	회식	명량	400,000	
대변	0103	보통예금	회식	명량		440,000

※ 중간의 신용카드사는 "하나카드"를 선택한다. 공급가액란에 부가가치세를 포함하여 440,000을 입력한다.

6 12월 30일

유형	품목	수량	단가	공급가액	부가세	공급처명	사업/주민번호	전자	분개
22.현과	제품			6,000,000	600,000	미래회계학원			현금

구분	계정과목		적요	거래처	차변(출금)	대변(입금)
입금	0255	부가세예수금	제품	미래회계학원	(현금)	600,000
입금	0404	제품매출	제품	미래회계학원	(현금)	6,000,000

※ 공급가액란에 부가가치세를 포함한 금액 6,600,000을 입력한다.

04 오류수정

1 [전표입력]–[매입매출전표입력]을 클릭하고 12월 10일을 입력한 후 하단 분개란에서 건물을 520.수선비로 수정한다.

유형	품목	수량	단가	공급가액	부가세	공급처명	사업/주민번호	전자	분개
51.과세	유리창 교체			800,000	80,000	(주)글라스		여	혼합

구분	계정과목		적요	거래처	차변(출금)	대변(입금)
차변	0135	부가세대급금	유리창 교체	(주)글라스	80,000	
차변	0520	수선비	유리창 교체	(주)글라스	800,000	
대변	0101	현금	유리창 교체	(주)글라스		880,000

※ 수익적 지출은 비용으로 처리하며 자본적 지출은 자산으로 처리한다.

2 [전표입력]–[일반전표입력]에서 12월 18일을 입력한 후 수도광열비를 전력비(제)로 수정한다.

구분	계정과목		거래처	적요	차변	대변
출금	0516	전력비			74,500	(현금)

05 결산정리

❶ [전표입력]─[일반전표입력]에서 12월 31일(결산일)자로 다음과 같이 입력한다.

구분	계정과목		거래처	적요	차변	대변
차변	0812	여비교통비			230,000	
대변	0141	현금과부족				230,000

구분	계정과목		거래처	적요	차변	대변
차변	0305	외화장기차입금	미국 K사		1,500,000	
대변	0910	외화환산이익				1,500,000

※ 차입 시 환율은 1,200원/$(36,000,000원 ÷ $30,000)인데 회계기간 종료일(결산일) 현재 환율은 1,150원/$으로 50원/$ 하락했으므로 50 × $30,000 = 1,500,000원의 외화환산이익이 발생한다.

※ 외화장기차입금으로 처리했다고 했으므로 장기차입금으로 입력하면 안된다.

❷ [결산/재무제표]─[결산자료입력]에서 기간란에 1월~12월을 입력한다.

2. 매출원가
   제품매출원가
   1) 원재료비
      기말원재료재고액 4,400,000
   8) 당기총제조비용
      기말재공품재고액 5,000,000
   9) 당기완성품제조원가
      기말제품재고액   5,600,000을 각각 결산반영금액란에 입력한다.

❸ 상단 툴바의 **F3 전표추가**를 클릭하여 나타나는 메시지창에서 「예」를 클릭한다.

06 장부조회

1 [장부관리]─[매입매출장]에서 기간(3월 1일~3월 31일)을 입력한 후 구분 2.매출, 유형 22.현과를 선택한 후 공급가액을 확인한다.
   ▶ 정답 : 700,000원

2 [장부관리]─[거래처원장]의 잔액란 탭에서 기간(1월 1일~6월 30일), 계정과목(108.외상매출금), 거래처란에서 엔터를 두 번 (두 개의 칸을 선택)친 후(처음 거래처부터 마지막 거래처까지 조회됨) 가장 큰 대변의 거래처와 금액을 확인한다.
   ▶ 정답 : 삼선상회, 20,800,000원

3 [장부관리]─[일계표(월계표)]에서 「월계표」탭을 클릭하고 조회기간(4월~4월)을 입력하고 판매비및일반관리비의 도서인쇄비 차변 현금란의 금액을 확인한다.
   ▶ 정답 : 25,000원

이론시험

01	02	03	04	05	06	07	08	09	10	11	12	13	14	15
①	②	④	④	④	④	②	③	③	④	③	④	①	①	①

01 재무제표는 추정에 의한 측정치를 포함한다.

※ 재무회계개념체계 : 어떤 항목이 신뢰성 있게 측정되기 위해서 그 측정속성의 금액이 반드시 확정되어 있다는 것을 의미하지는 않으며 추정에 의한 측정치도 합리적인 근거가 있을 경우 당해 항목의 인식에 이용될 수 있다.

02 • 비품(자산)을 소모품비(비용)으로 처리하면 자산의 과소, 비용의 과대로 계상된다.
 • 비용의 과대계상은 순이익의 과소계상이 되며 순이익의 과소계상은 자본의 과소계상이 된다.

03 • 선입선출법 : 먼저 매입한 재고자산이 먼저 판매되는 것으로 가정하여 매출원가와 기말재고원가를 파악하는 방법
 • 기말재고자산 금액 = (1월 23일 500개 × 300원) + (8월 15일 2,000개 × 400원) = 950,000원

04 무형자산은 물리적 형체가 없지만 식별가능하고, 기업이 통제하고 있으며, 미래 경제적 효익이 있는 비화폐성자산을 말한다.

05 (차) 단기매매증권　　　　　　400,000원　　　　(대) 단기매매증권평가이익　400,000원
　　　매도가능증권평가손실　100,000원　　　　　　매도가능증권　　　　　　100,000원
단기매매증권과 매도가능증권은 공정가치로 평가한다.

06 • 연수합계법 연간감가상각비 = (취득원가 − 잔존가치) × 연수의 역순(잔여내용연수) / 내용연수의 합계
 • 감가상각비 = (60,000,000 − 6,000,000) × 3 / (1 + 2 + 3) = 27,000,000원

07 판매를 목적으로 취득하는 자산은 재고자산이다.

08 매출원가 = 기초상품 5,000,000 + 순매입액 2,100,000(당기매입 2,000,000 + 매입운임 200,000 − 매입할인 100,000) − 기말상품 2,000,000원 = 5,100,000원

09 보조부문원가의 배분방법 중 어떤 방법을 선택해도 순이익은 동일하다.

10 노무원가 발생액 = 전월 선급액 500,000 + 당월 지급액 200,000 = 700,000원

※ 노무원가 발생액 = 당월지급액 + 당월미지급액 + 전월선급액 − 전월미지급액 − 당월선급액

11 개별원가계산은 다품종 소량생산하는 기업에 적합하며, 특정제조지시서를 사용하고, 종합원가에 비해 각 제품별 정확한 원가계산이 가능하다. 종합원가계산은 동일한 종류의 제품을 연속적으로 대량생산하는 기업에 적합하며, 계속제조지시서를 사용한다.

12 제조간접원가 예정배부액 = 배부기준의 실제조업도 × 예정배부율

13 영세율은 완전면세제도이다.

14 고용관계에 따라 근로를 제공하는 것은 용역의 공급으로 보지 아니한다. 또한 사업자가 대가를 받지 아니하고 타인에게 용역을 공급하는 것은 용역의 공급으로 보지 아니한다. 다만, 사업자가 특수관계인에게 사업용 부동산의 임대용역 등을 공급하는 것은 용역의 공급으로 본다.

15 법인사업자, 직전연도의 사업장별 재화 및 용역의 과·면세 공급가액의 합계액이 8천만 원 이상인 개인사업자는 전자세금계산서를 발급하여야 하며 그 다음날까지 전자세금계산서 발급명세를 국세청장에게 전송하여야 한다.

01 기초정보관리

1 [기초정보관리]–[계정과목및적요등록]에서 가운데 코드/계정과목란의 코드에 274를 입력한 후 "0274 사용자설정계정과목"
으로 이동하면 우측 화면의 상단의 계정코드(명)에 "선수임대료"로 수정하고 성격란에 2.일반을 선택한 후 하단 대체적요란
에 적요 NO에 1, "기간미경과 임대료 계상"을 입력한다.

2 [기초정보관리]–[거래처등록]에서 [금융기관]탭을 누르고 코드란에 98004, 거래처명:신한은행, 유형란에 3.정기적금을 선택
한 후, 우측에 1.계좌번호란에 "413–920–769077"을 입력하고, 2.계좌개설은행/지점에서 신한은행을 선택하고 마곡점을 입
력한 후 3.계좌개설일에 "2025–11–10"을 입력한다.

3 [전기분재무제표]–[거래처별초기이월]에서 좌측 화면의 계정과목에서 "받을어음"을 클릭하고 우측 화면의 거래처란에서
(주)하늘정밀의 금액을 13,300,000으로, (주)일렉코리아의 금액을 11,700,000으로 수정한다. 같은 방법으로 좌측 화면의 계
정과목에서 "지급어음"을 클릭하고 우측 화면의 거래처란에서 (주)프로테크의 금액을 14,500,000으로 수정하고 아래 거래
처코드란에서 F2를 눌러 (주)부흥기업을 선택하고 13,500,000을 추가 입력한다.

02 일반전표입력

[전표입력]–[일반전표입력]을 클릭한 후 다음과 같이 입력한다.

1 7월 4일

구분		계정과목	거래처	적요	차변	대변
차변	0525	교육훈련비			500,000	
대변	0254	예수금				16,500
대변	0103	보통예금				483,500

2 7월 11일

구분		계정과목	거래처	적요	차변	대변
차변	0521	보험료			3,000,000	
대변	0103	보통예금				3,000,000

3 7월 25일

구분		계정과목	거래처	적요	차변	대변
차변	0103	보통예금			1,500,000	
대변	0903	배당금수익				1,500,000

4 8월 16일

구분		계정과목	거래처	적요	차변	대변
차변	0813	기업업무추진비			330,000	
대변	0253	미지급금	신한카드			330,000

5 8월 25일

구분		계정과목	거래처	적요	차변	대변
차변	0504	임금			1,900,000	
대변	0254	예수금				174,250
대변	0103	보통예금				1,725,750

6 9월 17일

구분		계정과목	거래처	적요	차변	대변
차변	0953	기부금			2,500,000	
대변	0103	보통예금				2,500,000

03 매입매출전표입력

[전표입력]-[매입매출전표입력]을 클릭한 후 다음과 같이 입력한다.

1 9월 3일

유형	품목	수량	단가	공급가액	부가세	공급처명	사업/주민번호	전자	분개
11.과세	전자부품	100	60,000	6,000,000	600,000	해피상사		여	혼합

구분		계정과목	적요	거래처	차변(출금)	대변(입금)
대변	0255	부가세예수금	전자부품 100×60000	해피상사		600,000
대변	0404	제품매출	전자부품 100×60000	해피상사		6,000,000
차변	0101	현금	전자부품 100×60000	해피상사	3,300,000	
차변	0108	외상매출금	전자부품 100×60000	해피상사	3,300,000	

2 9월 25일

유형	품목	수량	단가	공급가액	부가세	공급처명	사업/주민번호	전자	분개
17.카과	제품			5,000,000	500,000	조아무역			외상

구분		계정과목	적요	거래처	차변(출금)	대변(입금)
차변	0108	외상매출금	제품	비씨카드	5,500,000	
대변	0255	부가세예수금	제품	조아무역		500,000
대변	0404	제품매출	제품	조아무역		5,000,000

※ 중간의 신용카드사는 "비씨카드"를 선택한다. 공급가액란에 부가가치세를 포함하여 5,500,000을 입력한다. 분개유형을 "3:혼합"으로 해도 된다.

3 10월 15일

유형	품목	수량	단가	공급가액	부가세	공급처명	사업/주민번호	전자	분개
51.과세	CCTV			5,000,000	500,000	(주)에스콤		여	혼합

구분		계정과목	적요	거래처	차변(출금)	대변(입금)
차변	0135	부가세대급금	CCTV	(주)에스콤	500,000	
차변	0195	설비장치	CCTV	(주)에스콤	5,000,000	
대변	0101	현금	CCTV	(주)에스콤		500,000
대변	0253	미지급금	CCTV	(주)에스콤		5,000,000

4 10월 20일

유형	품목	수량	단가	공급가액	부가세	공급처명	사업/주민번호	전자	분개
55.수입	원재료			10,000,000	1,000,000	인천세관		여	현금

구분		계정과목	적요	거래처	차변(출금)	대변(입금)
출금	0135	부가세대급금	원재료	인천세관	1,000,000	(현금)

※ 수입 시 공급처명에는 세금계산서를 발급한 세관을 입력해야 한다.

5 11월 30일

유형	품목	수량	단가	공급가액	부가세	공급처명	사업/주민번호	전자	분개
53.면세	리스료			800,000		(주)리스		여	혼합

구분	계정과목		적요	거래처	차변(출금)	대변(입금)
차변	0819	임차료	리스료	(주)리스	800,000	
대변	0253	미지급금	리스료	(주)리스		800,000

※ 단기, 소액의 운용리스는 비용처리하고 그 외에는 자산으로 처리한다.

6 12월 12일

유형	품목	수량	단가	공급가액	부가세	공급처명	사업/주민번호	전자	분개
16.수출	제품	1,000	260,000	260,000,000		베스트인터내셔날			외상

구분	계정과목		적요	거래처	차변(출금)	대변(입금)
차변	0108	외상매출금	제품 1000×260000	베스트인터내셔날	260,000,000	
대변	0404	제품매출	제품 1000×260000	베스트인터내셔날		260,000,000

※ 중간의 영세율구분은 1. 직접수출(대행수출 포함)을 선택한다.
  직수출 시 공급시기 이후에 대금을 받을 경우 공급시기(선적일)의 기준 환율로 계산한 금액을 공급가액으로 한다.

04 오류수정

1 [전표입력]-[매입매출전표입력]에서 8월 19일을 입력한 후 하단 분개란에서 530.소모품비(제)를 830.소모품비(판)으로 수정한다.

유형	품목	수량	단가	공급가액	부가세	공급처명	사업/주민번호	전자	분개
57.카과	소모품			500,000	50,000	(주)마트			카드

구분	계정과목		적요	거래처	차변(출금)	대변(입금)
대변	0253	미지급금	소모품	삼성카드		550,000
차변	0135	부가세대급금	소모품	(주)마트	50,000	
대변	0830	소모품비	소모품	(주)마트	500,000	

2 [전표입력]-[일반전표입력]에서 11월 19일을 입금을 차변으로 수정하고 외상매출금은 그대로 두고 차변에 받을어음 15,000,000, 거래처 한성공업과 차변에 현금 10,000,000을 추가로 입력한다.

구분	계정과목		거래처	적요	차변	대변
대변	0108	외상매출금	한성공업			25,000,000
차변	0110	받을어음	한성공업		15,000,000	
차변	0101	현금			10,000,000	

05 결산정리

[전표입력]-[일반전표입력]에서 12월 31일(결산일)자로 다음과 같이 입력한다.

구분	계정과목		거래처	적요	차변	대변
차변	0133	선급비용			3,000,000	
대변	0821	보험료				3,000,000

※ 보험료 미경과분 : 6,000,000 × 6개월/12개월 = 3,000,000원
  7월 1일 화재보험료를 전액 비용(보험료)으로 처리했으므로 결산 시 기간 미경과분은 자산(선급비용)으로 처리한다.

구분		계정과목	거래처	적요	차변	대변
차변	0141	현금과부족			30,000	
대변	0930	잡이익				30,000

※ 현금과부족은 결산 시까지 그 원인을 알 수 없는 경우 초과액은 잡이익으로 대체한다.

구분		계정과목	거래처	적요	차변	대변
차변	0955	외화환산손실			300,000	
대변	0251	외상매입금	Rose			300,000

※ 외상매입 시 환율은 1,100원/$(3,300,000 ÷ $3,000)인데 회계기간 종료일(결산일) 현재 환율은 1,200원/$으로 100원/$ 상승했으므로 100 × $3,000 = 300,000원의 외화환산손실이 발생한다.

06 장부조회

1 [장부관리]−[현금출납장]에서 기간(1월 1일~6월 30일)을 입력한 후 출금 누계액을 확인한다.

▶ 정답 : 65,500,000원

2 [부가가치]−[신고서/부속명세]−[부가가치세]−[세금계산서합계표]의 「매입」 탭란에서 조회기간(4월~6월)을 입력한 후 하단의 과세기간 종료일 다음달 11일까지(전자분) 탭란에서 매수가 가장 많은 거래처명을 확인한다.

▶ 정답 : 기린전자

3 [장부관리]−[매입매출장]에서 기간(1월 1일~3월 31일)을 입력한 후 구분 3.매입, 유형 57.카과를 선택한 후 분기계 부가세 금액을 확인한다.

▶ 정답 : 360,000원